Xavier Bertrand
Avec Catherine Ivanichtchenko

Rien n'est jamais écrit

Robert Laffont

ISBN : 978-2-221-28279-3
Dépôt légal : octobre 2025
Éditions Robert Laffont – 92, avenue de France, 75013 Paris
contact@robert-laffont.com

À mes enfants

Prologue

Et si le moment était venu ? À différentes étapes de ma carrière ministérielle, on m'a proposé de publier un livre. À l'époque, je n'ai jamais voulu donner suite aux sollicitations, non par faute de temps mais parce que je ne pensais pas forcément avoir des choses très intéressantes à coucher sur le papier. J'étais concentré sur mon action politique et gouvernementale, je n'avais aucune envie de faire ce pas de côté, et de me raconter… pour me raconter. Quel drôle d'exercice ! Il s'agissait aussi, sans doute, d'une façon de me préserver, de garder pour moi mes souvenirs. Et puis, soyons honnêtes, jamais il ne m'a été facile de fendre l'armure, et de parler de moi.

Pour autant, j'ai déjà fait l'objet de plusieurs publications. L'une d'elles a été écrite, il y a dix-huit ans, par le médecin-journaliste Damien Mascret[1], que je connais bien. Son livre est à classer dans la catégorie « reportages et documents », puisque le docteur Mascret

1. Damien Mascret, *Ministre. Un an dans les pas de Xavier Bertrand*, Paris, Éditions de Santé, 2007.

a eu l'occasion de me suivre dans de nombreux déplacements ministériels. Deux autres ouvrages, plus ou moins sérieusement documentés, ont été publiés en 2008[1] et 2021[2]. Je n'ai pas voulu y contribuer, je n'ai pas souhaité rencontrer les auteurs, et n'ai pas, non plus, lu leurs livres.

Début mai 2024, Catherine Ivanichtchenko, journaliste, et Thierry Billard, éditeur chez Robert Laffont, me proposent leur projet. Je n'étais pas encore convaincu, mais très vite, je me suis dit qu'était venu le temps de prendre la parole, de me livrer, d'expliquer les raisons de mon engagement, afin de mieux faire comprendre, peut-être, la singularité de mon parcours. À soixante ans, le moment était idéal pour revenir sur mes expériences d'élu local (1989 à 2002), de ministre (2005 à 2012), de maire (2010 à 2016), et de président de région depuis maintenant dix ans. Pour mettre en relief la façon dont je me suis construit, expliquer comment j'ai appris de mes erreurs, souligner les événements grâce auxquels je suis progressivement redevenu moi-même.

On ne peut pas réellement dire que j'ai éprouvé du plaisir à écrire, ayant toujours eu beaucoup plus de facilité à l'oral. Néanmoins, j'avoue m'être aperçu avoir besoin de donner à comprendre ces tranches de vie publique. Ce travail, puisqu'il s'agit bien d'un travail, m'a permis de faire rejaillir des souvenirs, de laisser remonter des sensations personnelles enfouies depuis

1. Christophe Jakubyszyn et Muriel Pleynet, *Le Chouchou. Le fabuleux destin de Xavier Bertrand*, Paris, Anne Carrière, 2008.
2. Ian Hamel, *Xavier Bertrand. L'obstiné*, Paris, L'Archipel, 2021.

longtemps. J'ai ressuscité bien des émotions, et en ai ressenti tout autant en les laissant revenir à la surface. J'ai notamment mesuré combien j'avais fait de sacrifices personnels, familiaux, et combien j'en avais demandé à ma famille et à mes proches durant tant d'années. Cela m'a aidé aussi à apprécier à quel point j'ai besoin d'eux, combien ils me donnent, chaque jour, la force d'avancer et l'envie de continuer à me battre.

Voilà toutes les raisons pour lesquelles vous avez, aujourd'hui, cet ouvrage entre les mains et sous les yeux. Mon histoire, d'une certaine manière, désormais vous appartient.

1

Un enfant pressé de grandir

Impossible de résumer l'homme à son parti politique. Impensable de comprendre son ascension, parsemée de rencontres déterminantes, de combats, de victoires, de chutes, de duels assassins, et de rendez-vous manqués dont il semble être toujours sorti indemne, sans revenir sur son passé. Pour cerner sa personnalité et saisir les prémices de son engagement politique précoce, j'ai d'abord demandé à Xavier Bertrand de se replonger en enfance. Cette première partie de la vie est le terreau de notre langage, de nos rêves, de nos failles, de nos émotions. L'enfance détermine aussi notre façon de voir et d'appréhender le monde. Enfin, elle est pour chacun d'entre nous une période transitoire, heureuse, tranquille, douce, parfois chaotique, malheureuse ou brutale, que l'on peut chercher à oublier, mais que l'on ne parvient jamais à effacer. Le président LR des Hauts-de-France n'échappe pas à cette condition aussi humaine qu'universelle.

Dans la réédition de l'ouvrage Xavier Bertrand. L'obstiné *le journaliste Ian Hamel écrit : « Xavier Bertrand n'est pas bavard sur son enfance et sur sa famille. Il a même verrouillé les archives et jeté la clé. Tout juste apprend-on qu'à quatre ans, en vacances chez ses grands-parents, il se souvient d'avoir suivi en direct à la télévision les premiers pas de l'homme sur la Lune. » Y aurait-il une énigme à comprendre ? Une grille de lecture illisible qui aurait échappé à ses soutiens, à ses électeurs, et même aux observateurs les plus pointus et acharnés de la vie politique française ? Ou faut-il en déduire un passé gênant qui l'obligerait à devoir constamment détourner notre regard d'un quelconque secret ? Jusqu'à présent, Xavier Bertrand n'a jamais semblé très à l'aise dans le registre de la confidence. Il s'est souvent contenté de distiller, çà et là, quelques anecdotes personnelles, sans véritablement donner l'impression de se dévoiler.*

Voici un exemple qui illustre son style, lorsque, le 26 novembre 2021, à une semaine du congrès des Républicains, il racontait dans La Voix du Nord *: « Mes parents m'ont eu à dix-huit ans. Si vous voulez mon avis, ce n'était pas vraiment prévu. » Je dois avouer que cette pirouette rhétorique m'avait beaucoup intriguée. Pour autant, en nous lançant ensemble dans ce projet d'écriture, je souhaitais bien plus qu'entendre son avis. Je voulais qu'il me raconte toute son histoire, ses secrets d'enfant, ses passions d'adolescent, sa trajectoire familiale de Troyes à Saint-Quentin, sans tomber dans le paraître ou les faux-semblants.*

C'est vrai qu'il a parfois eu tendance à vouloir aller un peu trop vite au cours de nos entretiens, comme s'il ne tenait pas à s'attarder sur des moments de vie fragiles ou parfois douloureux. Mais c'est ainsi qu'il fonctionne : à toute berzingue et en enjambant les épreuves sans jamais céder du terrain à la nostalgie. Néanmoins, chaque fois que je revenais à la charge avec mes questions, il n'a jamais fermé la porte, et a continué sans sourciller à éclairer les zones d'ombre qui méritaient de plus amples explications. Né sous la présidence de Charles de Gaulle, Xavier Bertrand a fêté au printemps dernier ses soixante ans. Soit un âge mûr et tout à fait respectable pour larguer les amarres, et se livrer en toute sérénité.

Je ne sais plus qui m'a raconté cette histoire pour la première fois. Ni l'âge vers lequel j'ai saisi les enjeux, les obligations, et les renoncements qu'elle impliquait. Peu importe, ce récit de l'intime m'appartient. J'y puise encore une bonne partie de ma force, de ma détermination et de mon indépendance.

Mes parents, Jean-Pierre et Madeleine, se sont rencontrés en 1964, au lycée, à Vitry-le-François, une ville de taille modeste située à une trentaine de kilomètres de Châlons-en-Champagne, dans le département de la Marne. Ma mère était une copine de Josette, la sœur de mon père, et c'est par son intermédiaire qu'ils se sont rapprochés avant de très vite tomber fous amoureux. À cette époque, l'éducation sexuelle était quasiment inexistante en milieu scolaire. Il n'y avait pas non plus de moyen de contraception efficace. La pilule contraceptive était interdite, la méthode Ogino en vogue, mais très peu fiable[1]. Alors, ce qui devait arriver arriva, ma mère est tombée enceinte à l'âge de dix-sept ans et demi.

La nouvelle d'une grossesse précipitée a aussitôt provoqué un scandale des deux côtés de la famille. Mes

1. La méthode naturelle Ogino-Knaus consiste à se baser sur le cycle menstruel de la femme. Elle était très pratiquée dans les années 1960.

grands-parents n'étaient pas des notables locaux, mais tout de même, ils avaient leur réputation. Vous vous rendez compte, le fils de l'assureur qui met enceinte la fille du directeur des coopérateurs de Champagne, ça faisait désordre dans une société encore corsetée par la pudeur et l'hypocrisie morale. Très vite, mes grands-parents, Louis et Yvette (du côté paternel) et René et Simone (du côté maternel), s'étaient mis d'accord pour ordonner à ma mère de se faire avorter en ayant recours à une faiseuse d'anges connue des alentours. Mes parents ont refusé de suivre ces instructions, et mon père clama qu'il assumerait ses responsabilités de futur chef de famille.

Ensemble, seuls contre tous, ils ont pris la décision de me garder. J'ai mis du temps à mesurer le courage qu'il a fallu à mon père pour s'opposer aux siens, du temps aussi pour comprendre qu'il s'agissait d'un acte de rupture absolu, et d'une preuve d'amour immense envers celle qui allait devenir sa femme. Le 28 novembre 1964, quelques mois seulement après leur rencontre, mes parents se sont mariés civilement et religieusement au cours d'une cérémonie simple et sans prétention. S'émanciper devant monsieur le maire était pour eux une évidence. Il fallait forcer le destin.

C'est drôle mais, d'une certaine façon, j'ai moi aussi assisté à leur mariage, puisque l'on devine le ventre arrondi de ma mère sur toutes les photos de famille. Pour ce grand jour, et parce que la majorité civile était encore à vingt et un ans[1], mon père avait obtenu une dispense

1. Le 5 juillet 1974, sous la présidence de Valéry Giscard d'Estaing, la majorité, abaissée de vingt et un à dix-huit ans, permet de vivre en dehors du foyer familial et de se marier sans le consentement des parents.

exceptionnelle de l'État signée par le Premier ministre Georges Pompidou. Ça peut paraître anecdotique au vu de la situation vertigineuse qui s'annonçait, mais ces quelques lignes couchées sur papier ont été une grande source de fierté pour le jeune homme qu'il était.

Quatre mois plus tard, le 21 mars 1965, je poussais mon premier cri à la clinique de Châlons-sur-Marne[1]. À tout juste dix-huit ans, les priorités et les préoccupations de mes parents venaient de changer, et leurs projets de faire des études supérieures sont automatiquement tombés à l'eau. Mon père, qui visait maths sup maths spé après le baccalauréat, a pris un poste de surveillant au lycée de Wassy, en Haute-Marne, où nous avons vécu pendant un an dans des conditions matérielles assez rudimentaires. En urgence, ils ont d'abord emménagé dans un studio, sans eau chaude, et avec les toilettes situées sur le palier, ce qui, à l'époque, était la norme pour la plupart des logements. Puis, ils ont fini par occuper une petite maison tout aussi basique. Mais, avec un seul et maigre salaire, les débuts étaient laborieux. Très laborieux même. Et il n'était pas rare que mon père termine les trajets à pied (en dépit d'une météo souvent rude dans la région), parce qu'il n'avait plus un franc pour remplir le réservoir de sa 4CV Renault qui consommait plus d'huile que d'essence. Comme la voiture n'avait pas de chauffage, il utilisait une pomme de terre coupée en deux pour dégivrer l'intérieur du pare-brise. Moi, j'étais à l'arrière,

1. En 1997, la commune de Châlons-sur-Marne a pris le nom de Châlons-en-Champagne.

emmitouflé au chaud dans mon couffin. « Quand on a bouffé de la vache enragée au moins on s'en souvient toute sa vie. » Cette phrase, il me l'a souvent répétée, et elle continue de faire écho en moi. Pour enfoncer le clou, mes grands-pères se contentaient de reverser les seules allocations familiales, ce qui ne permettait pas vraiment de mettre du beurre dans les épinards. Et n'oublions pas que jusqu'à la loi de 1965, ce sont les hommes qui géraient de façon unilatérale la consommation et les dépenses des ménages[1]. Heureusement, Simone et Yvette, mes deux grands-mères, ne voyaient pas les choses du même œil. Alors, chacune leur tour, elles donnaient en cachette un coup de pouce à mes parents en leur glissant un petit billet ou en leur apportant un panier de provisions pour terminer la semaine. Et c'est grâce à elles, à leur empathie et à leur rébellion silencieuse, que l'ambiance familiale s'est par la suite détendue.

Après un an de vie un peu chiche à Wassy, mon père a appris que la Société générale recrutait dans la région. Avec son seul bac en poche, il s'est fait embaucher comme guichetier dans le département voisin de l'Aube, à Troyes. Ma mère, elle, intégra, au même échelon, une autre agence de la ville dans les mois qui ont suivi notre déménagement. C'était ça, la France des Trente Glorieuses ! Un pays en pleine expansion économique où les gens ne craignaient plus la guerre et ne

1. La loi du 13 juillet 1965, « portant réforme des régimes matrimoniaux », a autorisé les femmes mariées à travailler, posséder un compte en banque ou signer des chèques sans avoir à demander l'autorisation de leur mari.

connaissaient pas encore la réalité du chômage. Voilà comment, en 1966, mes parents ont tous les deux trouvé un emploi, et qu'une nouvelle aventure a démarré. Nous nous sommes installés dans un HLM du quartier des Chartreux, au 69 de l'avenue des Lombards. L'endroit, planté entre un terrain vague, une Maison de la presse et une supérette, manquait peut-être de charme, mais il faisait bon vivre dans ces immeubles confortables tout juste sortis de terre.

Nous habitions au dixième et dernier étage. L'appartement se composait de deux chambres, d'un salon, et d'une salle à manger séparée par une sorte de rideau translucide. Tout au fond, se nichaient la cuisine, une minuscule salle de bains avec sa baignoire sabot, et un cagibi étroit dans lequel mon père rangeait son bric-à-brac. Dans mes souvenirs, la plupart des meubles étaient en Formica, et les murs entièrement recouverts de tapisseries psychédéliques... toute une époque !

Ici, classes moyenne et populaire se mélangeaient, et le vivre-ensemble n'avait rien d'une notion abstraite ou hasardeuse. Nos voisins étaient espagnols, marocains, algériens ou portugais. Mme Ricci, ma nounou, une Italienne chaleureuse et très en verve, vivait au deuxième, et tous mes copains, avec qui j'ai rapidement fait les quatre cents coups, logeaient dans le même bloc d'immeubles. Chaque jour, on s'imaginait être de grands explorateurs en allant visiter les caves en sous-sol. On s'improvisait aussi cascadeurs en dévalant les escaliers à toute allure jusqu'au rez-de-chaussée pour savoir lequel d'entre nous arriverait en premier. Et bien sûr, dans nos rêves les plus fous, on était sacrés champions du monde de football ! Le foot, on y jouait partout et tout le temps. Petit, même si j'ai vite compris que je ne deviendrais jamais joueur professionnel, j'avais en permanence un ballon au pied. J'étais tour à tour attaquant, défenseur ou goal. Aujourd'hui encore, j'occupe le poste de gardien et j'ai d'ailleurs toujours un ballon dans le coffre de ma voiture, au cas où.

Dès le début, j'ai été un grand supporter du TAF, le Troyes Aube Football, le club de mon enfance qui, depuis, est devenu l'ESTAC. Mon père n'ayant jamais aimé ce sport, ce sont des amis de mes parents qui m'emmenaient régulièrement au Stade de l'Aube pour assister aux rencontres. Ma passion pour Michel Platini, Johan Cruyff et Dominique Rocheteau, je la partageais en commentant leurs exploits avec mon grand-père René, qui, lui, soutenait l'AS Nancy-Lorraine. Dans la pratique, c'était surtout Jean-Pierre, le frère de ma mère alors jeune adulte, qui jouait inlassablement avec moi à chacune de ses visites. Dribles, petits ponts, passements de jambes, tirs au but… Disputer un match dans l'entrée de l'appartement ou au beau milieu du salon était souvent synonyme de casse et de franches rigolades avec mon oncle.

*

En un sens, le foot a été ma religion. En tout cas, ce sport a eu beaucoup plus d'incidence sur ma vie que les cours de catéchisme que j'ai suivis à partir de l'école primaire. Au démarrage, si l'enseignement religieux suscitait en moi de l'intérêt, cela n'avait rien à voir avec la foi. Pour être honnête, c'était surtout le seul endroit où l'on pouvait fréquenter des filles, puisque les classes n'étaient pas encore mixtes dans le public. Le problème, c'était que les cours du mercredi se déroulaient à la même heure que les matchs de foot avec les copains. Autant dire que mon choix était vite fait. D'ailleurs, le curé du catéchisme se plaignait régulièrement de mon manque d'assiduité en envoyant à mes parents ce genre de courrier : « Monsieur et Madame Bertrand, votre fils était absent à sa leçon de catéchisme. En revanche, il a bien été aperçu en train de jouer au football de l'autre côté du grillage. »

Avec un père athée et une mère moyennement croyante, j'ai été baptisé à ma naissance, mais je ne suis finalement pas allé plus loin dans mon engagement catholique. Au grand désarroi de Simone, ma grand-mère maternelle, une femme très pieuse dont les murs de l'appartement étaient recouverts de crucifix, qui voulait à tout prix que je fasse ma première communion. Pour tenter de me convaincre de rentrer dans le rang, elle m'avait un jour lancé d'un ton ferme et assuré : « Xavier, si tu fais ta communion, tu auras des cadeaux. » La bonne affaire ! C'était exactement ce qu'il fallait dire pour m'y faire définitivement renoncer. Non seulement, je n'aime qu'on me force la main, mais en plus, je déteste les cadeaux ! Parce que si on ne les choisit pas soi-même, on est forcément déçu. C'est en tout cas mon point de vue. Et c'était ce que j'avais tenté d'expliquer à mon oncle et ma tante qui, un jour, s'étaient risqués à m'offrir un Monopoly sans m'avoir demandé mon avis. Je leur avais dit que jamais je ne m'en servirais. J'avais déjà un sacré caractère, c'est vrai. Même si, quelques jours plus tard, j'étais face à mon plateau de jeu en spéculant sur la gare Montparnasse ou la Compagnie de distribution des eaux avec des liasses de faux billets dans les mains. Jouer seul et se faire des films ; c'était aussi ça, être fils unique pendant sept ans.

*

À l'école primaire, la plupart de mes cahiers étaient griffonnés de scénarios que j'avais emmagasinés dans ma tête en m'inspirant des films de Sergio Leone, dont me parlait sans cesse mon père. Le maître du western spaghetti a considérablement influencé mon âme d'enfant. J'ai même eu la chance de découvrir à deux reprises le désert de Tabernas dans lequel il a tourné à partir de 1964 la « Trilogie du dollar ». Et faire plus de 1 500 kilomètres à bord d'une Simca 1 100 pour rejoindre la province sud de l'Espagne, c'était déjà une véritable chevauchée en soi. C'est dire si Leone a compté !

Mais au commencement, il y a d'abord eu *Bambi*. Je me souviens de mon premier Walt Disney projeté dans un des cinémas de Troyes où j'ai pleuré toutes les larmes de mon corps lorsque la mère de Bambi se fait tuer par les chasseurs. J'étais inconsolable. Puis, à neuf ans, j'ai fait la rencontre de *Robin des bois*, héros intrépide de la forêt de Sherwood à qui je vouais une grande admiration. Et quand j'y repense, je me dis en souriant que cette fronde organisée pour les plus démunis avait quelque chose de profondément politique. D'ailleurs, mon feuilleton préféré était *Thierry la Fronde*.

Très tôt, j'ai négocié avec mes parents l'autorisation de regarder un à deux films par semaine. Ce qui généralement ne posait pas de problème puisque ce sont eux qui m'ont transmis leur amour du septième art. Un soir, la télévision diffusait *Cartouche* avec Jean-Paul Belmondo et Claudia Cardinale. Un film avec Bébel, impossible de louper ça ! Mais étant donné que j'avais déjà dépassé mon forfait télé, mon père a refusé que je regarde le film avec eux. Alors, je me suis relevé en catimini, à quatre pattes et sans faire de bruit, je suis passé par la salle de bains et la cuisine, et je me suis installé au fond du salon. C'était super inconfortable, mais j'étais au spectacle ! Néanmoins, j'étais persuadé que ma mère avait remarqué mon petit manège, et qu'elle avait même dû le dire à mon père. Quoi qu'il en soit, on ne m'a jamais disputé pour avoir, cette fois-là, bravé l'interdit.

*

Dans l'ensemble, j'étais un enfant sage et relativement tranquille. Mais ma passion pour le cinéma a eu des revers plus traumatisants. Un soir, j'ai eu la très mauvaise idée de regarder un *Dracula*, et, pour jouer au grand, je n'ai pas dit à mes parents à quel point le film m'avait traumatisé. Dès que j'ai été couché, la panique m'a envahi. De peur qu'un vampire s'en prenne à moi, j'ai tiré la couverture jusqu'à mes oreilles pour recouvrir mon cou. Au fil des jours, la terreur nocturne s'est installée, et elle a engendré une crainte encore plus terrible : la peur de mourir et de quitter un jour cette terre. L'angoisse était là presque chaque soir, et il m'arrivait de finir en larmes, en comprenant que l'existence avait une fin. Quel choc ! C'est étrange parce que je n'ai pas vécu de grands drames ou connu de disparitions précoces dans mon enfance. J'avais peut-être tout simplement compris vers l'âge de huit ans que la mort était une réalité universelle et irréversible. Et puis, finalement, je m'en suis ouvert à ma mère. Elle m'a écouté et a su trouver les mots justes pour me libérer de mon anxiété. Ç'a été la bonne thérapie.

Comme tous les gosses, il m'arrivait parfois de bouder, je ne vais pas dire le contraire. Mais je n'ai jamais fait de caprices ni piqué de grosses colères parce que mes parents ont toujours été très tolérants. Ils m'ont laissé faire énormément de choses, et m'ont donné beaucoup de liberté, sans pour autant être permissifs dans leur éducation.

J'étais curieux de tout, ouvert, j'avais envie d'apprendre, de comprendre. Et pour répondre à toutes les questions futiles ou métaphysiques que les gens se posaient, je rêvais d'exercer le métier de savant. Ainsi, pour tutoyer mon ambition de plus près, je lisais énormément, à commencer par la bibliothèque familiale que j'ai dévorée dans son intégralité. Polars, récits de voyage, œuvres classiques ou littérature populaire, tout y passait.

Un soir, mes parents sont rentrés à la maison avec un nouveau livre : *Les Dents de la mer*, le roman culte de Peter Benchley. Je ne l'ai pas lâché, je l'ai lu d'une traite, sans même participer au dîner qu'ils partageaient avec leurs amis. Cette histoire est terrifiante, mais elle a été le début d'une grande passion pour les requins. J'ai étudié leur anatomie, leur environnement et leur comportement en milieu naturel. J'arrivais même à distinguer les espèces entre elles, bien qu'il en existe des centaines. Avec le recul, je me dis que cette connaissance du monde des requins m'aura été utile pour nager dans les eaux de la politique…

Mais mon truc, mon plaisir absolu, c'était la bande-dessinée. *Blueberry*, *Barbe-Rouge*, *Blake et Mortimer*, *Les Tuniques bleues*, *Astérix*, *Les Aventures de Tintin*… Je les ai toutes lues, et j'étais inarrêtable. Lorsque je rendais visite à mes grands-parents maternels, qui au gré d'une promotion avaient déménagé à Vandœuvre, près de Nancy, ils me donnaient à chaque fois un peu d'argent de poche que je dépensais immédiatement à la librairie, rue Saint-Dizier, pour m'offrir un nouvel album. Chaque mercredi, ma mère m'apportait *Le Journal de Mickey* sur lequel je me ruais aussitôt, à l'exception d'un jour, où elle avait eu le malheur de le laisser mariner dans son panier à provisions avec le poisson frais. L'odeur était repoussante, les pages collaient ! Rageur, j'ai déposé mon journal préféré sur la table de la cuisine, et j'ai filé dans ma chambre sans rien avaler au déjeuner. Mais j'étais et je reste un bédéphile. Aujourd'hui, ma collection s'est sacrément étoffée, elle a évolué en fonction des époques, des styles et de l'inépuisable créativité des auteurs. Et j'ai le bonheur d'avoir Lucas, mon fils de sept ans, qui est autant dévoreur de BD que je l'étais à son âge. Je me retrouve complètement dans sa soif de lecture.

Pour le côté tactique, sans doute, j'aimais beaucoup jouer aux petits soldats. Je passais des heures à reconstituer des batailles historiques inspirées de toutes les époques. Ainsi, j'envahissais le salon, et parfois même la baignoire de la salle de bains pour organiser des batailles navales. J'étais particulièrement méticuleux sur ce sujet. J'affectionnais aussi les voitures miniatures (« toto » a d'ailleurs été un des premiers mots que j'ai, paraît-il, prononcé), les circuits de trains électriques et les châteaux forts pour laisser aller mon imagination. Et si un adulte de mon entourage voulait me faire plaisir, il n'avait qu'à feuilleter le catalogue de La Redoute dans lequel je faisais des croix sur les jouets que je convoitais. Ce n'était pas si compliqué de me faire plaisir avec un cadeau… Si je l'avais choisi.

★

Les fêtes de fin d'année étaient une occasion parmi bien d'autres de nous réunir. Car chez nous, les moments passés en famille ont toujours été sacrés. Que ce soit mon oncle, ma tante ou mes parents, on aimait se déguiser, rire, chanter. Et, cerise sur le gâteau, je devenais metteur en scène et comédien d'un soir en improvisant devant les adultes une pièce de théâtre ou un sketch de ma composition. Une tradition que j'adorais, moi qui étais un enfant très blagueur, qui aimais raconter des histoires et, bien sûr, faire le clown.

Yvette, aux fourneaux, savait nous régaler ! Il est vrai qu'elle avait fait une école hôtelière et qu'elle conservait précieusement toutes ses recettes dans un grand cahier noirci de sa belle écriture. Je garde encore en bouche le souvenir d'un pot-au-feu dont elle seule avait le secret. Jamais je n'ai retrouvé pareilles odeurs, pareilles saveurs, pas même dans les meilleures brasseries. Ma grand-mère et moi, on s'adorait. Et elle est aussi celle qui a traversé avec tendresse chaque étape de ma vie jusqu'à mon arrivée sur les bancs de l'Assemblée nationale et mon entrée au gouvernement.

Yvette et Louis, dans mon esprit et dans mon cœur, je les associe encore à Blacy (où ils habitaient) et surtout à Ramerupt, le port d'attache de mon enfance. Ramerupt est un minuscule village d'une centaine d'habitants, un coin de campagne de l'Aube, un peu en dehors du temps, où ma famille paternelle possédait depuis deux générations une maison en torchis typique de ce que l'on retrouve dans le sud de la Champagne. C'était un endroit simple avec les W.-C. dans le jardin. Un espace rustique, mystérieux, mais très convivial où l'on aimait se retrouver pour passer le week-end ou une partie des vacances. Mon grand-père, ancien combattant et grand amateur de musique militaire, collectionnait les porte-clés qu'il exposait comme des trophées dans la salle à manger. L'objet, ancêtre du pin's, peut paraître aujourd'hui insignifiant, pourtant, dans les années 1960, c'était de la folie ! Bonux, Esso, André, Amora, Kréma... Les marques avaient envahi les chaumières de leurs porte-clés pour se faire une pub d'enfer à bas prix. Et moi, obnubilé par le trésor de ce grand-père, mon grand jeu consistait à lui subtiliser ses plus beaux modèles pour agrandir ma propre collection. Généralement, nous riions tous aux éclats quand il faisait semblant d'être très étonné en découvrant le larcin.

Aux beaux jours, lorsque mes parents organisaient des méchouis dans le jardin avec la famille et les amis, il y avait un air de fête. C'était formidable ! D'ailleurs, il y avait toujours quelqu'un pour filmer ces scènes de bonheur en Super 8… Plaisir que nous avons prolongé en visionnant les bobines des dizaines et des dizaines de fois.

Et c'est également là, sur les routes désertes des environs, que j'ai appris à conduire au volant des Simca 1 307 de mon père. J'avais quatorze ans, et il m'avait expliqué comment passer les vitesses et rétrograder. Nous avons anticipé les cours de conduite accompagnée en toute illégalité. Moi qui suis un dingue d'automobile, un fana de vitesse et de moto, je peux vous dire que j'étais particulièrement fier de mes premiers exploits.

Au fil du temps, et surtout à cause du déménagement pour Saint-Quentin, nous avons peu à peu perdu l'habitude de nous rendre dans cette maison qui tombait en décrépitude et qu'il fallait entretenir. Alors, en prenant de l'âge, mes grands-parents ont décidé de s'en séparer. Je dois avouer que je ne sais pas si elle tient encore debout aujourd'hui ou si elle a été retapée. Quoi qu'il en soit, Ramerupt reste gravé dans mes souvenirs.

★

L'autre lieu emblématique qui me fascinait, c'était la fête foraine. En témoigne cette vieille photo en noir et blanc sur laquelle je suis à la fête de Wassy, blotti entre mon père et mon grand-père qui me tiennent tous les deux par la main. Je porte un petit blouson matelassé, je suis haut comme trois pommes, et j'ai l'air quelque peu étourdi par la foule. Mais la magie opère plein pot ! Comme tous les gosses, j'ai d'abord commencé par vouloir attraper le pompon, puis au fil des ans, j'ai frissonné à bord d'un train fantôme, et, adolescent, je me suis éclaté comme un fou dans les auto-tamponneuses. Depuis, j'adore l'ambiance des manèges et des stands de confiseries où se mélangent beignets, gaufres et pommes d'amour couleur rouge écarlate. Autant dire que je suis tombé amoureux des foires. Et aujourd'hui, à soixante ans, cet amour est toujours aussi fort.

La foire est un événement populaire qui sillonne les régions, les villes et les villages, c'est l'antithèse même du snobisme. Et que l'on soit cadre ou ouvrier, la fête foraine est un lieu qui rassemble et qui mérite sa place au cœur battant de la ville. Et puis, c'est aussi une corporation exceptionnelle. Les forains ont l'esprit de famille, la volonté de transmettre leur métier et un rapport exigeant au travail. Ils donnent du plaisir et distribuent du bonheur au quotidien. Voilà pourquoi je me suis battu pour eux quand j'étais ministre de la Santé[1], et j'ai même réussi à y amener un commissaire européen à l'Emploi. Autant dire que je ne loupe jamais la foire de la Saint-Denis qui a lieu chaque année au mois d'octobre à Saint-Quentin.

⋆

Un autre endroit tout aussi captivant : le parc animalier de la Pépinière qui, en plein cœur de Nancy, me faisait voyager. Petit, observer des animaux sauvages en plein centre-ville me paraissait complètement fou ! Lorsque je rendais visite à mes grands-parents René et Simone, je demandais à faire un tour dans ce zoo situé à

1. Compte tenu de leur itinérance, les forains ont une dérogation qui ne les oblige pas à avoir un médecin traitant.

quelques encablures de la place Stanislas. Et je ne me lassais jamais d'aller saluer Jojo, le chimpanzé du parc. C'est peut-être lui qui m'a donné l'envie d'avoir un singe. Car j'ai longtemps espéré en accueillir un à la maison – folie d'enfant –, en comptant sur la complicité de Jean-Pierre. Mon oncle bossait dans un bureau d'études spécialisé dans l'alimentation en eau potable et voyageait fréquemment en Afrique pour son travail. Chaque fois qu'il se rendait sur place, et qu'on le déposait à l'aéroport d'Orly pour qu'il prenne son avion, je lui demandais : « Eh, tonton, tu me ramèneras un singe ? » Je ne suis pas sûr que mon oncle aurait été capable de m'offrir un tel cadeau. De toute façon, ma mère faisait toujours de grands gestes derrière mon dos pour lui rappeler que c'était forcément une mauvaise idée. Je me suis donc contenté de nourrir mes poissons rouges, mes tortues de Floride, et surtout de cajoler Bunny, un incroyable lapin nain à poils longs qui avait le don de ronger les fils du téléphone et d'arracher l'horrible papier peint de l'appartement.

Il va sans dire que j'ai toujours adoré les animaux. D'ailleurs, je me rends chaque année au zoo de Beauval dans le Loir-et-Cher, et je suis devenu ami avec Rodolphe Delord, l'entrepreneur hors pair qui l'a développé à grande échelle. Le lieu est magnifique, il plaît aux grands et aux tout-petits, nous en avons donc fait une sorte de pèlerinage familial. Petite fierté personnelle, le parc d'Isle de Saint-Quentin est lui aussi une belle réussite qui abrite près de 350 animaux (saïmiri du Pérou, suricates, potamochères, loutres cendrées...) et pas moins de 61 espèces. Ayant la charge de sa biodiversité et de son développement, je veille tout particulièrement à ce que le bien-être animal soit la première de nos priorités.

★

Je n'ai pas le souvenir de mes parents me disant « Je t'aime » le soir avant de m'endormir. Ils n'étaient pas du genre démonstratif. Il y avait sans doute trop de pudeur dans cette génération de l'après-guerre pour verbaliser un sentiment si puissant. Mais une chose est certaine, ils m'ont couvert de tout leur amour. Ils ont été des parents attentionnés, remarquablement patients et ultra-sociables. Si j'ai longtemps été timide, je sais que ce sont eux qui m'ont donné le sens du contact et le goût des autres. Jeunes, ils recevaient leurs amis à tour de bras pour passer les soirées à la maison. J'avais alors l'autorisation de veiller un peu plus tard qu'à mon habitude. J'entends encore la voix de leurs copains chuchotant dans le salon : « Difficile de croire qu'il y a un enfant dans la pièce à côté, il ne fait pas un bruit ! » Je faisais ma vie, j'étais autonome, mais j'appréciais la présence rassurante des adultes autour de moi. J'avais d'ailleurs très envie d'en devenir un et de grandir le plus vite possible, notamment parce que je commençais à être complexé par mon poids.

Je me rappelle un été passé à Ramerupt. J'avais six ans. Mes parents travaillaient la semaine et revenaient chaque week-end, alors c'étaient Yvette et Louis qui prenaient soin de moi. Ma grand-mère veillait constamment à ce que je ne manque de rien dans l'assiette, quitte à en mettre beaucoup. Elle voulait me faire plaisir. Un peu trop sans doute. Peut-être aussi n'avais-je pas assez bougé ou fait suffisamment de sport durant ces deux mois de vacances, toujours est-il que c'est à ce moment précis que j'ai vraiment commencé à grossir.

Il n'y a jamais eu de problèmes de poids dans la famille. Ma mère, à qui je ressemble beaucoup physiquement, avait une morphologie tout à fait classique. Quant à mon père, qui a longtemps été un vrai fumeur, il a toujours été maigre comme un clou. À proprement parler, j'étais sans doute un gosse plus rond et plus en formes que la moyenne, mais rien de dangereux pour la santé. En fait, c'était moi qui me trouvais gros. Et face à mon reflet devant le miroir, j'étais lucide, je n'aimais pas ce que je voyais. Chaque année à la fin du mois d'août, je subissais le calvaire des essayages destinés à déterminer ce que j'allais pouvoir continuer à me mettre à la rentrée. Comme généralement les vêtements que je portais avant les grandes vacances ne m'allaient plus, il fallait renouveler une bonne partie de mon vestiaire. Et ça, c'était l'équivalent d'une torture. Dans les magasins, je vivais un drame en regardant les bourrelets naissants ou déjà présents. Et je dois admettre que les remarques de ma mère n'étaient pas toujours simples à encaisser. « Tu as grossi », « Tu ne rentres pas dans ton pantalon », « Tu ne te rends pas compte, il va falloir te mettre au régime ». Paradoxalement, elle était aussi la seule qui avait le pouvoir de me rassurer et de me réconforter dans mon mal-être.

Enfant, je n'ai jamais fait de régime. Je me suis rattrapé plus tard. Mais ces épisodes m'ont tous profondément marqué. Alors forcément, l'adolescence n'a pas été un passage si facile, notamment avec les filles. Je craignais toujours de prendre des râteaux au moment de les séduire. Ma timidité de l'époque conjuguée à mon physique « d'athlète » n'ont pas fait de moi un Don Juan. Heureusement, j'avais de l'humour. Et je n'ai jamais écopé de surnoms moqueurs ni été victime d'attaques désobligeantes, ce qui m'a aidé à ne pas perdre confiance.

Adulte, pour me sentir mieux dans mon corps, j'ai testé toutes les méthodes pendant des années : acupuncture, régime hyper-protéiné, régime crétois, méthode Montignac, produits coupe-faim. Ça marche un temps, et encore, ça ne change rien à votre véritable nature. Car pour être tout à fait honnête, je fais partie de ceux qui prennent un kilo dès qu'ils étudient la carte d'un restaurant ou regardent d'un peu trop près la vitrine d'un charcutier. C'est peut-être injuste mais c'est comme ça. Aujourd'hui, je continue de me peser chaque matin, mais j'ai arrêté les privations strictes et les diètes à la mode. Et je ne m'en porte pas plus mal. En revanche, je fais en permanence attention à ce que je mange, tout en veillant à cohabiter avec le gourmand que je suis. Et comme je suis capable de comptabiliser le nombre de calories de n'importe quel plat, si j'abuse un midi, j'essaie de rééquilibrer le repas d'après et de faire de l'exercice. C'est du bon sens, pas plus. J'ai appris au fil du temps à comprendre la mécanique de mon corps, et surtout à faire avec. Mais la seule réalité qui tienne, c'est que je ne serai jamais mince.

★

En classe de CP, mon institutrice m'avait un jour demandé de lire à haute voix pour en faire profiter les élèves du CE1. « Tu lis comme une rivière coule », m'avait-elle dit. Voilà qui était chouette à entendre. À l'école primaire, sans jamais avoir eu à forcer sur les révisions, j'obtenais de bons résultats. Mes parents considéraient que c'était mon devoir de petit garçon, et qu'il n'y avait rien d'exceptionnel à cela. Ce qui signifiait que lorsque j'étais premier de la classe, mes performances étaient passées sous silence. En revanche, dès que le fils d'un client de mon père, qui était lui aussi très bon élève, avait de meilleurs résultats que les miens, les remarques pleuvaient. « Ce n'est pas parce que tu as des capacités que tu ne dois pas travailler », me répétait-on en stéréo. Pendant longtemps, je me suis dit que mes parents charriaient et qu'ils auraient pu être plus sympas ou encourageants. C'est peut-être pour cette raison que j'appréciais autant le système pédagogique des bons points. En les cumulant à chaque trimestre, je venais inconsciemment chercher, non pas une récompense, mais une forme de reconnaissance qui généralement me donnait l'envie d'aller plus loin et de me dépasser. Honnêtement, je sais que le dopage aux félicitations et la prime aux compliments ne sont pas pour moi. Alors je fais avec, ou plutôt sans.

*

En 1972, le président Georges Pompidou appelait les Français à se prononcer par référendum sur l'élargissement des Communautés européennes ; le PS et le PC s'étaient accordés autour d'un programme commun de gouvernement ; et les Trente Glorieuses touchaient silencieusement à leur fin. Moi, cette année-là, j'avais sept ans, et j'étais surtout préoccupé par un autre changement qui allait révolutionner l'organisation de toute la famille : ma mère était enceinte ! J'étais si heureux en apprenant la nouvelle que j'ai naïvement préparé pendant des semaines tout un tas d'exercices de lecture que j'avais minutieusement réunis dans un petit cahier. À la naissance de Vanessa, au mois de juillet, j'ai revu ma copie en prenant conscience qu'un bébé, ce n'était pas tout à fait ce que j'avais pu imaginer. Mais j'étais super fier d'avoir une petite sœur. D'autant que nous partagions désormais la même chambre, où cohabitaient deux univers bien distincts, avec d'un côté les posters de mes joueurs de foot préférés, et de l'autre une inoffensive armée de peluches et de poupées.

Sept ans d'écart, dans une fratrie, ce n'est pas rien. Et à l'époque, ce n'était pas si fréquent. Cette différence d'âge a permis à nos parents de me responsabiliser, et au passage de légitimer mon argent de poche lorsque j'ai commencé à aller récupérer ma sœur à la sortie de la maternelle. Dans le quartier des Chartreux, les écoles étaient situées au pied des HLM, ma mère n'avait donc aucun souci à se faire pour notre sécurité. D'autant que le duo fonctionnait : Vanessa était une petite fille sage et obéissante avec laquelle je me montrais très protecteur. Plus tard dans sa scolarité, je l'ai aidée à faire ses devoirs, et l'ai entraînée avec moi dans d'interminables parties de cache-cache. La vie à quatre avait quelque chose de doux et de tranquille.

Qui plus est, dans le courant des années 1970, ma tante et mon oncle ont eu eux aussi des enfants. Le clan s'est agrandi avec l'arrivée de mes cousins Sébastien et

Mathieu, les fils de Josette, et de Carole, la fille de Jean-Pierre. Ainsi, j'étais devenu l'aîné d'une joyeuse tribu. Et même si j'avais nécessairement d'autres préoccupations que ma sœur et mes petits-cousins, j'étais cette fois à la tête d'une jolie troupe de théâtre amateur pour animer les repas de famille.

★

Peu avant la trentaine, comme pour rattraper ce qu'il avait jusqu'ici dû mettre de côté, mon père a renoué avec les études et s'est mis à préparer un examen en interne pour devenir cadre bancaire. C'était un défi personnel important, un cap nécessaire à franchir dans sa vie professionnelle. Ainsi, chaque soir après sa journée passée à la Société générale, il s'est mis à potasser les cours : produits financiers, gestion d'une équipe et d'un portefeuille clients. Dans ma tête, je trouvais étrange de le voir, à son âge, le nez plongé dans les études. En temps normal, ce sont les enfants qui font leurs devoirs, pas les grands. Il était hyper-consciencieux, et imperturbable lorsqu'il révisait. Mais malgré ses efforts, il n'a pas réussi l'examen du premier coup. Et comprendre que mon père pouvait échouer m'a fait très bizarre. Mais il n'a pas renoncé, et s'est aussitôt remis en selle pour repasser l'épreuve. Sa seconde tentative fut la bonne. Et c'est ainsi que, pour obtenir cette promotion méritée, il fut muté en 1978 à Saint-Quentin, dans l'Aisne.

★

Pour moi, ce déménagement va être un déchirement. J'avais treize ans, et j'étais particulièrement heureux à Troyes, où j'avais mes habitudes, mes copains, mes premiers flirts. Or, subitement, on m'obligeait à tout quitter ! Et pour être tout fait sincère, je ne savais même pas où se trouvait Saint-Quentin. Comme toute ma famille était issue de Champagne-Ardenne, j'avais un mal fou à me projeter si loin, dans une nouvelle vie plus au nord.

Je me souviens encore du premier jour de notre installation, et du panneau qui indiquait à l'entrée de la ville : « Saint-Quentin, ses pastels[1], sa plage ». Interpellé par cette promesse quelque peu exotique, j'ai demandé à mes parents de nous conduire, le soir même, voir ladite plage, et j'ai vraiment insisté. Quelle ne fut pas ma déception ! Rien à voir avec ce que j'avais pu imaginer. Sous un ciel voilé, je découvrais un étang triste, bordé de vieux bâtiments aux façades froides et austères. Vraiment pas de quoi s'emballer. Mais parfois le dépit est source d'inspiration puisque, des années plus tard, en 1996, je créerais la première édition de Saint-Quentin Plage. J'y reviendrai…

En étant nommé chef des bureaux à la Société générale de Saint-Quentin, mon père, devenu cadre, a amélioré son salaire, ce qui a automatiquement transformé notre quotidien. Concrètement, nous avons quitté notre trois-pièces dans une ZUP pour nous installer en plein centre-ville dans un duplex situé juste au-dessus d'un

1. Le portraitiste de la cour du roi Maurice-Quentin de La Tour, né en 1704 à Saint-Quentin, a fait la renommée de la ville. Comme un clin d'œil à son talent, on retrouvait son visage sur les anciens billets de 50 francs.

magasin de machines à coudre. Cette fois, surtout, ma sœur et moi avions chacun une chambre. Et, summum du luxe, j'ai même eu droit à mon premier lit deux places. La voiture familiale aussi est devenue un peu plus spacieuse avec l'achat d'une Talbot Solara. Et pour les vacances d'été, nous avions désormais le privilège de découvrir les splendeurs de la Corse.

Soyons honnêtes, mes parents ne roulaient pas sur l'or, et n'ont jamais été fortunés. Même avec la promotion paternelle, nous continuions d'appartenir à la classe moyenne, et nous en étions très heureux. Mais pour des gens qui ont dû laisser tomber leurs études à cause de moi, accéder à un confort matériel nettement supérieur était formidable. Cette trajectoire ascensionnelle, somme toute classique pour l'époque, a forgé l'ensemble de mes convictions en faveur de la classe moyenne. J'ai vu mon père travailler dur, s'émanciper, et se transformer en gravissant les échelons. Et, aujourd'hui plus que jamais, les Français veulent une chose simple et basique à comprendre : vivre décemment de leur travail.

Au collège public Metz, ma scolarité s'est déroulée avec une nouvelle bande de copains grâce à laquelle je me suis vite senti comme un poisson dans l'eau. Habituellement deux ou trois clichés mènent la vie dure aux bons élèves. On attend d'eux qu'ils soient au premier rang, qu'ils deviennent délégués de classe et qu'ils fassent des étincelles dans toutes les matières enseignées. Ce n'était pas mon cas. Pour faire l'intéressant, sans jamais me montrer irrespectueux envers mes professeurs, j'étais généralement au fond de la classe parmi les plus dissipés. Aussi, je n'ai jamais été délégué, je n'en voyais pas trop l'intérêt. Quant à briller dans toutes les disciplines, je confesse volontiers que les langues étrangères m'indiffèrent, que je n'ai aucun talent pour les arts plastiques et que je subis péniblement les cours d'EPS.

Mes parents ont tout de suite pris leurs marques et se sont fait de nouveaux amis. Ils ont toujours eu une incroyable capacité à sociabiliser et à se faire une place aux côtés des autres. Objectivement, de la fin du collège jusqu'à mes années lycée, je n'avais aucune raison de me rebeller contre quoi que ce soit. J'ai donc épargné aux miens la crise d'adolescence qui rend si souvent les adultes perplexes. Il faut dire que j'étais extrêmement proche de ma mère, ce qui a dû aider à traverser l'âge ingrat sans trop d'encombre. Elle a été ma meilleure confidente, celle à qui je racontais absolument tout, et bien sûr, je m'épanchais aussi sur mes peines de cœur.

⋆

À Saint-Quentin, le foot a été peu à peu remplacé par la Mobylette (ma première mob était couleur « vert prairie », pas vraiment idéal pour impressionner les filles), le karaté, le tennis de table, les virées au cinéma et le passage continuel de mes copains à la maison. Ici, la décoration était moderne, c'était la mode des lampadaires en arc coiffés d'un globe blanc, des canapés Togo, et des meubles signés Conforama. Avec la bande, on était parfois plus d'une dizaine à s'agglutiner autour du flipper d'occasion que mon père avait déniché dans une salle de jeux. La volumineuse machine trônait dans l'entrée de la cuisine et faisait un boucan d'enfer dans tout l'appartement si on ne fermait pas la porte derrière nous. Mais c'est précisément là, autour de ce vieux flipper, qu'on aimait rire, discuter et parfois flirter en écoutant les disques de Gérard Lenorman, Jeane Manson et Supertramp.

La série *Friends* était loin d'avoir fait son apparition. Mais avec Sophie, Frédéric, Catherine, Jean-Pierre, Arnaud et Christine, nous avions défini les codes et les contours d'une belle amitié. Parmi eux, il y avait aussi Anne-Carole, la fille la plus discrète et mystérieuse du collège, qui occupait une place particulière à mes yeux puisqu'elle était mon premier grand amour. Anne-Carole était jolie, adorait les chats, faisait l'option latin-grec, et dégageait quelque chose de plus que les autres qui m'attirait. À diverses périodes de l'adolescence, nous avons été quelque temps ensemble, avant de vivre au début de l'âge adulte une histoire devenue beaucoup plus sérieuse…

★

J'ai seize ans, une énergie au-dessus de la moyenne, et la politique va faire une entrée fracassante dans ma vie. Avec l'élection présidentielle de 1981 !

À la maison, la chose publique n'avait jamais passionné mes parents. En 1974, mon père, gaulliste, avait opté pour la candidature de Jacques Chaban-Delmas, éliminé au premier tour. Quant à ma mère, elle votait à droite, mais tenait prudemment ses opinions à distance, nous faisant gentiment comprendre que la politique ne l'intéressait pas. Autant dire que ma culture restait à faire. Mais dès le début, la campagne présidentielle de 1981 transforme mes envies et accapare tout mon temps. Chaque jour, j'achète la presse, je décortique les articles et les entretiens du *Monde* et de *Libération*, j'écoute Europe 1 et je regarde religieusement « Soir 3 » pour les comptes rendus des meetings. C'est l'incroyable dynamisme de Jacques Chirac qui m'attire. J'ai envie de liberté, je veux que ça bouge, et sa candidature représente pour moi une sorte de troisième voie possible entre François Mitterrand et Valéry Giscard d'Estaing.

Jacques Chirac, c'est la nouveauté, la niaque, et le charisme en prime. Et ce qu'il avait fait pour la mairie de Paris, il voulait le reproduire pour la France. Je me rappelle notamment le grand rassemblement donné le 11 avril 1981 au Parc des Princes. Jamais un homme politique français de sa trempe n'a eu l'audace de remplir le plus grand stade du pays. En tout cas, à mes yeux, le format est inédit. « L'important, c'est la foi. La foi dans le progrès, la foi dans la justice, la foi dans la grandeur de la France », clame-t-il dans le micro, face à des délégations de partisans venus de tout le pays. L'ambiance est dingue, fiévreuse, survoltée. C'est simple, on se serait cru à une finale de Coupe de France de football ! Je ne suis pas sur place, mais à travers le petit écran, je ressens les vibrations qui agitent les tribunes.

Le 26 avril, avec 18 % des voix, le candidat Chirac n'a pas atteint son but. Son élection se jouera bien plus tard dans l'histoire du pays. Mais au second tour quelque chose de totalement inattendu m'interpelle. Le 10 mai 1981, au soir de la victoire de François Mitterrand, je découvre en direct l'immense vague de joie qui déferle dans les rues de Saint-Quentin. Les Français de gauche se serrent dans les bras, s'embrassent et font la fête jusque tard dans la nuit. J'assiste sous mes fenêtres à une véritable liesse populaire. Mon cœur est à droite, c'est certain. Néanmoins, cette nuit-là, je prends conscience, sans trop savoir comment tout cela fonctionne, que la politique est un véritable déclencheur d'émotions. Quant à réaliser des projets, changer des réalités et faire adhérer des gens à des idées, pour l'heure, ça ne fait pas partie de ma galaxie. Je ne suis qu'un simple observateur du suffrage universel, mais je ne vais pas pouvoir m'en contenter.

⋆

L'année suivante va marquer une autre étape fondamentale dans mon éveil. Mon père devait faire un déplacement à Paris en compagnie du club local d'investisseurs dont il était le responsable. Jacques Braconnier, sénateur RPR de l'Aisne, avait invité cette délégation à une visite guidée du Sénat et de la mairie de Paris. Connaissant ma nouvelle passion pour la politique, il a proposé de m'embarquer avec lui pour la journée. Nous avons effectué le trajet en bus avec ses clients, visité les lieux promis, où, dans le cadre du palais du Luxembourg, j'ai fait pour la première fois la connaissance de Jacques, sans imaginer une seconde que nos destins allaient être liés pendant de nombreuses années.

Braconnier avait plus qu'une gueule. Il avait de l'allure. Avec ses épaules carrées de marin (la navigation était son autre passion), ses cheveux plaqués en arrière et son collier de barbe hérité des années 1970, dans le genre sénateur-baroudeur, il en imposait. Époque oblige, il trimballait toujours avec lui un paquet de cigarettes Gitanes Bleu, qu'il grillait presque par réflexe à toute heure de la journée. Je n'avais pas particulièrement potassé de sujets d'actualité et j'ai du mal à me souvenir de quoi nous avons pu parler lui et moi. Mais je lui avais posé avec enthousiasme tout un tas de questions sur la politique et, présomptueusement, je lui avais même donné mon avis. Je ne doutais de rien. Cependant, j'étais porté par le sentiment d'être privilégié et j'étais honoré de pouvoir échanger avec un homme qui avait fait de la politique son métier. Peut-on alors évoquer la rencontre entre un élève et son mentor ? Trop tôt pour le dire. Mais une chose est sûre, Jacques avait à cœur de transmettre. Et moi, en quelque sorte, je pouvais lui offrir des idées neuves et l'énergie communicative de la jeunesse. Voilà sans doute pourquoi, à la fin de l'entretien, il a proposé de nous revoir afin de constituer une équipe de jeunes militants destinée à soutenir ses actions.

★

J'ai dix-sept ans, une Suzuki ER 80, une carte au RPR, et déjà des responsabilités. À dire vrai, ce n'était pas compliqué d'en avoir puisque nous sommes quatre dans la section locale ! Les débuts sont timides, la méthode plutôt artisanale. Qu'à cela ne tienne. Je vais apprendre sur le tas, organiser des rencontres et amorcer quelques débats, dont un particulièrement mémorable qui se déroula à notre permanence en présence du responsable des jeunes communistes. Le type était sacrément affûté et brillant, et on s'était tous dit que l'école de formation du PC servait véritablement à quelque chose.

En 1983, Jacques Braconnier décide de briguer la mairie de Saint-Quentin pour succéder à Daniel Le Meur, figure locale du Parti communiste. Je ne fais pas partie de l'équipe de campagne. Et pour cause, je suis trop jeune, pas suffisamment expérimenté et, cette année-là, je passe aussi mon baccalauréat en section A4 au lycée Pierre-de-La-Ramée.

La parenthèse enchantée du PS est terminée, la gauche a pris le tournant de l'austérité et, mécaniquement, de nombreuses communes basculent à droite sur l'ensemble du territoire. Saint-Quentin en fait partie, et je m'en réjouis. Mais un événement va particulièrement me frapper : l'alliance de l'UDF et du RPR à Dreux avec Jean-Pierre Stirbois, tête de liste du Front national. De mon point de vue, déjà, la politique doit rimer avec une certaine éthique, et rassembler les gens plutôt que les opposer. Or ce n'était pas le cas de Jean-Marie Le Pen, qui a toujours fait de l'étranger son bouc émissaire, son fonds de commerce, son marchepied de la honte. Et cette toute première percée nationale du FN me sembla déjà très dangereuse.

★

Bien que je me sois planté l'année précédente avec un 8 sur 20 à l'oral du bac de français sur un texte d'Albert Camus, je rattrape mes points de retard, avec notamment un 20 sur 20 en mathématiques, et obtiens le baccalauréat avec la mention « bien ».

L'examen en poche, je me suis immédiatement propulsé dans une vie adulte avec la furieuse envie d'accélérer la cadence et de tout mener de front. Et j'avais tout prévu. Pour jouir d'une totale indépendance, j'avais déjà décroché mon permis voiture (obtenu une semaine après mes dix-huit ans ; mon permis moto viendra un peu plus tard). Aussi, j'ai fait le choix de ne pas suivre mes parents et ma sœur à Annecy où mon père vient d'accepter une nouvelle mutation. Je veux rester dans le coin, suivre des études de droit à Reims, et m'installer avec Anne-Carole, qui a opté pour une filière littéraire.

Ensemble, nous formons un couple amoureux, stable et très rangé. À contre-courant du triptyque « révisions, drague et rock'n'roll » qui rythme traditionnellement la vie des étudiants. Les choses étaient si sérieuses entre nous que nous avons même songé à nous marier. Autant dire que nos parents n'ont pas vraiment compris cet empressement. D'ailleurs, lorsque j'ai évoqué ce projet avec mon père, il m'a placé face à mes responsabilités. « Si tu veux te marier, il n'y a pas de problème, fais-le. En revanche, tu devras être financièrement indépendant. » Il avait raison de me confronter à la réalité. J'étais beaucoup trop jeune pour m'engager. Et sa réaction a eu le mérite de me mettre du plomb dans la cervelle. J'ai donc suivi ses conseils, savouré les joies du concubinage, tout en continuant à m'initier à la politique et à travailler à temps complet, dès février 1984, comme surveillant d'externat dans un lycée technique de Laon.

Pour moi qui n'avais jamais été demi-pensionnaire ou interne durant ma scolarité, le pionnicat a constitué une première rupture avec ma vie d'avant. Mais cette expérience m'a apporté une bonne dose de confiance en moi. Car j'ai souvent dû faire preuve d'autorité face à de solides gaillards qui avaient plus ou moins le même âge que moi. Je me suis aussi fait quelques bons copains à l'internat, dont Arnold, un type immense qui était lui aussi étudiant à Reims et avec lequel je jouais régulièrement au squash. Grâce à l'aide financière de mes parents qui couvrait une partie du loyer, mon salaire de pion nous assurait un revenu confortable pour des étudiants, mais je ne chômais pas.

À la fac, j'assistais à tous les TD obligatoires, en revanche, je faisais très souvent l'impasse sur les cours magistraux donnés en amphithéâtre. Alors, afin de rattraper mes absences, je m'arrangeais pour demander les prises de notes à des copines. Et je recherchais en particulier celle qui avait l'écriture la plus petite afin que ça me coûte le moins cher possible en photocopies.

Chaque week-end, je rentrais à Saint-Quentin avec Anne-Carole, où nous occupions la maison de ses parents qui venaient de se séparer. Mon activisme est alors monté en puissance. C'était un engagement gaulliste au sein d'un mouvement populaire, qui parle aux ouvriers comme aux chefs d'entreprise, à la France des métropoles comme à celle de la ruralité. Je commençais à avoir des repères, j'étais plus engagé, et je prenais des initiatives payantes, comme la fois où j'ai organisé les assises départementales du RPR qui ont permis de me faire remarquer. Et c'est là que j'ai rencontré des militants gaullistes à l'ancienne. Gaston, Jacques, Gontran, Michel et Marie-Ange (couple devenant par la suite des amis proches) m'ont démontré avec force ce que le mot « fraternité » signifie. Ils avaient du savoir-faire, de l'autorité, du bon sens, et une réelle capacité à faire remonter les infos du terrain. Être militant, c'est donner de son temps sans rien attendre en contrepartie. Eux, ouvriers ou contremaîtres, consacraient leurs vacances, leurs soirées et leurs week-ends à défendre la bonne cause. Ils ne cherchaient pas à se placer ou à se faire élire, seules leurs idées politiques, le gaullisme, motivaient leurs actions. Je me souviens de ces soirées de campagne électorale où nous collions des affiches aux quatre coins de la ville. Au petit matin, nous revenions sur les lieux, planqués dans notre camionnette, pour voir si les communistes n'avaient pas saccagé le travail de la veille. On adorait jouer à se faire peur avec les Cocos.

Très peu de mes copains étaient politisés à l'époque. Et la plupart se demandaient pourquoi je m'embarquais là-dedans. Mes parents, eux, suivaient de loin cet engagement, mais ils faisaient surtout confiance à mon instinct. Et toutes les six semaines, ou presque, je me rendais en voiture à Annecy pour leur rendre visite. Là-bas, ma sœur était devenue une adolescente fonceuse que j'ai vu grandir par intermittence. Ils évoluaient tous les trois dans une vie qui n'était plus tout à fait la mienne, mais le sentiment de faire famille, lui, ne nous a jamais quittés.

Vers l'âge de dix-neuf ans, pour faire un peu comme tout le monde, j'ai commencé à fumer mes premières cigarettes : des menthols et des petits cigarillos. J'aimais bien m'en griller une, seul, en conduisant. Et puis, je me suis arrêté au bout d'un an, en me disant que plus je deviendrais accro, plus ça serait compliqué pour arrêter, et plus je prendrais du poids. Et ça, je n'en avais vraiment pas besoin.

Après ma licence de droit, je me suis présenté à l'examen d'entrée à Sciences Po. Avec de l'ambition, mais sans préparation. Évidemment, je me suis planté à l'oral, un vrai moment de gêne tant mes arguments étaient trop peu affûtés pour convaincre un jury si exigeant. Dans les années 1980, l'école de la rue Saint-Guillaume était une fabrique à élite parisienne qui commençait à peine à ouvrir ses portes à la bourgeoisie provinciale. N'appartenant à aucune de ces deux catégories sociales, je me suis demandé si je devais retenter ma chance l'année suivante, mais pourquoi pas aussi devenir journaliste ou passer le barreau afin d'enfiler la robe d'avocat ? Une maîtrise de droit public et un DESS d'administration locale ont finalement complété mon cursus. Quant au reste de mon apprentissage, il va s'opérer à partir de 1987, à la mairie de Saint-Quentin, aux côtés de Jacques Braconnier…

*

Les vingt premières années de ma vie sont déjà loin derrière moi, mais je retiens la force d'esprit de mes parents qui, très jeunes, ont fait le choix d'avoir un enfant, en toute conscience.

Des milliers de couples de leur génération ont été confrontés à des grossesses précoces, et beaucoup de femmes ont dû composer seules, subir un avortement illégal ou s'engager dans un mariage dont elles ne voulaient pas. L'histoire de mes parents est bien plus réjouissante puisque c'est avant tout celle d'un homme et d'une femme qui ont passé leur vie à s'aimer. Et chaque année, le 28 novembre, ils célèbrent leur anniversaire de mariage comme si c'était le premier. Comme le reste de la famille, je suis profondément touché de voir mon père transi d'amour. Ma mère l'est tout autant, même si elle ne veut surtout rien montrer en public. C'est une chance immense de pouvoir encore profiter d'eux et de me dire qu'au fond, seuls dix-huit ans nous séparent.

J'ai découvert sur le tard que mon père suivait attentivement toutes mes interventions dans les médias. Aujourd'hui encore, lorsque je prends la parole, j'ai systématiquement droit à une appréciation sobre mais chaleureuse. Ma mère, elle, est devenue la personne qui fédère tout le monde au sein de notre famille. Elle est une femme puissante, sensible, qui a constamment évolué au fil du temps et des époques. Et, allez savoir pourquoi, tout le monde l'appelle « Nona ».

Alors, j'ai peut-être été un enfant pressé de grandir, mais j'ai été un enfant heureux. Mes grands-parents paternels, Louis, et surtout Yvette, ont largement contribué à ce bonheur. Je pense encore fréquemment à elle, à ses mots doux, et à la tendresse infinie qui nous liait.

Quant à Vanessa, ma petite sœur, j'ai encore du mal à me dire qu'elle a passé le cap des cinquante ans. Il y a une vingtaine d'années, elle a plaqué du jour au lendemain son travail, son copain de l'époque et son domicile en banlieue parisienne pour suivre Jamil. Il travaillait au

Club Med, et ils ont voyagé ensemble aux quatre coins de la planète. C'était hier. C'était il y a une éternité. Vanessa vit aujourd'hui dans le Sud de la France, elle est divorcée, et maman de deux superbes jeunes filles à qui elle se consacre entièrement. C'est en la voyant que j'ai mesuré la difficulté d'être une maman solo qui sacrifie tout pour ses enfants. Les sept ans qui nous séparent ont sans doute fait de nous des personnes très différentes. Mais au fond peu importe. Car il y a une règle à laquelle je ne déroge pas : il ne faut jamais s'engueuler en famille. Sans quoi, on finit toujours par le regretter.

2

Saint-Quentin : un territoire en étendard

Qu'est-ce qui fait l'enracinement ? À quoi tiennent nos origines, et comment définir notre appartenance à une ville, un département, une région quand on vient d'ailleurs ? En démarrant avec lui le travail sur ce deuxième chapitre, je me suis demandé pourquoi Xavier Bertrand avait fait le choix de rester toute une vie à Saint-Quentin. Aurait-il eu le même avenir sur l'échiquier politique français, si, à dix-huit ans, il avait décidé de quitter l'Aisne pour suivre ses parents en Haute-Savoie ? Peut-on parler d'intuition heureuse lorsqu'il s'est mis au service du sénateur-maire Jacques Braconnier, ou faut-il pencher pour la preuve d'un opportunisme malin ?

Le parcours ascensionnel de Xavier Bertrand ne tient pas au hasard. Il est le fruit d'un apprentissage méthodique, solitaire, appliqué, durant lequel l'homme semble ne pas avoir perdu une minute de son existence à douter ou à s'éparpiller dans des rôles qui ne lui convenaient pas. Pragmatique, tourné vers l'efficacité (même à vingt-deux ans quand on a l'âge de ne pas être sérieux), il apprend et se nourrit en premier lieu des événements du petit théâtre de Saint-Quentin où la vie politique des années 1980 n'avait, déjà, rien de douceâtre.

Il faut dire que Jacques Braconnier avait constitué un bel héritage, testament que ses vieux compagnons de route pensaient immuable, alors qu'en réalité l'encre utilisée sur le parchemin ne faisait que sécher. Xavier Bertrand aura droit à sa part, en jouant des coudes, peut-être, mais sans jamais rien voler…

Alors que sa carrière professionnelle semblait sur des rails, lui fait en 1992 le choix d'un petit détour à travers champs en devenant assureur à Flavy-le-Martel. Une pause nécessaire selon l'intéressé, mais un leurre pour celles et ceux qui se pensaient débarrassés de lui pour de bon.

Délégué départemental des jeunes du RPR (1986), conseiller municipal (1987), attaché parlementaire au Sénat (1988), adjoint au maire (1995), conseiller général (1998), président du groupe RPR à l'assemblée départementale (1998), puis député (2002)… Son CV d'élu local est long comme le bras. De loin, on pourrait croire qu'il a passé une partie de sa jeunesse à jouer à saute-mouton sans mettre trop d'affect dans ce jeu. Ce qui n'empêche pas les sentiments, et le véritable attachement qu'il éprouve de façon générale pour les gens, et plus particulièrement pour les Saint-Quentinois.

« Deux prénoms n'ont jamais fait un nom », lui avait lancé, il y a des années, un élu du coin[1]*. C'est à croire que Xavier Bertrand jouissait déjà d'une vraie réputation.*

1. La phrase est attribuée à Antoine Pagni, contrôleur général de l'EDF, maire de Vaux-Andigny et ami intime de Charles Pasqua. L'élu fut condamné en 1975 par la cour d'appel de Bastia pour fraudes électorales lors des cantonales de Vezzani en mars 1970.

Le parachutage est une vieille tradition de la vie politique française. Mais quand on débarque à l'improviste chez les gens, la moindre des politesses est de mener une campagne électorale audacieuse et taillée sur mesure pour espérer réussir. Équipés d'une boussole ou dotés d'un bon sens de l'équilibre, de nombreux candidats et partis s'y adonnent et parviennent à relever le défi. Pour d'autres, en revanche, c'est l'histoire d'un naufrage qui se paie *cash* dans les urnes. Il faut dire que la manœuvre est plutôt inconfortable pour celles et ceux qui se retrouvent à devoir broder une légende autour du lieu qu'ils convoitent. Une tante qui a habité la commune, un lointain souvenir de vacances dans la région, ou encore une belle-famille, qui a souvent bon dos lorsqu'il s'agit de s'approprier un passé. En général, tous les prétextes sont utiles.

À différentes étapes de mon parcours, on m'a suggéré l'idée de m'implanter dans une ville plus connue et reconnue que Saint-Quentin. Quelques-uns ont pensé à Reims où j'ai fait mes études, d'autres ont évoqué Lille pour l'attractivité de sa métropole, certains ont même envisagé Paris. Il n'en est rien. J'ai systématiquement refusé. Le parachutage n'est pas antidémocratique puisque pour finir ce sont les électeurs qui choisissent.

Cependant, il a le parfum entêtant du mépris, et selon moi, il est la négation même de l'enracinement. Je ne suis pourtant pas né à Saint-Quentin. Je n'y ai pas non plus d'attaches familiales. Mais c'est ici que j'ai grandi, et la politique m'a donné envie d'y rester pour de bon. En ce sens, mon ancrage est le cheminement d'un engagement moral, intellectuel et physique, entamé il y a plus de quarante-sept ans. C'est dire si Saint-Quentin a toujours été une évidence. Plus jeune, je me suis un jour surpris à aimer très fort cette ville en m'apercevant qu'elle avait l'avantage d'être à taille humaine. En fait, j'aime vivre dans les villes moyennes. Que l'on peut quasiment embrasser à pied, et où l'on savoure une vie de quartier sans se restreindre à un seul et unique périmètre. Avec une population qui avoisine les 55 000 habitants, chacun a la possibilité d'y mener une vie sociale tranquille ou active, tout en conservant un certain anonymat.

Saint-Quentin, c'est aussi un patrimoine architectural, avec son immense basilique aux vitraux médiévaux et ses élégantes façades héritées de l'Art déco parsemées çà et là. On y trouve aujourd'hui une vie associative et culturelle riche avec cinq salles de spectacle (dont le Splendid, qui a ouvert ses portes en 1999), des loisirs, des lieux d'exposition ou de balade. Comme le fabuleux parc d'Isle, gratuit pour les familles, et célèbre pour la richesse de sa biodiversité que je continue à gérer aujourd'hui avec passion au titre de l'agglomération, ainsi que je l'ai raconté plus haut. Et puis il y a bien sûr cet esprit libre et indépendant des Picards, qui fait la différence. De prime abord, ils ressentent toujours le besoin de vous jauger, voire de vous juger. Mais une fois qu'ils vous accordent leur confiance, qu'ils comprennent vos valeurs et vos motivations réelles, leur attachement, intègre et sincère, ne connaît pas de limites. Et ça, je l'ai vécu et ressenti tout au long de mon aventure.

*

Au mitan des années 1980, la carte postale de Saint-Quentin ne faisait pourtant pas rêver. Victime de la désindustrialisation, cette cité ouvrière nichée sur un territoire historiquement ancré à gauche s'était appauvrie. Les Saint-Quentinois ont assisté, groggys et endeuillés, à la faillite de Motobécane et à la fermeture des ateliers de textile qui avaient fait la renommée et la richesse de toute une région. Le taux de chômage était si élevé que les gens de ma génération ne remettaient généralement pas les pieds ici après leurs études. J'ai fait le chemin inverse.

Durant mes années à la fac[1], j'ai activement milité chaque week-end à Saint-Quentin pendant cinq ans, et pris, dans ma lancée, la délégation départementale des jeunes RPR de l'Aisne. Mes idées politiques se sont aiguisées, ma vision du monde s'est peu à peu transformée, quant à ma relation avec Jacques Braconnier[2], elle s'est construite sur la base d'une confiance mutuelle et réciproque. Si bien qu'une fois mon DESS en poche, j'ai laissé tomber l'idée de faire un doctorat sur les nouvelles formes de représentations démocratiques pour m'engager à fond derrière lui.

1. Voir chapitre 1, « Un enfant pressé de grandir ».
2. *Ibid.*

★

Jacques était un homme respecté et respectueux. L'ancien négociant en meubles, connu comme le loup blanc dans la région, était durant la Seconde Guerre mondiale entré en Résistance à l'âge de seize ans. Mais de cet engagement-là, il parlait rarement. Durant son premier mandat de maire, en 1966, il avait planifié une série de grands projets pour la ville[1]. Les Saint-Quentinois lui doivent notamment la construction du quartier Europe, et celle du centre hospitalier inauguré le 30 juin 1970. C'était l'époque du gaullisme triomphant, avec de l'argent dans les caisses de l'État, et le besoin viscéral pour toute une population de voir le pays se transformer. Sous les effets ravageurs de la crise et de la désindustrialisation, son deuxième mandat, entamé en mars 1983, fut soumis à de nouvelles épreuves économiques et sociales. Au nom de l'Europe, la gauche de François Mitterrand avait amorcé un changement de cap et la politique de rigueur que l'on connaît. Opiniâtre, sincère, et très paternaliste, Jacques Braconnier a fait le maximum pour limiter la casse auprès des Saint-Quentinois les plus fragiles. En 1987, à soixante-trois ans, il était sénateur de l'Aisne depuis déjà seize ans, et il lui restait encore deux ans avant les prochaines élections municipales.

★

1. Les élections municipales ont eu lieu en mars 1965. Pierre Laroche, maire socialiste de Saint-Quentin, décédera un an après son élection.

Aux côtés de Jacques Braconnier, trois hommes tenaient un rôle essentiel dans la vie politique de Saint-Quentin. Il y avait tout d'abord la figure locale : Maxime Hénoque, soixante-six ans, ancien secrétaire général de la sous-préfecture, et premier adjoint au maire. Mais aussi Vincent Savelli, professeur d'histoire-géo et adjoint à l'Éducation, et enfin Pierre André, directeur général de la chambre de commerce et d'industrie de l'Aisne, qui, politiquement parlant, menait sa barque en dehors des murs de l'hôtel de ville. Jacques voulait faire de ces deux quadras rugissants ses héritiers. Si bien qu'à un moment, la messe semblait avoir été dite : Pierre André prendrait un jour les commandes de la mairie, Vincent Savelli celles de la députation.

Moi, j'étais encore surveillant au lycée technique Pierre-Méchain de Laon. Attiré comme un aimant par la politique, j'ai demandé à Jacques Braconnier de se renseigner auprès de Jean-Claude Lamant, député de la première circonscription de l'Aisne depuis 1986, pour savoir s'il n'était pas à la recherche d'un attaché parlementaire. Mais je ne suis pas certain que Jacques lui ait fait passer ce message. Il n'avait pas envie, me semble-t-il, de me voir partir, et envisageait de me garder à ses côtés. C'est d'ailleurs ce qu'il a fait en me proposant de devenir son collaborateur à la mairie.

Je me souviens d'avoir attendu des semaines avant de savoir quand allait démarrer mon contrat. J'avais beau essayer de joindre le cabinet plusieurs fois par jour pour donner ma démission de l'Éducation nationale, personne n'était capable de me répondre et de m'indiquer une date précise. Je n'avais pas encore compris que le temps des acteurs politiques n'est jamais tout à fait celui que l'on se rapporte à soi-même. Et j'ignorais encore tout du tourbillon qu'est le travail à plein temps au sein du cabinet d'un sénateur-maire, où les journées sont rarement linéaires.

Le 2 mai 1987, je rentrais néanmoins de plain-pied dans la vie publique, et pour la première fois de ma vie je portai une cravate. L'accessoire me gênait, m'étranglait, qu'importe, c'était l'usage. Alors je m'y suis plié sans imaginer un instant que je me baladerais aujourd'hui avec trois cravates de rechange dans ma voiture (même si je déteste toujours autant en mettre). Ce jour-là je découvrais aussi le petit bureau qui m'avait été attribué à la mairie. S'il mesurait approximativement 5 mètres carrés, il avait l'avantage d'être situé juste à côté de celui du sénateur. Et quand on vous réserve un espace à proximité de celui qui exerce le pouvoir, croyez-moi, ça compte ! Je me mis à travailler beaucoup, en permanence, fourmillant d'idées, de projets, de propositions. Je faisais tout pour être utile, ou plutôt pour me rendre indispensable.

*

Le 2 janvier 1988, premier jour de ma nouvelle vie d'attaché parlementaire. En me nommant à ce poste, Jacques reconnaissait la qualité de mon travail, et de mon côté, je comptais faire mes preuves en relevant un nouveau challenge. Autant dire que cette arrivée a suscité les jalousies d'une équipe rodée par l'expérience et les mandats successifs. La cheffe de cabinet veilla à bien limiter mon rayon d'action, et Maria Garnier, l'autre attachée parlementaire de Jacques, sembla, elle aussi, retenir toute forme d'enthousiasme à mon égard. Cette femme vive, intelligente, très cultivée, suivait toute l'activité parlementaire du sénateur, ses interventions, la gestion de son agenda, et était aussi sa plume. Je dois dire qu'elle excellait quand elle lui écrivait ses discours.

Pour ma part, le travail consistait essentiellement à l'élaboration de notes, à l'étude de dossiers et à recevoir les gens sur le terrain et en mairie… Ce que j'adorais ! Très vite, c'est même devenu ma spécialité. Au vu de la relation quasi filiale que j'entretenais avec Jacques, tout le monde s'était mis à croire que la succession sauterait une génération, et qu'il cherchait à faire de moi son dauphin. Ce qui explique beaucoup de moments houleux.

À dire vrai, entre Vincent Savelli et moi, le courant n'est jamais passé. Il était un adjoint reconnu et efficace. Il est même devenu inamovible au fil du temps. La preuve, en 2025, il est toujours au conseil municipal de Saint-Quentin. Le problème, c'est que Vincent Savelli a loupé le coche. Notamment lors des législatives de 1981 quand il s'est présenté face au candidat communiste Daniel Le Meur. Au fur et à mesure, il est devenu un personnage aigri qui n'a jamais manqué de me critiquer dès que l'occasion se présentait. Avec Pierre André, c'est un tout autre refrain. J'entretiens aujourd'hui de superbes relations avec lui, elles peuvent même être qualifiées d'affectueuses. Pourtant, je n'oublie pas à quel point nous nous sommes écharpés dans le passé. Pendant des années, nous avons été de vrais concurrents au sein de la même famille. Nous étions même de redoutables adversaires. Mais je dois admettre que Pierre André a été un homme politique doté d'une vraie vision. Il fut aussi un remarquable tacticien qui a su redonner de l'élan à la droite locale, et de l'éclat à Saint-Quentin en devenant sénateur-maire au milieu des années 1990.

★

Deux jours par semaine, les mardis et mercredis, Jacques Braconnier se rendait seul au Sénat, à Paris. Le reste de son agenda était très souvent consacré à une multitude de réunions sur des questions d'aménagement du territoire et de planification. Même s'il n'était pas un patron particulièrement exigeant, je travaillais en permanence, sans jamais compter mes heures. Je me disais constamment : « Bosse et avance. » Avec lui, j'ai aussi avalé des kilomètres et sillonné l'arrondissement à la rencontre de la population et des élus. Obtenir des rendez-vous, prendre la parole, serrer des mains, la politique a largement contribué à soigner ma timidité d'antan. Très souvent, lors de nos déplacements, je proposais à Jacques de prendre le volant. Ça me rassurait, et ça rassurait aussi Marianne, son épouse. Il faut dire que la conduite du sénateur était parfois risquée. Un jour, alors que nous nous rendions à Lille, il avait failli percuter de plein fouet une voiture qui déboîtait sur l'autoroute. Jacques, qui fumait certainement une cigarette à ce moment-là, avait braqué à la dernière minute en s'exclamant : « Houlà, on a bien entendu péter les anges ! » Il était ainsi, Braconnier, un peu rêveur et toujours dans ses pensées.

Jacques était l'homme que j'ai toujours considéré comme mon grand-père politique. Et malgré les quarante et un ans qui nous séparaient, nous avons formé ensemble un véritable binôme. Nous étions complémentaires jusque dans nos différences : lui, le taiseux, l'introverti, accro à la planification, et moi, le type dopé au terrain, concret, au franc-parler déjà marqué. J'ai appris en l'observant. À son contact, j'ai compris comment dénouer des situations, trouver des solutions, et j'ai aussi découvert que la politique est une question de vision et de transformation. Pour autant je n'ai jamais cherché à l'imiter ou à lui ressembler. Je me suis inspiré de ce qui me plaisait, tout en ayant conscience de ses failles. Son principal défaut était d'avoir beaucoup de mal à trancher. C'est simple, Jacques craignait toujours de froisser quelqu'un lorsqu'il avait une décision à prendre. Ce qui est forcément problématique quand on est un élu. Au fond, je crois sincèrement qu'il était trop sage et sans doute trop bon pour un milieu particulièrement violent. En ce qui me concerne, aller au contact a toujours fait partie de ma nature… Et la politique, j'ai tout de suite compris que c'était physique !

*

En 1989, un an après la réélection de François Mitterrand, de nouvelles élections municipales s'organisent dans le pays. Inlassablement, Jacques brigue un troisième mandat. Mais pour participer à ma première campagne électorale à ses côtés, j'ai avant tout besoin d'obtenir un dernier report militaire – le service est obligatoire à l'époque.

En 1988, j'ai donc suivi sur plusieurs week-ends une préparation sur la base aérienne 103 de Cambrai. Moi qui, jusqu'ici, avais évolué dans l'univers privilégié du cabinet d'un sénateur-maire, je peux vous assurer que le changement de rythme et de décor a été brutal. Le samedi midi, je prenais un train en direction de Cambrai où un bus militaire nous attendait devant la gare. À peine monté, j'étais considéré comme un sous-fifre, rabroué et bousculé à l'instar des autres. Sur la base aérienne, nous avions droit à des réveils au sifflet dès 5 heures du matin. Nous enchaînions sur des footings dans la nuit noire et finissions par des séries de pompes à effectuer sur le sol gelé, avec interdiction d'enfiler nos gants. L'objectif était clairement de nous éprouver et, franchement, on en a tous bavé. Nous étions approximativement 260 candidats au départ, pour finir à 80 dans les rangs. La sélection était très dure, mais je n'avais pas le choix. Je voulais participer aux prochaines élections municipales, et j'avais le sentiment que mon avenir politique passait par ces épreuves.

Mes capacités physiques étant ce qu'elles étaient, je crois que c'est surtout ma volonté qui m'a permis de décrocher le graal. J'ai non seulement obtenu un an de plus, mais aussi eu le droit de choisir l'endroit où j'allais faire mon service. Soit Cambrai, parce que c'était la base la plus proche de Saint-Quentin. C'était compter sans l'influence néfaste d'Antoine Pagni, ami intime de Charles Pasqua et maire de la petite commune de Vaux-Andigny. Des années après sa mort, je reste persuadé que c'est lui qui m'a barré la route du service effectué à Cambrai. Comme j'avais toujours refusé de lui prêter allégeance, il avait voulu me donner une leçon et me prouver qu'il avait le bras long. Et Dieu sait qu'il l'avait ! Antoine Pagni était une sorte de parrain qui exerçait la terreur dans toute la région. Il prétendait même pouvoir jeter des sorts aux élus ! C'est dire à quel point il était infréquentable. Mais peu importe, il n'était déjà pas question que je me soumette à ses ordres. Alors, c'est finalement à Reims que se fit mon service. Et ce fut formidable. Merci Antoine !

⋆

Début 1989, Jacques lança officiellement sa campagne en décidant de m'imposer sur la liste « Ensemble pour Saint-Quentin », au détriment de Maria Garnier. Pour quelqu'un qui avait toujours eu du mal à s'imposer, et qui détestait les conflits, il avait cette fois fait preuve d'un courage qui m'avait bluffé. Pierre André était si furieux en l'apprenant qu'il exigea de faire remonter le nom de son épouse avant le mien. Malgré le coup de pression, Braconnier ne céda pas. Et à partir de là, beaucoup ont essayé de faire un tir de barrage à mon encontre. « C'est qui ce type ? Il n'a pas d'attache à Saint-Quentin, il n'a pas de famille ici, aucun passé militant en commun avec Jacques, alors qu'est-ce qu'il vient nous emmerder ? Prends ta place dans la file, Xavier, et attends ton tour comme tout le monde ! » Voilà le genre de discours que j'entendis à maintes reprises.

Pourtant, je ne suis pas certain que mon rôle de directeur de campagne faisait vraiment envie. Il y avait un bilan économique difficile à défendre, avec un taux de chômage qui oscillait entre 13 et 14 %. Et en images, ce n'était guère mieux. Saint-Quentin avait fait la une des journaux pour de tristes raisons. Je pense notamment à un ancien adjoint au maire qui avait démissionné de son poste pour une affaire de harcèlement sexuel (les faits s'étaient déroulés au sein de son entreprise), mais aussi aux fûts de déchets toxiques provenant de l'usine italienne Seveso retrouvés au printemps de 1983 dans la ville. Seul le SQBB, l'équipe de basket montée en pro A, suscitait l'enthousiasme des Saint-Quentinois. Les sondages n'étaient pas bons. Et nous donnaient perdants.

Jacques a mené une campagne compliquée mais très honorable. Au soir du second tour, le 19 mars 1989, il s'inclina face au communiste Daniel Le Meur. Entre eux, l'éternel chassé-croisé reprenait. En décrochant un deuxième mandat[1], l'ancien métallurgiste, délégué CGT chez Motobécane, venait de sonner la victoire de la gauche, et m'avait sonné tout court. Car ce fut sans conteste l'échec le plus douloureux de ma vie. Durant deux ans, moi qui avais été le protégé de Jacques Braconnier et à qui tout réussissait, moi qui avais le vent en poupe, tout d'un coup, je devenais le mouton noir, l'incapable qui lui avait fait perdre les élections à 800 voix près. Blessé, je me sentais responsable de la défaite. Mais Jacques, lui, ne m'en a jamais voulu. Sa longue carrière lui permettait de relativiser les événements. Six mois plus tard, en septembre 1989, sa propre

1. Daniel Le Meur fut pour la première fois élu maire de Saint-Quentin en 1977.

survie politique se joua à l'occasion des élections sénatoriales. Et les grands électeurs lui ont renouvelé leur confiance. L'aventure continuait.

★

À partir d'octobre, j'ai commencé mon service militaire sur la base aérienne 112 de Reims, qui, jadis, avait été l'une des plates-formes aéronautiques les plus importantes de l'armée de l'air. Je travaillais au garage comme conducteur – j'y ai passé mon permis de catégorie C, bus et poids lourd. Au fil des mois, je suis aussi devenu le chauffeur attitré du colonel, même si en parallèle je continuais à conduire le bus (qui ramassait chaque matin les militaires qui vivaient en ville) et la benne à ordures. Pour la petite histoire, j'ai eu le privilège de conduire Jean-Pierre Chevènement, ministre de la Défense, venu passer deux jours sur la base avec son homologue russe, ou encore Vincent Lanata, ancien chef d'état-major de l'armée de l'air, avec qui je sympathiserai des années plus tard. Ce qui m'autorise à dire que j'ai été pilote dans l'armée de l'air ; pilote de bus, certes, mais pilote quand même… (J'ai toujours aimé faire cette blague qui sème systématiquement le doute chez mes interlocuteurs.)

Pour une semaine passée sur la base, je bénéficiais de sept jours de récupération. Un aménagement qui me permit de poursuivre mes activités politiques à Saint-Quentin et mon travail aux côtés de Jacques Braconnier. Mon année sous les drapeaux reste gravée dans ma mémoire. J'ai vécu des moments de franche camaraderie avec les fameux copains de régiment que je n'aurais pas forcément croisés autrement. Je me souviens bien d'eux.

Depuis, j'éprouve un très grand respect pour les militaires, pour ces femmes et ces hommes qui s'engagent au quotidien au nom de la fraternité, du sacrifice et de l'esprit de corps. Entre la préparation militaire, si mémorable, et mon service national, j'ai noué une relation extrêmement forte avec l'armée, et aujourd'hui encore les questions liées à la Défense nationale me passionnent à un point que peu imaginent. C'est d'ailleurs grâce à cet intérêt marqué et à ma discrétion absolue que j'ai eu le privilège de monter à bord d'un sous-marin nucléaire avant son appareillage, à l'île Longue[1], la base la plus secrète de la marine française, ou encore de visiter la base militaire de Taverny (Val-d'Oise), force centrale de la stratégie de dissuasion nucléaire française.

Je n'ai jamais été nostalgique, ce n'est pas dans mon caractère, mais force est de constater que la suppression du service militaire en 1997 a créé un grand vide dans la nation française. Même si j'étais conscient de la nécessité de professionnaliser nos armées, le service était pour les jeunes Français un lieu unique de brassage social et géographique. Creuset, par excellence républicain, où seuls le travail et le mérite sont reconnus, ainsi que le respect de l'autorité et l'exigence pour tous. Au même titre que le baccalauréat ou le permis de conduire, le service militaire était une forme de passage obligé pour rentrer dans la vie adulte. Malgré les contraintes budgétaires, il

1. Située au sud de la rade de Brest.

me paraît essentiel que, trente ans après, on recrée un rite républicain et universel, fait de devoirs et de droits, qu'il soit militaire ou civique.

★

À Saint-Quentin, nous étions douze élus de droite à siéger dans l'opposition. Désormais, à chaque conseil municipal, j'avais la ferme intention de donner de la voix. Du haut de mes vingt-quatre ans, je me suis montré un conseiller d'opposition remuant, souvent acharné, toujours le premier à contester les projets de Daniel Le Meur. Sans être pour autant dans la posture ou la peau d'un jeune rebelle sans expérience, je jouais mon rôle afin de faire bouger les lignes.

Mes coups de gueule m'ont valu quelques jolies passes d'armes avec ce maire communiste que je respectais. Daniel Le Meur avait imposé une nouvelle méthode de travail, et institué des réunions de quartier dans toute la ville. Il en avait inscrit des dizaines à l'agenda. Et je me suis payé le culot d'être quasiment présent à toutes en jonglant avec mes heures de présence sur la base aérienne de Reims. Lorsqu'on me disait : « Bertrand, pousse-toi, tu n'as rien à faire là ! », je répondais aussi sec : « Je suis élu comme vous et je prends la place que je veux. » J'étais partout, sur tous les événements. Ce qui m'a permis d'acquérir une nouvelle stature, mais aussi de me faire une place et un nom en tant qu'élu local. Et je dois admettre que la presse quotidienne régionale a largement contribué à ma naissante renommée. *L'Aisne nouvelle* se régalait de mes saillies en racontant les coulisses du conseil municipal un peu comme on assiste à une pièce de théâtre.

Un jour, j'ai proposé à Jacques Braconnier l'idée d'une motion en conseil municipal. Lui, qui n'était pas forcément le plus à l'aise dans l'opposition, a pris la parole en reprenant à son compte ma stratégie. Elle était tombée si juste qu'elle a aussitôt semé la discorde entre le groupe des communistes et celui des socialistes. Le plan avait fonctionné. On s'en frottait les mains. Le lendemain, *L'Aisne nouvelle* titrait en couverture : « Jacques Braconnier fracture la majorité municipale ! » Je n'étais pas peu fier de ce coup d'éclat. Mais en découvrant la une du journal, un sentiment particulier m'a envahi. Car c'était mon nom qui aurait dû figurer à la place du sien. Dès lors, j'ai compris que, si je ne voulais pas devenir aigri, je devais m'émanciper de Jacques et prendre mon indépendance. À dire vrai, l'envie de devenir un jour le maire de Saint-Quentin me trottait dans la tête depuis un long moment déjà.

★

En 1992, un événement provoque le déclic. Un élu du conseil régional sortant (dont je préfère aujourd'hui taire le nom) avait expliqué que si on ne lui accordait pas une bonne place sur la liste régionale, il n'aurait plus de revenu. Vivre ou plutôt survivre sans exercer de mandat, cet homme en était tout bonnement incapable. Personnellement, j'étais outré d'entendre ça. Mais surtout, j'étais sidéré de découvrir qu'on faisait une croix sur de meilleurs profils sous prétexte de ne pas lui faire de peine ou d'éviter de le plonger dans l'embarras financier. La politique ne peut être une tambouille grâce à laquelle on se maintiendrait dans la course pour une histoire d'argent. Ébranlé, j'ai évoqué ce dilemme moral avec Jacques. La discussion fut franche. Un malaise profond s'emparait de moi.

Il m'a fallu quelques jours avant de me rendre à l'évidence : jamais je ne devrais moi-même dépendre financièrement de la politique, ni devenir un apparatchik… ce qui était pourtant en train de se passer. Si je voulais vivre ma passion, il me fallait absolument acquérir une indépendance financière et une indépendance d'esprit.

Alors pourquoi ne pas devenir agent d'assurances ? Après tout, mon grand-père et mon oncle avaient exercé ce métier, et les parents d'Isabelle, mon épouse[1], étaient eux aussi dans le milieu. Cette profession indépendante me parlait et me permettrait de m'organiser tout en continuant à exercer un mandat. Et puis, il existe des points communs entre la politique et le métier d'assureur : l'empathie, le terrain et le sens du contact. Il y avait une vraie cohérence.

J'étais sur le point de signer avec l'UAP pour reprendre une agence, quand Yvette, ma belle-mère, cessa son activité d'agent général pour raison d'invalidité et proposa de me mettre en rapport avec la compagnie Baloise afin de prendre sa suite. Tout semblait s'aligner, mais encore fallait-il l'annoncer à Jacques Braconnier.

1. Xavier Bertrand épouse en premières noces Isabelle Dubois en septembre 1992 à Saint-Quentin.

Un soir, alors qu'il s'apprête à rentrer chez lui, je lui demande s'il veut bien m'accorder un instant. Dans mon bureau, nous nous installons chaise contre chaise (nous le faisions parfois) et je lui fais part de ma décision : quitter mes fonctions et embrasser la profession d'assureur. J'ai conscience que, professionnellement, nos rapports ne seront plus les mêmes, mais j'ai à cœur de garder le même lien politique et personnel avec lui. Je le vois accuser le coup. Alors je lui explique que si certains profiteront de l'occasion pour tenter de nous opposer, rien ne saura altérer notre relation. Il en prend acte, sobrement. Le lendemain, très tôt, je reçois la visite de son épouse Marianne accompagnée de son inséparable amie Marie-Ange. Marianne me raconte que lorsque Jacques est rentré chez eux la veille au soir, il semblait avoir pris une enclume sur la tête. « J'ai une très mauvaise nouvelle, Xavier s'en va », lui avait-il dit. Marianne n'a pas cherché à me faire changer d'avis, et je lui en suis reconnaissant.

Avant de prendre mon envol, j'avais promis deux choses au sénateur : trouver mon remplaçant et tout mettre en œuvre pour l'aider à remporter les prochaines cantonales. J'ai soufflé le nom de Jérôme Lavrilleux, avec lequel j'avais milité au RPR au tout début des années 1990. Jérôme, un autodidacte du cru, avec de la réflexion et de bonnes idées, était taillé pour le job. Quant à la campagne électorale, Jacques changea de braquet et se démultiplia sur le terrain. Je l'avais encouragé à sortir de sa coquille en allant à la rencontre des gens dans des bistrots, afin d'échanger des idées, des humeurs, des envies, autour d'un petit café ou d'un bol de Viandox, et il s'y était résolu. Il fut élu à Saint-Quentin-Nord avec 56,09 % des voix au second tour. Son meilleur score aux cantonales.

★

Au mois de mars 1992, ma vie prend donc un nouveau tournant. Je deviens agent d'assurances à Flavy-le-Martel, un bourg de 1 500 habitants situé à une quinzaine de kilomètres de Saint-Quentin. Dans un petit cabinet rural qui ne paye pas de mine, situé au 11 rue Roosevelt (un peu plus tard, après mon divorce, l'agence déménagera rue André-Brûlé). Inutile de me chercher dans les locaux, je n'y étais presque jamais, parce que j'ai très vite compris qu'on n'exerce pas ce métier en restant derrière son bureau. J'ai aujourd'hui la même conception de ma fonction de président de région, moi qui ne suis quasiment pas présent physiquement au bureau.

Je passais mes journées à aller voir les clients, car pour constater, signer le contrat d'une maison ou d'un commerce, mieux vaut se rendre sur place ! Ma clientèle était essentiellement composée de particuliers, c'est-à-dire que je plaçais des contrats d'assurance habitation, de voitures, de santé et aussi de mobylettes. J'avais d'ailleurs beaucoup de deux-roues enregistrés, car pour un grand nombre de personnes il s'agissait du seul véhicule familial, les gens à la campagne n'ayant pas toujours les moyens de s'acheter une voiture. Ce métier m'a immédiatement ancré dans une autre réalité. Et c'est précisément ce que j'en attendais. Ainsi j'ai aussitôt compris les règles qui s'imposaient et qui s'imposent toujours aux entrepreneurs : il faut d'abord payer les salaires des employés, puis s'acquitter des charges, pour finalement se rémunérer avec ce qu'il reste. Je voyais aussi, voilà déjà trente ans, la charge administrative à laquelle les entrepreneurs devaient faire face, et surtout, je mesurais, dès cette époque, le décalage qui existait entre un ministre qui vous annonce la simplification de la fiche de paye et le résultat, encore plus compliqué !

Un jour, j'ai aidé mon copain Pascal à faire toutes les démarches pour une déclaration. Son logement venant d'être cambriolé, comme pour réparer le traumatisme il espérait pouvoir racheter à l'identique les cadeaux de mariage qu'il avait offerts à sa femme. « Tu as sauvé mon couple », avait-il conclu des semaines plus tard. C'était peu, mais déjà ça.

Dans ce métier, j'ai compris aussi la détresse morale qui s'empare d'une famille quand il y a un incendie ou un accident. Et combien, dans ces moments tragiques où l'humain passe avant tout, un assureur est là pour recueillir la douleur. Je vous promets que ça n'a rien d'un slogan. Je garde d'ailleurs en mémoire le souvenir des habitants des communes de La Fère et de Guise qui, en 1993, avaient dû faire face à des inondations quasi sans précédent.

Je pense avoir été un assureur efficace et à l'écoute. Ce qui signifie que je n'étais pas le meilleur pour faire signer ces contrats dont personne n'a besoin. Or tout le monde vous dira, dans ce métier, qu'un « bon commercial » est celui capable de vendre un congélateur aux Esquimaux. Si je ne jouais pas dans cette catégorie, ma petite entreprise a tout de même prospéré pendant douze ans.

Par la suite, même si je n'étais pas assureur à 100 %, j'entendais garder mon cabinet d'assurances. Or les choses allaient se passer différemment. Au nom des risques de conflit d'intérêts. En 2004, investi secrétaire d'État, j'ai demandé un rendez-vous à Jean-Marc Sauvé, ancien préfet de l'Aisne devenu secrétaire général du gouvernement. « Je suis nommé à l'Assurance maladie », lui ai-je expliqué, précisant que « dans mon cabinet d'assurances, il y a très peu de contrats santé. Pour autant, comment éviter tout conflit d'intérêts ? — C'est simple, m'avait-il répondu, vous avez un mois pour quitter vos fonctions d'assureur. »

Bien qu'étonné, je me suis plié à la règle. Je me suis retourné vers la compagnie Baloise, qui avait l'obligation, à tout moment, de respecter la décision d'un agent général qui quitte ses fonctions. Un mois plus tard, l'agence continuera de tourner, avec Florence, mon employée, mais aussi une nouvelle direction à sa tête.

Cette insertion dans le privé a été fondamentale dans la suite de mon parcours. En novembre 2023, lorsque les inondations ont durement frappé le Pas-de-Calais, je n'aurais pas pu engager un bras de fer si virulent sans connaître aussi bien les pratiques et les modes de fonctionnement des compagnies d'assurances. À Blendecques, comme dans toutes les communes sinistrées, je me suis résolument placé du côté des victimes, et j'ai obtenu des compagnies qu'elles dégagent des moyens exceptionnels pour accélérer les expertises, et surtout qu'elles prennent en charge le relogement des sinistrés en attendant qu'ils puissent rentrer chez eux.

★

En 1992, j'ai intégré le Lions Club[1] de Saint-Quentin – j'y suis resté quelques années. Certains diront que cet engagement m'a permis de réseauter avec les notables de la région. Moi, je répondrais plutôt que le Lions Club m'a donné l'opportunité de croiser des gens passionnants et engagés. C'était une façon différente de cibler mon action, sans mandat, et en dehors de toute logique partisane. « *We serve* », telle est la superbe devise de cette organisation caritative qui vise essentiellement à lever des fonds pour nombre de causes, comme les enfants défavorisés ou la lutte contre le cancer. J'ai ainsi mesuré qu'il n'y a pas que la politique pour agir en faveur des autres.

★

En 1992, les accords de Maastricht font irruption dans le débat national. Je suis alors jeune élu, passionné par les questions de souveraineté, et je ressens dans ce traité une bascule : un transfert inédit de pouvoir démocratique vers une technocratie supranationale. François Mitterrand parle d'un moment fondateur pour le siècle à venir. Moi, je suis bouleversé par un tout autre discours : celui de Philippe Séguin[2]. Le 5 mai, je me souviens, c'était un mardi, devant l'Assemblée nationale, il

1. Fondé en 1917 à Chicago, le Lions Clubs est une organisation internationale caritative qui compte une centaine de clubs en France.

2. Le maire d'Épinal fut aussi ministre des Affaires sociales et de l'Emploi de 1986 à 1988.

prononce une plaidoirie de deux heures pour réclamer un référendum et dénoncer les dérives d'une Europe construite à distance des citoyens.

Son ton, sa lucidité, sa capacité à défendre la nation sans céder au confort du consensus résonnent en moi. Je m'engage alors derrière lui, aux côtés de Charles Pasqua, dans le camp du « Non ». Pour nous, Maastricht n'incarne pas l'Europe des projets et des peuples, mais une Europe déséquilibrée, conçue dans le flou et coupée des réalités. Dans le département, j'anime la campagne du « Non », que présidait Jacques Braconnier pour l'Aisne, convaincu, comme d'autres militants gaullistes, que nous défendons la démocratie.

Ce combat fut le premier acte fort de mon engagement républicain : défendre la souveraineté, refuser la dilution démocratique, affirmer que la nation reste le cadre vivant de la décision populaire. Le 1er septembre 1992, grâce à l'influence et au réseau de Jacques Braconnier, Philippe Séguin nous avait fait l'honneur d'un dernier rassemblement dans l'enceinte du théâtre municipal de Saint-Quentin. C'était deux jours avant un débat télévisé organisé à la Sorbonne face à François Mitterrand. La presse locale et nationale était là pour couvrir l'événement politique le plus passionnant du moment. Nous avons littéralement été débordés par le nombre de participants. Au mépris de toutes les règles de sécurité, nous avons poussé les murs et fait rentrer tout le monde. Joël Goubet, collaborateur d'Antoine Pagni, a d'abord pris la parole pour l'écurie de Charles Pasqua. Puis ce fut à mon tour de monter sur scène. Ce n'était pas la première fois que je m'exprimais en public, mais je n'avais encore jamais eu l'occasion de parler devant autant de monde. L'exercice fut particulièrement grisant pour le jeune homme de vingt-sept ans que j'étais. Jacques Braconnier a enchaîné avec son discours, puis Philippe Séguin, ultra-pédagogue, nous a offert un grand récital. De sa voix grave et puissante, il a développé le fil de sa pensée dans des détails précis, le tout enrobé d'une forme de lyrisme. Ce soir-là, l'assemblée a vécu grâce à lui un formidable moment de démocratie. Le 20 septembre 1992, le « Oui » l'a emporté sur un fil avec 51,04 % des suffrages. Mais cette défaite m'a durablement marqué : j'ai compris qu'on peut résister, qu'on peut dire non, et tracer d'autres voies, même minoritaires.

Philippe Séguin n'était pas pour moi un totem : il était une école politique, celle du courage, de l'indépendance d'esprit, du refus du prêt-à-penser. Il répétait aux jeunes élus : « Ne devenez pas des notables. » Cette phrase m'accompagne encore de nos jours. Mon rapport à l'Europe a évolué. Fidèle à mes convictions sur la souveraineté, j'ai aussi appris qu'elle est une nécessité stratégique, à condition qu'elle soit utile, lisible et démocratique. En 2005, je vote « Oui » au traité constitutionnel européen : non par reniement, mais parce qu'il me semble clarifier le fonctionnement des institutions. Je reste cohérent : il semble naturel de vouloir une Europe des projets, capable de protéger ses industries et ses citoyens. Si c'était à refaire, je revoterais « Non » à Maastricht : les promesses de 1992 n'ont pas toutes été tenues, la fracture démocratique demeure, la défiance a grandi. L'Europe qu'on nous propose alors est trop technocratique.

Aujourd'hui, je suis un Européen exigeant. Oui, l'Europe nous est indispensable pour peser face aux États-Unis et à la Chine, mais elle doit retrouver de l'ambition : protéger nos filières stratégiques, imposer des règles fiscales et sociales équitables, soutenir nos transitions industrielles et écologiques.

Mon engagement politique s'est forgé dans le combat de 1992 et s'inspire toujours de l'esprit de Philippe Séguin : une vigilance démocratique, un refus du renoncement et une confiance profonde dans le peuple. Je n'ai pas changé de cap, j'ai simplement enrichi mes convictions avec l'expérience.

*

En janvier 1995, un mois après le retrait de Jacques Delors, candidat espéré des socialistes à la future présidentielle, à droite c'est Édouard Balladur qui s'est invité dans la danse, entraînant dans son sillage quelques éminents soldats de la chiraquie. Le Premier ministre de la cohabitation abandonnait Jacques Chirac, celui qui lui avait beaucoup donné, pour briguer, lui aussi, la magistrature suprême. La trahison était violente. Pire, plus Édouard Balladur affolait les sondages, plus la campagne du maire de Paris patinait. Certains observateurs prédisaient même que ce dernier aurait à jeter l'éponge avant le premier tour. Fidèle à l'homme qui m'avait fait aimer la politique, je me suis impliqué en devenant l'un des responsables départementaux de sa campagne. Et Dieu sait à quel point elle fut rude et intense ! Mais, c'est bien connu, rien n'est jamais figé quand on parle d'une élection. Et dès que le candidat Chirac s'est mis à quadriller le pays pour vivre au plus près des Français, la dynamique a changé. Du thème de la fracture sociale à la symbolique de la pomme, le chef du RPR avait trouvé sa voie de passage pour convaincre les électeurs. Je me rappellerai toujours la joie que j'ai ressentie le soir où le QG parisien m'appela pour annoncer pour la première fois le croisement des courbes : dans les sondages, Chirac venait de passer devant Balladur.

Inspirée diront certains par Henri Guaino, mais aussi par les travaux de Marcel Gauchet et d'Emmanuel Todd, la « fracture sociale » fut l'un des diagnostics les plus clairvoyants de la société française à la fin du XXe siècle, au même titre qu'avait pu l'être la « nouvelle société » de Chaban-Delmas à l'aube des années 1970, qui avait séduit mon père. Jacques Chirac, avec ses deux mots accolés, avait mis le doigt sur les maux qui minaient le pays. Après deux ans de Balladur à Matignon, il était grand temps de porter un projet de société radicalement nouveau dans cet État qui subissait encore les répercussions des deux chocs pétroliers, de la mondialisation synonyme de délocalisation et des politiques à contresens du début du premier septennat de François Mitterrand. Je le constatais à Saint-Quentin : la désindustrialisation et le chômage de masse avaient non seulement des conséquences économiques, malgré notre modèle social, en matière de pouvoir d'achat, mais fragilisaient aussi profondément ce qui faisait Nation, en creusant et reproduisant inégalités et déclassement. Si, en 1993, Philippe Séguin avait parlé de « Munich social » pour qualifier le défaitisme ambiant du politique face à la vague pernicieuse et profonde du chômage, c'est bien Jacques Chirac qui en fit un discours d'espoir et d'espérance en 1995. Oui, les gouvernements successifs n'avaient pas tout essayé contre le chômage et les inégalités, et certains avaient même renoncé. Non, les Français n'étaient pas condamnés au déclassement. Si nous avions perdu des batailles, la guerre n'était pas perdue. Ce combat de la « France pour tous » fut le mien. Et au fond de moi, je n'oublie pas que, si la droite a gagné un soir de mai 1995, c'est parce qu'elle fut sociale.

Trente ans plus tard, la fracture sociale mise en avant par le candidat Chirac est plus que jamais d'actualité. Le niveau de vie des classes populaires stagne, la situation des plus jeunes, des familles monoparentales et des plus démunis se dégrade, les inégalités se creusent dans le travail, la santé, l'éducation, les modes de vie. Voilà pourquoi je continue à me battre, et ne crois toujours pas à la fatalité des fractures qui sapent le pacte républicain.

⋆

À Saint-Quentin, aussi, le vent s'apprêtait à tourner. Deux ans auparavant, à l'occasion des législatives, l'ambiance était explosive. Pierre André avait soutenu Charles Baur (UDF), président du conseil régional de Picardie. De mon côté, partisan d'une candidature RPR et opposé au parachutage de Paul Violet[1], j'avais envisagé

1. Collaborateur de Jacques Chirac à la mairie de Paris.

un temps de constituer un ticket gagnant avec Maxime Hénoque en devenant son suppléant. Ce qui avait provoqué une violente dispute entre Pierre André et moi.

La scène s'était déroulée au café Le Carillon, tout près de la mairie, où nous avions nos habitudes. Ce jour-là, j'avais demandé à Pierre ce qu'il comptait faire si je me lançais dans l'élection. Sa réponse avait été immédiate : « Je te démolis car tu n'es qu'un petit con ! » Pas franchement impressionné, j'avais répondu aussi sec : « Pour moi t'es qu'un grand con et tu ne me fais pas peur ! » C'est dire le niveau… Mais, quoi qu'il en soit, l'échange avait été brutal, le moment électrique. Ne parvenant pas à calmer nos esprits, Jacques, en bout de table, avait nerveusement tapoté de sa main gauche son paquet de Gitanes, et s'était lamenté en répétant en boucle : « Eh ben, ça commence bien, ça commence bien. »

Tout compte fait, Maxime Hénoque, soixante-treize ans, ne s'était pas jeté à l'eau. Parce qu'il voulait être le candidat reconnu et soutenu par tous. Autant dire que, d'une certaine façon, il ne voulait pas d'une primaire avant l'heure. Pierre André était donc parvenu à imposer la candidature de Charles Baur, ce qui, il faut le reconnaître, lui ouvrait une voie royale pour la mairie en 1995. Alors, j'ai choisi de soutenir sa candidature et de prendre un nouveau départ en me plaçant à ses côtés. Au mois de juin, il remporta l'élection dès le premier tour avec 57,3 % des suffrages. Un record absolu pour cette ville trop longtemps asphyxiée par une politique de gauche dénuée d'idées et d'ambitions.

Il nomma première adjointe la candidate UDF (Monique Ryo), un indépendant en second (le docteur

Christian Huguet) et moi comme troisième adjoint. Avec pour charge la redynamisation de la ville, titre aussi novateur que fourre-tout dans lequel je voyais l'expression d'une page blanche sur laquelle il me faudrait écrire. Le maire me faisait désormais confiance, et je crois qu'à partir de cet instant Pierre et moi avons vécu une longue lune de miel.

★

J'avais d'abord envie que les Saint-Quentinois se réapproprient leur espace. À commencer par la place de l'Hôtel-de-Ville que tout le monde évitait de traverser depuis que les communistes avaient fait déplacer l'emblématique monument aux morts de 1557 pour y construire un parking souterrain[1]. C'est simple, les gens nous disaient avoir le sentiment de marcher sur une tombe tant les travaux étaient considérés comme un enterrement de première classe du dynamisme local. Saint-Quentin était devenue si triste que ses habitants allaient à Cambrai pour se divertir et se changer les idées. Il fallait rompre avec ce déclin. Le slogan de campagne de Pierre André, « Comme vous, je veux voir revivre Saint-Quentin », avait d'ailleurs fait mouche.

Réaliser les grands travaux allait prendre du temps, aussi je décide très vite, à travers des actions symboliques,

1. Le monument, symbole de la ville, rappelle la résistance de la population lors du siège de Saint-Quentin par les troupes de Philippe II d'Espagne en août 1557. La devise « *Civis murus erat* » (« Mes citoyens furent mes remparts »), inscrite sur l'une des faces du piédestal, met en avant le sacrifice des Saint-Quentinois.

de réanimer la ville au maximum. Ma première initiative a été de faire installer sur la fameuse place d'énormes jeux gonflables à l'occasion du 14 Juillet. À cette époque, c'était un type d'animations inédites. Je rêvais d'une journée festive et joyeuse, tout en montrant à chacun qu'il n'était pas nécessaire d'attendre des lustres pour constater les premiers changements, et ce fut une réussite. Je dirais même, la première d'une longue série. Sans doute certains ont-ils chez eux des photos de moi en costume de sumo gonflable, ayant été le premier à enfiler ce déguisement, chose assez inhabituelle pour un élu. N'allez pas croire que je faisais ça pour épater la galerie, j'avais juste envie de ne pas me prendre au sérieux et de partager cette Fête revisitée avec le plus grand nombre. Ce côté grand public, je l'ai toujours assumé, car il me correspond pleinement.

★

Quelques mois plus tard, je suis tombé par hasard sur un article de presse qui décrivait une expérience se déroulant à Villeurbanne, je crois, où, le temps d'une journée, la municipalité avait testé l'installation de transats et de parasols au pied des immeubles. Aussitôt, j'ai fait le lien avec ma déception d'adolescent, lorsqu'au premier jour de mon arrivée, en 1978, j'avais découvert l'étang de Saint-Quentin[1]. Bingo. Tout faisait sens. Il nous fallait une plage, une attraction de taille, accessible et gratuite pour tous celles et ceux qui n'avaient pas les

1. Voir chapitre 1, « Un enfant pressé de grandir ».

moyens de partir en vacances. Je voulais que chaque enfant ait la chance d'aller à la mer en été. Lorsque j'ai soumis le projet à Pierre André, sa réaction fut remarquable. « Si tu penses que c'est faisable et que ça peut plaire, vas-y, lance-toi », m'a-t-il dit.

J'ai planché sur le dossier avec une équipe de cinq personnes. En premier lieu, il nous fallait du sable, ou plutôt 1 200 tonnes de sable récupérées dans une carrière locale et réutilisables ensuite dans les travaux de voirie. Puis, il convenait de trouver un bassin, des cocotiers, des cabines de bain, des animations pour les enfants, une équipe d'animateurs pour s'occuper d'eux. Mais en juillet 1996, à quelques jours de l'inauguration de la « Plage de l'hôtel-de-ville », rien ne se déroula comme prévu. La météo était épouvantable, les agents des services techniques se dépêchaient de finir l'installation dans les temps, une rumeur courait que le projet serait un échec. J'avais, paraît-il, la folie des grandeurs.

Le samedi de l'inauguration, le miracle eut lieu : le soleil fit son apparition. Et quelques heures plus tard, enfants et parents envahirent la grand-place. Quel bonheur d'entendre les cris de joie des enfants ! Au fil des jours, depuis les fenêtres de la mairie, j'ai vu des scènes de vie improbables et magnifiques. Les gens débarquaient sur la plage dès potron-minet équipés d'une glacière et d'un parasol et y restaient jusqu'à la fermeture. Certains étaient là chaque matin, même quand le ciel s'assombrissait. J'ai le souvenir aussi d'une maman qui se tenait timidement en bordure de la plage. Elle regardait les gens s'amuser devant elle, mais n'osait pas bouger d'un pouce. Intrigué, je suis allé à sa rencontre pour savoir si tout allait bien. « Est-ce que c'est gratuit ? » m'a-t-elle demandé. « Oui, bien sûr, Madame, ça l'est. » Elle m'a alors adressé un grand sourire, et a aussitôt invité ses enfants à se rendre sur la plage. Je suis encore ému lorsque je repense à cette scène.

Face à un tel succès populaire, on ne pouvait s'arrêter en si bon chemin. Pierre André a soumis la prolongation de la plage au vote du bureau municipal qui rassemblait tous les adjoints. Et là, sidération : un débat s'est installé entre les élus « pour » et ceux « contre », particulièrement virulents. Cette formidable idée, qui vivra plus de vingt-cinq ans, aurait pu s'arrêter après à peine quinze jours. La jalousie de certains – je me souviens exactement qui a voté quoi ce soir-là – a failli avoir la peau de ma plage. Heureusement, cette première édition a duré tout un mois, attirant dans ses filets les médias du monde entier. Des chaînes de télévision américaines, japonaises ou africaines venaient capter l'ampleur du phénomène. Saint-Quentin était en train de se réveiller et de se faire une réputation. On parlait de ma ville, et en bien. En termes de notoriété, l'événement fut aussi, il faut le dire, un formidable accélérateur de ma carrière d'élu local. Au fil des ans, nos prestations se sont améliorées, le bouche-à-oreille a fonctionné, et la plage a accueilli des visiteurs venus de toute la région. À chaque édition, une chose est même devenue immuable : finir par me baigner tout habillé dans la piscine ! Ça pouvait surprendre, voire choquer certains, mais pas ceux qui me connaissent.

Aujourd'hui, organiser une manifestation pareille peut sembler évident, voire banal. Mais en 1996, il s'agissait d'un pari fou. Nous avons été précurseurs.

Six ans plus tard, en 2002, Paris Plages ouvrira ses portes, et prendra une tout autre ampleur dans la ville capitale. Pour ce faire, Bertrand Delanoë[1] nous a sollicités en amont, désireux de recueillir des informations et des conseils. Que nous lui avons donnés bien volontiers. Le mouvement sera suivi par des dizaines d'autres villes en France comme dans le monde.

Des idées folles ? J'en ai eu d'autres. Certaines ont fonctionné, dont la version hivernale de la plage avec une patinoire. Mais toutes n'ont pas vu le jour, comme la fois où j'ai voulu transformer la rue d'Isle, la plus pentue du centre-ville, en immense piste de ski.

★

Avec la même intention de changer et de transformer l'image de Saint-Quentin, la municipalité participe, dès 1997, à « Intervilles ». Sur le papier, ça pouvait sembler gadget. Mais au-delà de l'engouement qu'il pouvait susciter, ce jeu créa peu à peu un sentiment d'appartenance chez les Saint-Quentinois. Ici, tout le monde se souvient de notre victoire de 2005 en finale à Arles. Tout Saint-Quentin a vécu cette réussite comme un moment de fierté, de joie collective. C'était un coup de projecteur national génial sur la commune. En tant que capitaine d'équipe (je gérais la préparation, la coordination des entraînements et le briefing avant les émissions), j'ai compris à quel point l'événement suscitait des émotions fortes. Seuls le sport et la culture permettent de vivre ça.

1. Maire de Paris de 2001 à 2014.

Enfin, comment parler télé sans évoquer Geneviève de Fontenay, qui connaissait la France des terroirs comme sa poche ? Chaque année, en novembre, je m'engageais à ses côtés pour l'organisation régionale du concours Miss France. Inclassable et fière de l'être, cette fidèle d'Arlette Laguiller était un radar pour sentir les gens, et, à vrai dire, elle ne me trouvait pas si mal pour un mec de droite. Ensemble, nous parlions très souvent politique. Et avec un plaisir non feint, elle descendait en flammes tous celles et ceux qu'elle n'aimait pas dans le milieu, et ils étaient nombreux. Une fois le mois de décembre passé, et l'élection annuelle terminée, elle m'envoyait de temps à autre des messages pour me féliciter, ou m'engueuler quand une de mes idées lui déplaisait.

En 2000, j'étais président du jury de l'élection régionale qui a élu Élodie Gossuin, Miss Picardie. Et le 9 décembre, c'est cette dernière qui a été couronnée devant des millions de téléspectateurs en direct sur TF1. Au mois de janvier 2001, la nouvelle Miss France nous a fait l'honneur de revenir à Saint-Quentin à l'occasion des vœux du maire. Une calèche est allée accueillir l'héroïne du jour à la gare pour la conduire jusqu'au palais de Fervaques où attendait une fanfare. Et j'étais parmi les quatre chanceux à être installés dans le carrosse aux côtés de Geneviève de Fontenay, Marc Santerre (délégué régional) et Élodie, bien sûr. Les rues de la ville étaient bondées, tout le monde voulait voir la nouvelle reine de beauté. J'ai découvert combien ce concours de beauté représentait un véritable rêve pour toutes les petites filles. Le temps de la soirée, j'étais devenu le chaperon de la nouvelle élue. Les gens venaient me voir pour prendre une photo avec Élodie, lui transmettre un petit cadeau, ou décrocher son autographe. J'étais celui qui donnait ou non l'accès à la star. En tout cas, c'était une soirée inoubliable.

★

À trente ans, je deviens père pour la première fois avec la naissance de Caroline. Je ne mesure pas encore tout ce que cela changera dans ma vie. M'étant séparé de sa mère alors qu'elle avait neuf mois, ma fille va grandir en assistant à une bonne partie de mon activité politique. Elle sera là pour les vœux des maires, les assemblées générales, les visites sur le terrain… La semaine, je fais en sorte de l'amener moi-même à l'école le plus souvent possible.

Caroline, qui passait avec moi les week-ends, a donc grandi au rythme de mes déplacements, y compris durant les vacances scolaires. Aujourd'hui, avec beaucoup d'humour, elle adore dire à ses quatre frères et sœurs : « Eh, les gars, ne vous plaignez pas, vous n'en ferez jamais autant que moi ! » Ma fille aînée joue un rôle clé dans la fratrie. Quant à savoir si elle a développé un amour particulier pour la chose politique, je n'en suis pas vraiment certain.

★

En 1995, je découvre mon nouveau rôle de père, mais aussi de frère, puisque, le 11 mars, j'intègre le

Grand Orient de France, la plus ancienne obédience maçonnique française. Pour devenir franc-maçon, j'ai sciemment évité Saint-Quentin, afin de ne pas créer la confusion avec mes fonctions d'élu[1]. Sur les conseils de mon ami Claude Gras, CRS de carrière, j'ai rejoint l'atelier « Les Fils d'Isis » de Tergnier, une petite commune située à 25 kilomètres de mon domicile. Je m'y rendais deux fois par mois, ce qui était déjà, pour moi, un bel engagement. Jacques Braconnier et Pierre André n'appréciaient pas du tout cette allégeance, mais, comme toujours, je me sentais libre dans mes pensées et mes actions. Car cette loge, étiquetée à gauche, m'a permis de fréquenter des hommes qui avaient un système de pensée différent du mien.

Je ne peux nier que la franc-maçonnerie a par ailleurs consolidé mon attachement aux principes républicains. « Liberté, égalité, fraternité » n'ont jamais été des concepts poussiéreux ou creux à mes yeux, mais bien un triptyque indissociable et vivant qui guide mon engagement politique. Il faut aussi souligner l'importance du principe de laïcité au cœur de l'engagement maçonnique.

Contrairement à certains frères de loge, ayant grandi dans une famille croyante mais peu pratiquante, je n'ai jamais été un « bouffeur de curés », car je n'oublie pas que la laïcité, dans sa loi de 1905, repose sur deux principes : la séparation des Églises et de l'État, mais aussi la liberté de croire ou de ne pas croire. Or cette laïcité

---

1. La ville dispose de deux loges, « Babeuf et Condorcet » et « Justice et Vérité ».

revenait au cœur du débat politique lorsqu'en 1989, au collège Gabriel Havez de Creil (Oise), ma région, donc, trois jeunes filles ont refusé d'enlever leur voile avant d'entrer dans l'établissement, et le gouvernement de l'époque a lâchement laissé la responsabilité au seul chef d'établissement. C'est pourquoi je suis fier d'avoir voté en 2004, comme jeune député, le projet de loi relative au principe de laïcité dans les établissements scolaires, sous l'initiative de Jacques Chirac. À la fois pour protéger les proviseurs mais aussi, et surtout, chaque élève dans son parcours scolaire et civique, synonyme d'émancipation. Ce sont ces mêmes principes d'émancipation, d'égalité hommes-femmes et de la laïcité qui m'ont guidé comme secrétaire général de l'UMP pour défendre, en 2010, la proposition d'interdire la dissimulation du visage dans l'espace public. Et aujourd'hui, on le voit plus encore qu'au début de mon engagement, la République est testée quotidiennement, insidieusement. En ce sens, le combat républicain n'est jamais terminé, toujours à mener. Depuis plus de trente ans, je pense avoir été intransigeant en la matière, sans pour autant jamais confondre le croyant et le radicalisé, la foi et la politique… En fidélité à cette loi du 5 décembre 1905.

*

Au fil des ans, mes rapports avec Jacques Braconnier n'ont pas changé. Ou plutôt, si ; nos liens se sont renforcés. Nous n'avons jamais cessé de nous voir, ni changé nos habitudes. Et j'ai continué à venir prendre le café chez lui, alors qu'il ouvrait sa maison à très peu de personnes. Certainement étais-je celui de ses collaborateurs en lequel il se retrouvait le plus. En 1998, pour la première fois, je me présente en mon nom aux élections cantonales de Saint-Quentin-Nord. Ce canton, essentiellement urbain, mais aussi rural, n'était pas anodin, puisque c'était celui de Jacques. Âgé de soixante-quatorze ans, celui-ci réfléchissait à l'avenir, et il était évident pour lui, pour moi et pour l'ensemble de la classe politique saint-quentinoise, que je serais candidat à sa succession.

J'avais labouré le terrain à ses côtés depuis plus de dix ans. Comme je connaissais tous les élus, les commerçants, les associations et un grand nombre d'habitants, chacun pensait que l'élection était gagnée d'avance, et que je m'en tirerais sans une égratignure. Eh bien, ce ne fut vraiment pas le cas. Déjà, parce que le climat politique n'était plus tout à fait le même que du temps de mon mentor. À la suite de la dissolution voulue par Jacques Chirac, la gauche plurielle avait emporté, au printemps de 1997, la majorité à l'Assemblée nationale. C'était l'heure de la cohabitation, et le Premier ministre socialiste Lionel Jospin était jusqu'ici plutôt populaire. Face à ma candidature, le PS avait dégainé l'artillerie lourde en présentant Odette Grzegrzulka[1], députée de la deuxième circonscription de l'Aisne, ancienne proche de Jack Lang devenue jospiniste. Arithmétiquement parlant, la « Rose de Picardie » avait donc toutes les chances de l'emporter, avec un objectif très clair pour elle et

1. Odette Grzegrzulka fut conseillère technique au ministère de la Culture, puis au ministère de l'Éducation nationale.

le parti : faire basculer l'ensemble du département à gauche.

Autour de moi, les gens ont alors commencé à m'aborder sur un ton consolatoire : « Ben mon Coco, tu feras peut-être un bon score, mais face à Odette, c'est plié, tu n'as plus aucune chance. Ne t'inquiète pas, tu es jeune, des élections y'en aura d'autres… » Prêt à me retrousser les manches, j'ai mené une campagne tous azimuts en organisant un maximum de réunions dans les villages les plus reculés. Un jour une dame est venue me parler de ses enfants, encore ados, dont elle savait que l'un se destinait à une profession manuelle et l'autre à une profession intellectuelle. « J'en ai un qui a un métier dans les mains, l'autre dans la tête. Mais je veux juste qu'ils aient tous les deux un métier », m'a-t-elle dit avec bon sens. Preuve que les gens étaient aux rendez-vous ! Dès lors, je me sentais à l'aise, confiant et soutenu. Mais la tension était palpable. Car pour la première fois, le FN, de son côté, attirait une véritable audience. Tandis que le candidat centriste Patrick Basuyaux semblait, lui aussi, m'avoir dans le viseur.

Le 13 mars 1998 au matin, le monde s'est dérobé sous mes pieds. Pendant la nuit, un tract, anonyme, avait été distribué dans un grand nombre de boîtes aux lettres de la ville. Intitulé « Halte à la jeunesse immorale », le pamphlet indiquait trois raisons pour lesquelles il ne fallait pas voter pour moi : j'utilisais la voiture du maire pour mes déplacements personnels, j'avais ruiné le centre social Europe, j'avais abandonné ma femme et ma fille. La violence de l'attaque, mêlant à la fois mensonge et vie privée, me cogna. Je me sentis abattu.

Je savais que la politique pouvait être dégueulasse, mais à ce point ? Personne, à Saint-Quentin, n'avait jusqu'alors été la cible de telles bassesses. Reprenant mes esprits, j'ai porté plainte contre X pour dénoncer les faits, l'attaque personnelle étant franchement ignoble. Mon divorce avec Isabelle aurait dû rester dans la sphère privée. Cela faisait deux ans que nous étions séparés, deux ans que je vivais avec Emmanuelle Gontier, qui deviendrait ensuite ma femme – notre coup de foudre avait causé beaucoup de peine autour de nous puisque son mari, Nicolas, était aussi un ami… Mais cela ne regardait que les intimes, pas le public.

Je n'ai jamais su qui se cachait derrière cette sombre affaire, même si j'ai une vague idée sur la question. En revanche, une chose est certaine, j'ai passé le reste de la campagne à me demander si j'aurais droit à un nouveau tract aussi abject. Des copains s'étaient mis à patrouiller la ville certains soirs pour vérifier si quelqu'un bourrait les boîtes aux lettres à la sauvage. Fort heureusement, ils n'ont jamais rien eu à me signaler de suspect. L'incident n'aura finalement pas eu d'influence sur les élections, puisqu'à l'issue du premier tour, je distançais largement Odette Grzegrzulka. La victoire au second tour semblait acquise. Or le baptême du feu était loin d'être terminé.

*

Le vendredi 20 mars 1998, un autre événement est venu percuter la campagne. À deux jours du second tour des cantonales, cinq présidents de région, tous issus de l'UDF, ont été élus, en l'assumant, grâce aux voix du Front national. Et Charles Baur, en Picardie, faisait partie de cette sordide promotion[1]. À Paris, le tollé fut énorme. Tous les journaux et les partis en parlaient. En province aussi. À mon QG, c'était même l'effervescence. Le téléphone sonnait toutes les minutes pour savoir ce que j'avais à dire et comment j'allais me positionner vis-à-vis de Charles Baur et de son alliance avec le FN. Et pour cause, les dirigeants d'extrême droite locaux m'avaient publiquement interpellé. Soit je me félicitais de l'élection de Charles Baur dans ces conditions et ils appelleraient à voter pour moi, soit ils appelleraient à voter contre moi, en faveur de la candidate socialiste. Ne mangeant pas de ce pain-là, j'ai tourné le dos à cette mascarade. Hors de question de valider cette alliance contre-nature.

Quelle que soit la nature du scrutin, les dimanches électoraux ne sont pas des journées comme les autres. Surtout pour un candidat. Il y a plusieurs façons de s'occuper pour tromper l'ennui. Au début, j'avais tendance à faire la tournée des bureaux de vote pour rencontrer les assesseurs, les délégués et les élus locaux. Chacun y va de sa petite anecdote en vous disant qu'il a vu des visages inconnus ou reconnu des électeurs qui ne votent pas pour vous. Chacun scrute aussi les poubelles contenant les bulletins qui n'ont pas été utilisés, et en tire des conclusions pessimistes : « Le résultat risque de ne pas

1. Ainsi que Jean-Pierre Soisson en Bourgogne, Charles Millon en Rhône-Alpes, Bernard Harang en région Centre et Jacques Blanc en Languedoc-Roussillon.

être si bon que prévu. » C'est assez déprimant. Avec l'expérience, j'ai donc appris à occuper ces dimanches autrement. Dans la matinée, je me rends uniquement dans mon propre bureau de vote, où je me garde bien de poser la moindre question. Ensuite, je fais du sport, je passe du temps en famille, ou je vois des amis. Bref, tout pour me changer les idées en attendant sagement 18 heures. Et je ne réponds surtout pas à ceux qui me demandent : « Alors, c'est quoi la tendance ? »

En tant qu'élu, je pense constamment à celles et ceux que je ne connais pas, qui ne me rencontreront probablement jamais, mais qui ont fourni l'effort de se rendre dans un isoloir pour y glisser un bulletin imprimé avec mon nom. Je ne saurais leur dire ma profonde reconnaissance. Quand certains élus me disent parfois que leur charge est lourde, je leur réponds que nul n'était obligé de se déplacer un dimanche pour voter pour eux. Cet enchaînement de cause à effet me rend responsable, et me rappelle en permanence que je dois être disponible et à la hauteur de la confiance qui m'a été accordée.

*

Le dimanche, au second tour, on a vu de nouveaux électeurs arriver en nombre. Étaient-ils en train de se mobiliser parce que j'avais dit non au FN ? Ou s'étaient-ils déplacés pour la candidate socialiste ? Je l'ignorais. Mais une chose est sûre, la journée a été interminable !

J'ai finalement remporté l'élection avec 56,96 % des voix contre 43,04 % pour Odette Grzegrzulka. Et je n'oublierai jamais la réaction et les mots de mon ami

Michel Gosset à l'annonce des résultats : « Qu'est-ce que je suis content ! C'est la plus importante de toutes, cette élection. Parce que c'est la toute première sur ton nom. »

*

Perché sur mon petit nuage, j'avais atteint mon objectif, mais je me sentais surtout attentif à la joie de celles et de ceux qui m'avaient soutenu dans ce combat. Une réussite d'autant plus notable que, ce 22 mars 1998, l'Aisne faisait partie des treize départements à avoir basculé à gauche. Malgré l'ambiance délétère, j'avais tenu bon.

Contrairement à Maxime Hénoque qui, hélas, venait quant à lui de perdre le canton de Saint-Quentin-Centre. De justesse. D'un coup de voiture, j'ai donc filé avec Emmanuelle pour apporter mon soutien à Maxime et lui remonter le moral. En arrivant chez lui, juste avant de sonner, j'ai demandé Emmanuelle en mariage. La journée avait été complètement folle, il fallait que je la conclue avec panache !

*

Ce n'est que le lundi matin, seul dans mon bureau et en lisant la presse, que j'ai ressenti l'émotion de cette première élection. J'étais profondément ému. Confiant, j'ai profité du moment pour prendre à la hussarde la présidence du groupe RPR à l'assemblée départementale… Et ce à la barbe d'Antoine Pagni, qui en rêvait depuis longtemps. Absent au moment du vote, il a pointé le bout de son nez sur les coups de midi en s'inquiétant de savoir quand aurait lieu l'élection.

— C'est trop tard, c'était ce matin, tu le savais, et figure-toi que c'est moi qui ai été élu, lui ai-je lancé.

— Ça ne va pas se passer comme ça !

— Quand je vois la campagne que j'ai subie, ce n'est pas toi qui vas venir m'emmerder.

Ce n'était pas la victoire d'Austerlitz, mais au moins, j'avais cloué le bec à ce personnage tordu et malsain.

⋆

Voilà comment, à trente-trois ans, je me suis retrouvé propulsé au conseil général[1] de l'Aisne, présidé par Jean-Pierre Balligand, député-maire PS de Vervins. Je me suis glissé avec enthousiasme et facilité dans le poste. Grâce à Jacques, je connaissais le terrain par cœur, et j'avais une bonne maîtrise de l'ensemble des dossiers. Je fis preuve d'écoute, je me montrai collaboratif, avec l'envie féroce d'en apprendre plus.

C'est dans le cadre de ces nouvelles fonctions que j'ai fait la connaissance de Renaud Dutreil, trente-huit ans, élu dans le canton de Charly-sur-Marne. Entre nous, ç'a tout de suite été « inamicalement vôtre ». Costume bien taillé, sourire carnassier, Renaud était l'archétype du membre de cabinet parisien doué pour les beaux discours. Qui plus est, il m'avait tout de suite fait comprendre, de manière assez hautaine, que mieux valait que je reste à ma place, qu'il avait la confiance des

1. Nom donné à l'époque au conseil départemental.

barons locaux et que c'était lui la star montante de la droite. Le contrat de plan État-région (CPER) pour l'an 2000 m'a permis de lui faire prendre conscience que, de mon côté, j'avais aussi, certes de l'ambition, mais que je comprenais beaucoup mieux nos collègues et que j'avais davantage leur confiance. Renaud Dutreil était persuadé qu'en tant que représentants de l'opposition, notre seul postulat devait être de ne pas faire de cadeau à la gauche. Je n'étais pas du tout d'accord avec son point de vue. Au contraire, pour obtenir les aides de l'État, notamment sur l'avancement de la RN 2, il nous fallait jouer la carte de l'unité. Au nom de l'intérêt général, nous devions envoyer un message clair. Car si l'opposition se désolidarisait, l'État aurait beau jeu de nous répondre : « Le jour où vous vous mettrez d'accord, nous accompagnerons ce projet structurant pour le département. » Le budget du contrat de plan État-région a été voté. Et le lendemain, *L'Union* titrait : « Bertrand casse l'offensive du général Dutreil ». J'assume.

★

Des suites d'une maladie, Jacques Braconnier s'est éteint un an et demi plus tard. La veille, je me trouvais à son chevet. Jacques était déjà inconscient. Mais j'étais là pour lui et pour apporter, bien sûr, le réconfort dont Marianne avait besoin. Dans la nuit du 15 décembre 1999, sur les coups de 2 heures du matin, Michel et Marie-Ange Gosset m'ont appelé pour m'annoncer que, cette fois, c'était la fin. Je me suis précipité comme un petit-fils venant de perdre son grand-père.

Il m'a fallu trouver les mots justes pour lui adresser un dernier hommage, le 18 décembre, dans la basilique de Saint-Quentin noire de monde, glaciale et pleine de chagrin. Jacques avait souhaité que je prononce un discours. J'ai tenté de répondre dignement à cette dernière volonté. Durant des années, j'ai continué à croiser Marianne et à prendre de ses nouvelles. Même si les déclarations qu'elle a pu faire en 2014 dans l'hebdomadaire *Marianne* (et qui lui ont sans doute été inspirées) m'ont profondément blessé[1].

⋆

Le 11 septembre 2001, à 8 h 46, un premier avion de ligne vient percuter l'une des deux tours jumelles du World Trade Center, en plein cœur de Manhattan. Dix-huit minutes plus tard, alors que les caméras du monde entier sont déjà braquées sur New York, où l'on évoque la piste d'un accident aérien, un deuxième appareil fonce dans la tour sud. Les États-Unis, symbole de la puissance et de la liberté, sont attaqués.

J'apprends instantanément, ou presque, l'événement à la radio. Il est environ 14 h 50, heure française. Je suis à Flavy-le-Martel en train de travailler. Mon premier réflexe est d'appeler Emmanuelle, mon épouse, pour prendre de ses nouvelles et savoir où elle se trouve. D'un coup de voiture, je file à la mairie de Saint-Quentin.

1. En 2014, la veuve de Jacques Braconnier confia dans les colonnes de l'hebdomadaire *Marianne* : « Xavier est un peu sans état d'âme. »

Dans le bureau de Pierre André, nous regardons, hypnotisés, l'écran de télévision. Les images tournent en boucle, les journalistes mentionnent Al-Qaïda et le nom d'Oussama ben Laden. Quatre attentats-suicides islamiques sont perpétrés ce jour-là sur le sol américain, et ils vont changer à jamais la face du monde. Je mesure alors combien l'islamisme sera un ennemi permanent pour nous.

★

En 2002, je m'inscrivais dans une pure logique d'élu local. Je rêvais de devenir maire de Saint-Quentin, j'ambitionnais de faire basculer la majorité du conseil général et de devenir président de cette assemblée. J'étais à mille lieues d'imaginer des législatives. Jamais l'envie d'enfiler le costume de député ne m'avait gagné. Et puis, pour quoi faire ? N'ayant pas fait Sciences Po ou l'ENA, je ne voyais aucun intérêt à jouer les figurants sur les bancs de l'Assemblée nationale.

À droite, une place était pourtant à prendre dans la deuxième circonscription de l'Aisne. J'avais un temps encouragé la candidature de Bernard Testu à Saint-Quentin, bien qu'on ne le vît guère dans les parages, car il avait un CV flamboyant, avec notamment une belle expérience de commissaire général du pavillon français des Expositions universelles de Lisbonne et de Hanovre.

Et puis, un jour, en faisant mes courses chez Monoprix, je reçus un coup de fil de Paris. Bernard Accoyer, chargé des élections à l'UMP, me dit à peu près ceci : « Écoute Xavier, si tu y vas, on peut gagner. Dans le cas contraire, on est au moins sûr d'une chose, c'est de perdre. Maintenant, à toi de me dire, tu décides. » Suffisamment expérimenté pour connaître les règles élémentaires de la politique, je savais que dire non au parti risquait de compliquer les choses pour les municipales. Alors, sans véritable ferveur initiale, j'ai accepté de me présenter à cette élection. Et de retrouver face à moi celle qui occupait le siège depuis 1997, Odette Grzegrzulka. J'allais mettre toute mon énergie dans la campagne, mais comment se mobiliserait la gauche suite au séisme provoqué par le 21 avril 2002 ?

3

Trouver sa place sur la scène nationale

« J'avais le sentiment qu'à l'Assemblée nationale, on y allait un peu pour s'asseoir, pour siéger, pour lever la main, et qu'on ne vous demandait pas trop votre avis. C'était renforcé par tout ce que j'avais pu entendre, notamment venant des journalistes qui disaient : "Ah, vous êtes une majorité pléthorique, les nouveaux ne se feront pas entendre !" Écoutez, c'est tout le contraire, j'ai peut-être eu aussi des bonnes fées autour de mon berceau. » Voilà ce que déclarait, l'air satisfait, Xavier Bertrand, le 21 février 2003 dans un reportage intitulé Le Jeune Loup, *diffusé sur France 3 Amiens*[1].

Il y a quelque chose de romanesque dans son arrivée à Paris. Celui qui n'avait aucun réseau, aucune écurie va se prendre tout de suite au jeu en croisant une myriade de nouveaux personnages, tous haut placés dans la hiérarchie parlementaire et gaulliste. C'est précisément ce qui fait de la politique un métier pas comme les autres. Elle permet d'élargir son horizon, son champ d'action, et étoffe un carnet d'adresses à la vitesse de la lumière. Elle œuvre comme un puissant accélérateur de vie.

1. JT du « 19/20 ».

En 2002, Xavier Bertrand n'était pourtant « qu'un élu de province ». Avant d'en faire, des années plus tard une force, voire une marque de fabrique, cette image va d'abord être une sorte de fragilité. Mais sa boulimie de travail fera la différence en le propulsant, dès 2004, secrétaire d'État à l'Assurance maladie auprès de Philippe Douste-Blazy, ministre de la Santé…

Jacques Chirac disait au sujet de Xavier Bertrand : « C'est un rond dans un carré. » J'ai évidemment demandé à l'intéressé ce que le président de la République entendait par là. « Eh bien, tout simplement que je suis physiquement rond, mais que j'ai la réputation d'être quelqu'un de carré dans mon travail », m'a-t-il répondu. J'apporterais peut-être une signification supplémentaire à ce problème de géométrie, puisque, après tout, on peut empiler bon nombre de cercles dans un carré. Lui, qui a accumulé les expériences et les postes en un temps record, s'engage, mais s'attache peu. « Je ne suis pas proche de Juppé, je ne suis proche de personne. Certes, Alain Juppé est la première personne qui m'a fait confiance et je m'en souviens. Jean-Pierre Raffarin aussi, je lui en suis reconnaissant. Je suis fidèle à la reconnaissance[1]. » Voilà ce qui le conduira sans doute à s'engager aux côtés de Nicolas Sarkozy dans sa conquête du pouvoir…

1. *Le Monde*, le 15 octobre 2007.

À l'Assemblée nationale, la « vague bleue » du 16 juin 2002 laissa la gauche plurielle quasi aphone, et le FN en net recul au vu des scores obtenus au premier tour de la présidentielle[1]. À trente-huit ans, j'étais fier et très impressionné de devenir député. Bernard Accoyer, mon ange gardien dans cette élection législative, avait eu raison d'y croire. Mais au fond, une question me taraudait. Avec 63 % des sièges gagnés par l'UMP, comment se faire une place au sein d'une majorité présidentielle si écrasante ? C'était là tout le sujet. J'étais persuadé que ceux qui allaient pouvoir faire les choses les plus intéressantes dans le groupe seraient les élus qui avaient les réseaux, les connexions familiales, politiques ou partisanes. Moi, je n'avais rien de tout cela.

Une équipe de télévision avait filmé mes premiers pas dans les couloirs du palais Bourbon, le jour où l'ensemble des parlementaires procèdent à leur enregistrement avant la traditionnelle séance photo officielle. Vêtu d'une chemise parme que j'avais assortie à ma cravate, j'affichais face caméra un sourire crispé, tout

1. Au premier tour, Jean-Marie Le Pen, leader du FN, avait rassemblé 16,86 % des suffrages, éliminant Lionel Jospin du PS à 200 000 voix près.

en prenant possession de mon bureau, le numéro 7429. « Toi, tu es nouveau ! » m'avait lancé l'ancien locataire des lieux. Oui, et ça se voyait sans doute comme le nez au milieu de la figure. Un peu paumé, sans écurie, et sans les codes, j'étais un élu provincial qui n'avait ses entrées nulle part et ignorait tout des us et coutumes de l'Assemblée. Mais, c'est bien connu, la fortune sourit aux audacieux... et aux bosseurs. La commission des Finances cherchait à étoffer ses rangs et, à ma grande surprise, on m'a proposé de la rejoindre. La loi de finances arrivant à grands pas, Bernard Accoyer, Gilles Carrez[1] et Pierre Méhaignerie[2] me donnèrent très rapidement une première mission. « Il y a un problème avec l'article 66 concernant l'Enass[3], avait expliqué Bernard. C'est mal engagé, personne n'y comprend rien. Toi qui viens des assurances, tu vas t'y retrouver, et tu vas régler ça pour que l'article puisse être adopté sans problème. » Je m'étais bien gardé de dire que, en matière d'assurances, je n'avais que l'expérience d'un agent général de terrain, et que je n'avais pas fait l'Enass, mais j'ai mis le dossier sous mon bras, sans demander mon reste. Et je me suis lancé avec frénésie dans le travail, fixant des rendez-vous avec tous les acteurs du dossier, afin de comprendre ce qui ne tournait pas rond dans cet amendement. Huit jours plus tard, j'ai fini par aboutir à la rédaction consensuelle d'un texte, et l'article fut adopté à la majorité. Ce n'était qu'un début, mais, comme j'avais réglé cet amendement rapidement

1. Rapporteur général de la commission.
2. Président de la commission des Finances à l'Assemblée nationale.
3. L'École nationale d'assurances.

et sans fausse note, quelques-uns se sont mis à changer de regard sur le jeune député que j'étais. Et je dois dire que les bonnes fées qui se sont penchées sur mon berceau politique, Bernard Accoyer, Jacques Barrot, Gilles Carrez et Pierre Méhaignerie, m'ont été très précieuses.

Auparavant j'avais été désigné rapporteur spécial d'un budget à la commission. On m'avait donné le choix entre le tourisme et les anciens combattants. « C'est super, le tourisme ! m'avait soufflé Michel Bettan, l'incontournable conseiller de Gilles Carrez. Tu vas pouvoir voyager aux quatre coins de la France. » Eh bien, non ; comme un clin d'œil à mon grand-père Louis, j'ai jeté mon dévolu sur les anciens combattants[1]. Et très franchement, j'ai éprouvé la sensation de m'occuper de la chose la plus importante : le devoir de mémoire.

Au bout de quelques semaines, entre phase d'observation et apprentissage en solo des codes, je me suis fixé un objectif clair : j'avais un an devant moi, maximum, pour m'investir à Paris, élargir le champ de mes compétences et de mes contacts. Mon agenda s'articulait de la façon suivante : je restais à Paris les mardis, mercredis et une partie du jeudi, quand les gens qui comptent comme Gilles Carrez, Pierre Méhaignerie ou Jacques Barrot étaient généralement plus disponibles. Le reste de la semaine était consacré à ma circonscription de Saint-Quentin. Les week-ends, eux, étaient entièrement dédiés au terrain.

*

1. Voir chapitre 1, « Un enfant pressé de grandir ».

En peu de temps, la commission des Finances m'a permis de rencontrer une foule de gens passionnants, dont Michel Bettan, un bourreau de travail, intelligent, jovial, avec toujours une histoire désopilante à raconter, qui devint rapidement l'un de mes plus fidèles amis, mais aussi mon plus proche conseiller politique. J'ai aussi eu l'occasion de travailler avec Jérôme Chartier, Laurent Hénart et Yves Censi[1], tous trois élus députés en 2002, comme moi. À l'Assemblée, les huissiers nous avaient rebaptisés « les Mousquetaires », parce qu'ensemble nous faisions les choses sérieusement sans jamais nous prendre au sérieux. Jérôme, Laurent, Yves et moi étions du même bord, de la même génération, et, pour des parlementaires, nous naviguions dans un registre un peu plus déconneur que la moyenne. Notre sens de l'humour pouvait parfois détonner dans l'hémicycle. Comme la fois où, en commission des Finances, Charles de Courson[2] avait envisagé de taxer les films pornographiques à hauteur de 60 %, et que je lui avais lancé à la volée : « Tu as bien fait ! Parce qu'à 69 %, tu aurais risqué le tête-à-queue. » Je ne suis pas certain qu'il ait réellement entendu ou compris la blague. Nous, en tout cas, elle nous avait fait beaucoup rire.

Avec les Mousquetaires, nous étions à la croisée de tous les dossiers car nous avions la réputation d'être tous les quatre de gros bosseurs. Que ce soit dans nos circonscriptions respectives ou à l'Assemblée nationale,

1. Jérôme Chartier, député de la 7e circonscription du Val-d'Oise ; Laurent Hénart, député de la 1re circonscription de Meurthe-et-Moselle ; Yves Censi, député de la 1re circonscription de l'Aveyron.

2. Député de la 5e circonscription de la Marne.

nous travaillions comme des forçats, parfois même en séance de nuit jusqu'au petit matin, lorsque les premiers rayons de soleil venaient s'écraser sur la place de la Concorde.

À partir du mois d'octobre 2002, manière comme une autre d'élargir mon périmètre, j'ai rejoint le club de la Boussole qui venait de se créer. C'est Éric Woerth, élu de l'Oise et proche d'Alain Juppé, qui présidait ce cercle composé d'une petite trentaine de députés. Le club avait été conçu pour s'assurer que les promesses électorales de Jacques Chirac durant la présidentielle seraient bien tenues sur le terrain. Nos travaux de réflexion consistaient aussi à créer des passerelles entre les ministres du gouvernement Raffarin et les parlementaires. D'ailleurs, c'est dans cette logique que Luc Ferry[1] et Xavier Darcos[2] nous conviaient fréquemment à des petits déjeuners de travail afin de s'assurer une caisse de résonance dans l'hémicycle.

*

J'aurais rêvé de devenir secrétaire national de l'UMP. Mais l'opération était compliquée, il n'y avait pas de place pour moi et je n'avais pas les bonnes connexions. Se posait aussi le problème de la parité, au sein de laquelle s'entremêlaient les élus du RPR, de Démocratie libérale et de l'UDF. Mais d'une certaine façon, un

1. Luc Ferry était alors ministre de la Jeunesse, de l'Éducation nationale et de la Recherche.

2. Ministre délégué à l'Enseignement scolaire.

rattrapage se fit... Après les refus successifs de François Baroin[1] et de Frédéric de Saint-Sernin[2], Bernard Accoyer, premier vice-président du groupe UMP à l'Assemblée, a soufflé mon nom à Alain Juppé, président du parti, pour animer le débat sur les retraites. Fin 2002, c'était sans conteste le sujet le plus explosif du moment. Alors, forcément, j'ai accepté le challenge.

J'ai d'abord sollicité un rendez-vous auprès d'Alain Juppé, rue La Boétie, au siège de l'UMP. Sur place, j'ai croisé Édouard Philippe et Vincent Le Roux[3], en leur expliquant que je venais récupérer la feuille de route du « patron » (c'est ainsi qu'ils l'appelaient). À peine avais-je mis un pied dans son bureau que je compris qu'Alain Juppé était ce jour-là beaucoup plus préoccupé par l'élection législative partielle dans les Yvelines que par le dossier des retraites. Il expédia le rendez-vous en quelques minutes, mais j'en retins que j'avais carte blanche.

Les portes se sont alors ouvertes. À commencer par celles de François Fillon[4] et de Jean-Paul Delevoye[5], avec qui je me suis entretenu de longues heures pour comprendre les enjeux du projet. J'ai également eu accès aux conseillers de l'Élysée et à ceux de Matignon, puis j'ai multiplié les rendez-vous avec l'ensemble des

---

1. Vice-président de l'Assemblée nationale.
2. Député de la 3e circonscription de la Dordogne.
3. Directeur général adjoint de l'UMP.
4. François Fillon était alors ministre des Affaires sociales, du Travail et de la Solidarité.
5. Ministre de la Fonction publique, de la Réforme de l'État et de l'Aménagement du territoire.

partenaires sociaux. Moi qui ai toujours adoré la pédagogie, j'ai voulu rédiger un dossier d'une trentaine de pages destiné aux parlementaires, une sorte de kit explicatif permettant de tout comprendre des régimes des retraites en un clin d'œil. Il fallait que le projet soit clair, limpide, et démontrer au passage que l'UMP savait se mettre au service du gouvernement. Ce qui n'était pas gagné étant donné que le parti (qui fusionnait l'ensemble de la droite et du centre droit) venait à peine d'être créé.

C'est un parlementaire qui m'a demandé d'animer un premier débat dans sa circonscription. Puis, un autre, Éric Raoult[1], maire du Raincy, qui a souhaité que je vienne réitérer l'expérience dans sa ville. Visiblement, la formule plaisait ; la réunion avait attiré du monde et les gens semblaient apprécier mon sens de la pédagogie. Alors, dès le lendemain, Éric Raoult fit passer le message : « Si vous ne voulez pas être emmerdés sur le dossier des retraites, faites venir Bertrand ! » J'étais loin d'être un artiste qui enchaînait les salles en tournée mais… j'ai tout de même collectionné les dates aux quatre coins du pays. Le dossier des retraites m'a permis d'effectuer mon premier tour de France. J'ai engrangé des noms, des contacts, de nouvelles expériences. J'y consacrais une large partie de mon temps, y mettais tout mon savoir-faire et mon énergie. La méthode était simple et à la portée de tous : j'avais décortiqué le projet sur les efforts à fournir, tout en pointant les avancées sur les carrières longues, les petites retraites, et les débuts de la

1. Député de la 12e circonscription de la Seine-Saint-Denis.

revalorisation de la retraite agricole. Dès lors, mes relations avec François Fillon, Jean-Paul Delevoye et Alain Juppé se sont intensifiées. J'avais désormais des rapports directs avec eux sans passer par leurs chefs de cabinet. À chacun de mes déplacements, je leur remontais des infos de terrain en collaboration avec Régis Lefebvre, mon précieux alter ego dans les services de l'UMP.

Un beau jour, Édouard Philippe m'appela pour me dire : « Il y a ce week-end une réunion de l'UMP sur les retraites à Bordeaux, le patron voudrait que tu sois là. » C'était un samedi matin. J'avais fait la route de Saint-Quentin jusqu'à Roissy. Mais, même si j'ai toujours aimé rouler vite, en bon provincial que je suis, je n'avais pas pris en compte les embouteillages du week-end qui peuvent bloquer l'arrivée à l'aéroport. Et j'ai loupé mon vol. La catastrophe. Impossible de dire à Juppé que je ne venais pas au rendez-vous sous prétexte d'avoir bêtement raté l'embarquement. Par acquit de conscience, je consulte les panneaux d'affichage : un vol pour Bordeaux décolle bientôt d'Orly, je ne vois vraiment pas comment je peux être sur place à l'heure, mais j'essaie quand même. Je saute dans un taxi en demandant au chauffeur de faire son maximum. « Ne vous inquiétez pas, Monsieur, vous serez à l'heure. » Le type s'était tellement mis à rouler comme un fou que j'avais l'impression d'être dans *Taxi*. Au moins, vingt minutes plus tard, j'étais à l'aéroport, prêt à embarquer. Je l'aurais embrassé ce chauffeur ! Je suis finalement arrivé à Bordeaux avec un léger retard, mais la réunion se déroula à merveille. Le lundi suivant au siège de l'UMP, Édouard Philippe et Vincent Le Roux se sont dirigés droit vers moi en me demandant : « Tu as fait quoi au patron ? Il ne parle que de toi ! »

Cette fois, les choses commençaient vraiment à bouger. Ma méthode portait ses fruits et, par conséquent, j'étais en train de me démarquer. Il faut dire qu'un article d'Yves Bordenave paru dans *Le Monde* avait mis la lumière sur mon travail[1]. « Monsieur Bertrand n'appartient pas à l'état-major de l'UMP, mais il commence à être écouté par ses dirigeants », écrivait le journaliste. Pas seulement, puisque, le 18 mai 2003, j'ai débattu face à Dominique Strauss-Kahn[2], star ultra-médiatique du PS, dans l'émission « France Europe Express », sur France 3. Des amis m'ont dit que ce débat ressemblait au jeu du chat et de la souris mais que j'avais réussi à ne pas me faire dévorer. L'émission fit un peu de bruit dans le microcosme de la politique…

⋆

Le 3 février 2003, devant le Conseil économique et social, et face aux secrétaires généraux des syndicats, Jean-Pierre Raffarin annonça son calendrier. La loi serait votée avant l'été, ce qui déclencha *de facto* de grandes manifestations à travers tout le pays. Au gouvernement, les grèves de 1995 étaient dans tous les esprits, et personne ne voulait tomber dans la surenchère. Gilles Carrez m'appela alors avec Pierre Méhaignerie pour

1. « L'UMP dépêche un envoyé dans les départements pour défendre la réforme des retraites », *Le Monde*, le 2 avril 2003.

2. Député de la 8e circonscription du Val-d'Oise.

m'annoncer la nouvelle : « Écoute, Xavier, on a bien réfléchi, il faut que tu sois le rapporteur du texte sur les retraites pour la commission des Finances. » J'ai ainsi siégé pas moins de 157 heures à l'Assemblée.

Les débats sur les retraites ont été des moments intenses, mémorables, et souvent très agités notamment sur l'allongement de la durée de cotisation à quarante et un ans, la pénibilité, le droit à la formation, les carrières longues. Dans la nuit du 2 au 3 juillet 2003, la réforme a été adoptée par 389 voix sur 521 pour un effectif total de 577 députés. Devant tous, j'ai tiré un bilan de cette incroyable expérience. « Je voudrais, en terminant, vous apporter le témoignage du député élu pour la première fois l'an dernier que je suis. J'ai le sentiment d'avoir été au cœur de ce que je considère comme une entreprise de réhabilitation de la politique. Chacun à sa place a fait œuvre utile : le courage de réformer et la volonté de s'opposer existent, ils ne sont pas si contradictoires que cela, si on n'oublie pas que l'intérêt général n'est pas la somme des intérêts particuliers. »

Je suis fier d'avoir été l'un des artisans du dispositif carrières longues. Car durant les législatives de 2002, une rencontre sur une exploitation agricole m'a tout particulièrement frappé. Les thermos de café avaient été posés sur les bottes de foin, et au cours de la conversation un salarié agricole m'avait lancé : « Jacques Chirac a dit qu'il voulait réformer les retraites. Moi, vous savez, j'ai commencé à travailler très jeune. J'adore mon métier, mon bureau c'est la nature, mais aujourd'hui j'ai le dos cassé, et je ne sais pas comment je vais faire pour bosser jusqu'à soixante ans. » J'ai retenu le témoignage de cet homme, et un an plus tard, dans l'hémicycle, je n'ai jamais perdu de vue la dimension humaine du dossier des retraites. Surtout quand les comptables des ministères voulaient limiter les critères et le nombre de bénéficiaires.

Cette réforme demanda de considérables efforts aux Français et mobilisa les parlementaires qui, pendant des semaines, avaient mis toutes leurs forces dans la bataille. On attendait donc que François Fillon offre un verre à ses troupes. Un simple pot, histoire de nous remercier et de fédérer tout le monde. C'est l'usage, la tradition. Mais une fois le texte voté, il préféra s'éclipser. C'était son droit, je n'ai pas compris. Il faut dire que Jean-Pierre Raffarin avait commencé son œuvre de marginalisation avec lui. Et que cette réforme scellera la rancœur entre les deux hommes.

*

Arriva la bérézina des élections régionales de mars 2004. Si l'UMP parvint à conserver l'Alsace et la Corse, la gauche s'imposa dans les vingt-quatre régions restantes. Cette défaite historique laissa Jean-Pierre Raffarin abattu au soir du second tour.

Très vite, je suis convié à un rendez-vous, ou plutôt à une mise en scène médiatique imaginée par Dominique Ambiel[1], à Matignon, aux côtés de Dominique Bussereau[2] et de Renaud Donnedieu de Vabres[3]. Ce

1. Conseiller communication de Jean-Pierre Raffarin de 2002 à 2004.

2. Député de la 4e circonscription de la Charente-Maritime et secrétaire d'État aux Transports et à la Mer.

3. Député de la 1re circonscription d'Indre-et-Loire.

jour-là Jean-Pierre Raffarin n'a fait que passer une tête dans le bureau, mais c'était une façon de couper court aux rumeurs qui annonçaient son départ, et de montrer que, au contraire, il réunissait de futurs ministres. Parfois, il n'en faut pas plus pour faire passer un message à la presse et reprendre la situation en main.

Le 30 mars, Jacques Chirac annonça donner une seconde chance à son Premier ministre afin de lui accorder plus de temps pour expliquer les réformes aux Français. Jean-Pierre Raffarin avait vingt-quatre heures devant lui pour former un nouveau gouvernement. Quelque chose était en train de se passer, et je savais le président de la République à la recherche de nouveaux talents. Bientôt, tout s'est enchaîné. François Fillon m'appela pour m'informer de sa nomination à l'Éducation nationale. François d'Aubert serait son ministre délégué à la Recherche, et lui pensait à moi pour devenir secrétaire d'État à l'Enseignement scolaire. En toute fin de journée, c'est Philippe Douste-Blazy, devenu en 2002 secrétaire général de l'UMP, qui me passa un coup de fil. Nommé ministre de la Santé, il avait confié à Jacques Chirac le souhait de vouloir travailler avec moi pour assurer la réforme de l'Assurance maladie. Or, le soir même, j'avais été invité sur le plateau de France 3 pour commenter l'actualité. Et tout le monde me disait : « Tu es fou, refuse ! Imagine si tu te plantes en direct alors que tu es certain de rentrer au gouvernement. » Je ne voyais pas le problème, même si je savais que la journaliste ferait tout pour m'arracher l'un des noms de la future liste du gouvernement. À peine sorti des studios, coup de fil. Xavier Darcos me félicite et m'invite à passer une tête au ministère de l'Éducation nationale, où tous étaient en train de boire une coupe de champagne en vue du remaniement. J'ai débarqué rue de Grenelle en compagnie de mon épouse Emmanuelle. L'ambiance était sympa, détendue, quelques-uns s'étaient même proposés de me faire visiter mon futur bureau. En quittant les lieux, Emmanuelle m'a dit : « Tu penses que ça va se passer comme ça ? — Je n'en sais strictement rien. Allons dormir ! » ai-je conclu sans m'inquiéter de la suite.

Le 31 mars, jour du remaniement, j'ai profité d'une réunion du bureau exécutif de l'UMP pour parler en tête à tête avec Alain Juppé. Je souhaitais avoir son avis sur les deux propositions qui s'offraient à moi. Il m'a répondu ceci : « C'est simple, si tu veux être tranquille, tu vas avec Fillon. Mais si tu veux te rendre utile, va avec Douste... »

J'avais rendez-vous avec Pierre André en fin d'après-midi au Sénat lorsque mon téléphone sonna dans la cour. Au bout du fil, Michel Boyon, directeur de cabinet de Jean-Pierre Raffarin. Il me dit ceci : « Xavier, au moment où je t'appelle je suis glacé d'effroi par la proposition que je vais te faire. Le Premier ministre veut te nommer secrétaire d'État chargé de l'Assurance maladie, aux côtés de Philippe Douste-Blazy, mais étant donné qu'on est moyennement rassurés par l'étage du dessus, on compte vraiment sur toi. » Sacrée entrée en matière !

Peu après 19 heures, le gouvernement Raffarin III était officiellement annoncé dans les médias. Il était composé de quarante-trois ministres, ministres délégués et secrétaires d'État. Dans l'ordre protocolaire, je figurais dans les derniers du gouvernement. Ma messagerie téléphonique explosa de félicitations. Moins de deux ans après avoir été élu député, j'héritais d'un portefeuille ministériel. Tout est allé tellement vite.

★

Après avoir décliné en 2002 un poste ministériel dans le gouvernement Raffarin I, Philippe Douste-Blazy[1], cinquante et un ans, effectuait son retour politique par la grande porte. Quelques mois avant le remaniement, au premier étage du café de l'Alma, nous nous étions mis à plusieurs, avec notamment Régis Lefebvre, pour tenter de lui démontrer que le ministère de la Santé était une prise de risque, mais la possibilité pour lui de montrer son savoir-faire ministériel. Quoiqu'il se fût montré réticent au départ, l'idée avait fait son chemin. La réforme de l'Assurance maladie représentant l'enjeu le plus important de 2004, Philippe s'était finalement laissé convaincre.

La passation de pouvoir s'était déroulée un 1er avril. En arrivant à proximité du ministère de la Santé, qui n'a rien de l'élégance d'un hôtel ministériel, Douste-Blazy me lâche à bord de la vieille 605 Peugeot de l'UMP : « Purée, on va passer l'été dans le HLM ! »

Jean-François Mattei a prononcé son discours d'adieu sur le perron. Et une fois les caméras de télévision éteintes, il nous a fait comprendre, à Philippe et moi, que le projet de loi sur la réforme de l'Assurance maladie

1. Philippe Douste-Blazy a quitté la mairie de Toulouse un mois après son retour au gouvernement.

serait sacrément dur à mener. Avec 30 milliards d'euros de déficit cumulé en 2003, il y avait pourtant urgence. Et Jacques Chirac voulait boucler le dossier avant l'été.

Moi, je n'avais que trois mots à la bouche pour sauver la Sécurité sociale à la française : volonté, méthode et pédagogie. Il me fallait trouver une voie de passage. Tout ceci sous le regard méfiant et critique de Nicolas Sarkozy, nouveau ministre de l'Économie et des Finances, qui voyait en Douste-Blazy un rival potentiel. C'est simple, ces deux-là se regardaient en chiens de faïence. Je me souviens notamment d'une réunion d'arbitrage survenue peu après un samedi matin en présence de Jean-Pierre Raffarin. « Douste » m'avait gentiment laissé monter au créneau face au « Boss » de Bercy. L'échange avait été musclé. Une fois la réunion terminée, en descendant l'escalier d'honneur de Matignon, Nicolas Sarkozy m'avait interpellé : « Toi, tu n'es pas comme ton patron, tu as du cran. » Je ne suis pas sûr que ç'ait vraiment été un compliment.

★

Mi-avril, nous avions engagé les discussions avec les représentants des organisations syndicales des médecins, des mutuelles… Le pari que je fais, à cette époque, c'est la maîtrise médicalisée, c'est-à-dire un travail en confiance avec les professionnels de santé. Ce qui sera ma grande marque de fabrique. Je suis persuadé qu'en élaborant la réforme avec eux, ils m'aideront à la faire aboutir. On est aux antipodes de la méthode Juppé de 1995. Pour trouver de nouvelles recettes, le projet de loi sur l'Assurance maladie s'articulait notamment autour de la mise en place du médecin traitant ou du forfait à 1 euro par acte médical.

★

Il est rare qu'un ministre et son secrétaire d'État entretiennent de bonnes relations. Entre egos mal placés et rapports de force en continu, souvent la relation se grippe et fait place à des malentendus qui vrillent en désaccords. La relation exécrable qu'entretenait Luc Ferry avec son ministre délégué Xavier Darcos en était un exemple. Entre Douste et moi, c'était l'inverse. Dès le premier jour, il m'a laissé toute l'amplitude dont j'avais besoin pour travailler. Et s'il déléguait beaucoup, c'était parce qu'il me faisait confiance. Pour mon premier sommet européen sur la Santé au Pays-Bas, Douste m'avait laissé totalement libre dans ma prise parole, sans même me donner de directives. C'est dire. Quoi qu'il en soit, il méritait beaucoup mieux que l'image qui lui avait été donnée à l'époque par les médias. Il s'était payé quelques articles nauséabonds prétendant que je faisais tout le boulot, et que lui, en super star, n'était là que pour prendre la lumière. Mais si j'avais à gérer l'Assurance maladie, lui s'occupait de la Santé publique, et croyez-moi, il avait du taff !

Pour autant, il n'est pas faux de dire que Philippe était un adepte des coups de com. Et il savait y faire. Comme la fois où, au journal de 20 heures, il avait présenté la nouvelle carte Vitale avec sa photo dessus. Il a souvent été critiqué ou moqué, mais en tant que médecin cardiologue, Philippe avait une passion pour le domaine de la santé, de vraies convictions, et j'ai aussi retenu de lui qu'on ne peut pas être un bon ministre sans avoir une bonne communication. Savoir-faire sans faire savoir ne peut pas fonctionner…

*

Pour éviter les examens redondants et donner un maximum d'informations de santé aux médecins, j'ai voulu créer un « dossier médical personnel » que j'ai imaginé sous la forme d'une clé USB sécurisée pour tous les Français. Celle-ci viendrait en complément de la carte Vitale, puisque, à l'époque, les évolutions techniques ne permettaient pas encore d'y stocker suffisamment de données.

Mais je ne suis qu'un jeune secrétaire d'État, et je n'ose pas imposer mes idées devant les experts du ministère de la Santé ou ceux de l'ingénierie informatique qui, tous, m'expliquent que ce projet de clé USB est impossible. « Vous n'y connaissez rien, votre idée est beaucoup trop simpliste, il faut plutôt construire une grande architecture nationale, et à partir de là, on aura un dossier médical », me dit-on. Je pensais alors que le projet prendrait trois ans… Vingt ans, plus tard, il n'a toujours pas vu le jour. Je m'en suis voulu de cet échec. Car j'aurais dû écouter mon instinct, et ne pas me laisser guider par la technostructure et les intérêts privés de chacun.

*

En devenant membre du gouvernement, votre notoriété s'étoffe, et votre nom circule et se répand comme une traînée de poudre. Le regard qu'on posait sur moi s'était mis à changer. Et c'est ainsi que j'ai été coopté pour intégrer les dîners du Siècle. Ce cénacle parisien compte bon nombre de gens passionnants, qu'ils soient hommes politiques, magistrats, avocats, journalistes influents ou grands patrons du Cac 40. Participer à ces dîners mensuels organisés à l'Automobile Club de France n'était pas pour moi une affaire de snobisme, ni de revanche sociale, mais l'occasion de m'enrichir au contact de personnes souvent très brillantes.

À Saint-Quentin aussi les gens me regardaient différemment. Les habitants étaient même persuadés que j'avais quitté la ville pour m'installer définitivement à Paris. Or jamais de la vie ! J'avais gardé mes habitudes, et je rentrais chez moi chaque week-end. Même si bien sûr, faute de temps, je ne faisais que passer en coup de vent sur les inaugurations et fêtes locales, ou même pour faire mon marché.

⋆

Début 2005, dans le cadre de l'opération Pièces jaunes, Bernadette Chirac et le judoka David Douillet avaient fait le déplacement dans ma ville, drainant sur leur passage une foule de Saint-Quentinois venus les saluer. Pierre André, sénateur-maire, avait accueilli la Première dame comme il se doit, et s'était ensuite retiré pour répondre à une interview sur France 3. Alors que Mme Chirac avait été installée dans un bureau de la gare afin de s'octroyer un peu de repos dans cette journée marathon, son conseiller me fit savoir qu'elle souhaitait s'entretenir avec moi. On ne se connaissait pas. Et sa première question eut tout l'air d'un test grandeur nature : « Alors, monsieur le Ministre, comment voyez-vous la situation avec le référendum sur la Constitution européenne ? » Je me suis lancé dans une grande explication, disant que je jugeais cette consultation d'un bon œil, et que même si le match s'annonçait serré dans les sondages, le « Oui » l'emporterait dans les urnes. Autant dire que je m'étais pris les pieds dans le tapis en écoutant sa réponse : « Eh bien moi, je vous dis que c'est une très mauvaise idée ce référendum, et je l'ai dit à mon mari, avait-elle répliqué. Les Français vont voter, et ça sera non ! » Elle avait senti la défaite avant tout le monde. En termes de sens politique, je dois dire qu'elle m'avait bluffé sur ce coup-là !

Treize ans après le référendum de Maastricht, ma propre position sur l'Europe n'avait pas évolué. Mais j'avais la conviction qu'il n'était pas pensable de casser la dynamique européenne.

J'organise, le 29 mars 2005, un débat à l'ancienne avec Jean-Pierre Chevènement[1], dans le théâtre de Saint-Quentin archi-bondé où les journalistes nationaux sont venus en nombre. Chacun derrière son pupitre, nos arguments étaient affûtés, et j'ai eu fort à faire face à un Chevènement, très en forme, qui continuait de surfer sur l'argumentaire de 1992 sur Maastricht. Mais

1. Maire de Belfort, ancien ministre de François Mitterrand et futur président du Mouvement républicain et citoyen.

j'ai eu confirmation ce soir-là que l'issue du référendum était beaucoup plus incertaine que je l'avais imaginé au départ.

Le 29 mai, le rejet de la Constitution proposée était toutefois sans appel. Les Français avaient voté à 54,67 % pour le « Non ». Une défaite cruelle pour Jacques Chirac, qui avait été à l'initiative du référendum, mais aussi une mauvaise nouvelle pour l'UMP et pour le PS qui avaient appelé au « Oui ».

*

Cette fois, c'en était fini pour Jean-Pierre Raffarin. Et c'est dans ce contexte de crise que Dominique de Villepin, un fidèle du président, prit ses fonctions à Matignon le 31 mai 2005. La valse des nominations avait démarré. Philippe Douste-Blazy convoitait le Quai d'Orsay avec force, tout en faisant ouvertement campagne pour que je prenne sa suite au ministère de la Santé. Quelques jours avant le remaniement, j'avais été invité à déjeuner par Philippe Bas, secrétaire général adjoint de la présidence de la République. Il voulait me sonder, prendre le pouls. J'étais à fois surpris et flatté de me retrouver en tête à tête avec ce personnage clé de l'Élysée, technocrate, certes, mais si influent. Le 1er juin, jour de formation du gouvernement, aux alentours de midi, je reçois un appel du nouveau Premier ministre. Nous ne nous connaissions pas vraiment, mais Dominique de Villepin m'avait toujours fait bonne impression. « Camarade, tu seras ministre de la Santé en accord avec le président ! a-t-il commencé par me dire.

Et il va falloir que tu continues sur ta lancée pour la réforme de l'Assurance maladie. »

J'ai accepté le poste en demandant à Dominique de m'avertir en cas de changement de dernière minute. « Ça ne changera pas », a-t-il affirmé. Pourtant, comme à chaque fois, les bruits de couloir commençaient à circuler, des rumeurs à se propager. On évoquait le nom de Catherine Vautrin à la Santé, et de Philippe Bas comme nouvel arrivant au gouvernement. Mais pour quelle fonction ? Personne ne le savait. En tout cas, pour moi, le secrétaire général adjoint de l'Élysée ne venait pas pour faire de la figuration ! Michel Bettan, mon chef de cabinet, rentre dans mon bureau en milieu d'après-midi :

— Bon, ça s'agite dans tous les sens, me dit-il.

— Écoute, y'a rien d'autre à faire qu'attendre, alors moi, je vais aller dormir un long moment dans mon bureau en attendant que ça se passe.

L'après-midi défilait, et toujours pas de nouvelles infos sûres. Soudain, peu avant 19 heures, le téléphone interministériel[1] sonna. Je m'attendais à un changement de dernière minute. À l'autre bout de la ligne, j'ai tout de suite reconnu la voix de Philippe Bas qui m'appelait sans doute pour m'annoncer qu'il était le nouveau ministre de la Santé.

— Bonjour Xavier. Je voulais vous féliciter.

— Oui, oui, Philippe.

1. Ce téléphone permet à tous les ministères, à Matignon et à l'Élysée de communiquer directement, sans même passer par l'intermédiaire de secrétaire.

— Je voulais vous dire que je suis ravi de travailler avec vous.

— Moi aussi, Philippe.

— Non, franchement, je vais beaucoup apprendre avec vous.

— Oui...

— Être votre ministre délégué, c'est...

— Pardon ?

J'ai posé la main sur le combiné du téléphone pour qu'il ne puisse pas entendre ce que j'avais à dire à Michel : « Eh... c'est le ministre délégué ! » ai-je glissé, stupéfait. Je reprends aussitôt le fil de ma conversation avec Philippe, je le félicite pour ses nouvelles fonctions et je lui dis que nous nous verrons le lendemain. Je n'en revenais pas !

L'annonce du gouvernement par Frédéric Salat-Baroux, le nouveau secrétaire général de l'Élysée, m'a remis d'aplomb très vite. Cette fois, je devenais dixième dans l'ordre protocolaire, avant François Baroin (nommé à l'Outre-mer), et Jean-François Copé (ministre délégué au Budget et porte-parole du gouvernement). « Je crois que les emmerdes commencent », ai-je lâché à Michel pour conclure cette journée riche en émotions.

*

Si on m'avait demandé de rester au ministère de la Santé, c'était avant tout pour poursuivre la réforme, et l'appliquer de façon rigoureuse afin qu'elle produise des résultats. Ce dont beaucoup de ministères doutaient. Sans compter les crises à affronter, et les événements qui, parfois, vous bouleversent. Je parle ici de la terrible journée du 2 août 2005, où l'on venait de découvrir dans la chambre mortuaire de l'hôpital Saint-Vincent-de-Paul, à Paris, trois cent cinquante et un fœtus et dépouilles d'enfants mort-nés qui avaient été conservés dans du formol ou emballés dans des sacs plastiques étiquetés. En les découvrant, je fus sous le choc, et évidemment très marqué. Il me semble avoir réagi de la seule façon possible : avec fermeté envers les responsables, mais surtout avec humanité et compassion pour toutes les familles concernées, doublement endeuillées.

Durant les dix premiers mois, j'ai travaillé très dur avenue de Ségur sur l'évolution des dépenses de l'Assurance maladie, la mise en place du médecin traitant au 1er juillet 2005, la lutte contre le sida que Jacques Chirac voulait renforcer… Je devais trouver de nouvelles voies de passage et lancer de nouvelles actions. Comme l'avait fait Douste-Blazy avec moi, j'accordais une vraie confiance à Philippe Bas[1]. C'est vrai que je n'étais pas fan du directeur de cabinet qu'il avait choisi, mais quand bien même, je l'avais laissé faire. Philippe Bas était libre de ses actions.

*

Le 26 janvier 2006, un article provoqua en moi d'abord un choc, puis un déclic. « Xavier Bertrand,

1. Philippe Bas occupait alors la fonction de ministre délégué à la Sécurité sociale, aux Personnes âgées, aux Personnes handicapées et à la Famille.

l'homme invisible de la Santé », titrait *Libération*. Le journaliste Éric Favereau avait toujours brossé des portraits sans complaisance des ministres de la Santé. Et j'ai toujours été suffisamment lucide sur moi-même pour être mon premier critique. Mais l'article était vraiment au vitriol. Sonné, j'ai relu deux ou trois fois le papier dans mon bureau, ce qui ne m'arrive jamais. Si dans mon entourage certains ont tenté de me faire relativiser, je savais au fond de moi qu'il y avait une bonne part de vrai dans ce qui était écrit. Et j'allais droit dans le mur. J'étais un bon technicien, je voulais vraiment faire mes preuves, mais quand vous n'existez pas politiquement et médiatiquement, c'est toute votre légitimité qui est remise en cause. Il me fallait réagir. Car je n'aurais jamais la force de continuer à faire avancer mes convictions et les dossiers que je jugeais importants si je ne changeais pas ma façon de faire. J'ai commencé par effectuer des changements dans mon équipe. Puis, j'ai pris un engagement solennel en prenant Michel Bettan à témoin : « Au-delà de communiquer sur mes futures actions, je veux pouvoir désormais mener un grand chantier, et ça sera l'interdiction de fumer dans les lieux publics ! »

*

La communication passe aussi par l'image. Certains misent sur une coupe de cheveux plus moderne, une nouvelle paire de lunettes ou une diète de compétition. Personnellement, j'ai même eu recours à une consultante en relooking. C'est un ami qui m'a donné les coordonnées de cette professionnelle du style. Ses clients étaient pour la plupart des hommes politiques ou des grands chefs d'entreprise, et elle avait jugé bon de revoir l'intégralité de mon vestiaire. Une fois, je me suis rendu au Printemps Haussmann pour faire du shopping avec elle. Et elle avait beaucoup misé sur le marron. Il paraît que c'était une couleur qui m'allait bien. Chemises, pantalons, vestes de costume, cravates... Plus ou moins dubitatif, j'ai quand même suivi ses conseils à la lettre. Autant dire que cette histoire m'a coûté bonbon en costards. Et je ne vous cache pas que pour finir, j'étais surtout en train d'enfiler un costume qui n'était pas fait pour moi.

★

Un dimanche de janvier, au ministère, je lus attentivement un article du *JDD* sur la grippe aviaire affirmant que la France n'était pas prête à faire face en cas de pandémie. Les propos étaient tenus par les professeurs Henri Brugère[1] et Jean-Philippe Derenne[2], que j'ai immédiatement souhaité rencontrer. « Inutile ! m'avait-on fait savoir au cabinet. Pas eux, ce sont des emmerdeurs. » Je voulais pourtant leur avis. Un peu comme un alpiniste, je ressens le besoin permanent d'avoir mes propres cordes de rappel pour ne pas dépendre des seuls canaux officiels d'informations. C'est pour cette même raison que j'ai toujours donné mes coordonnées à des soignants, des médecins, des infirmiers, des syndicalistes...

1. Professeur émérite de la chaire de pharmacie et physiologie à l'École nationale vétérinaire de Maisons-Alfort.

2. Professeur de médecine spécialiste des infections virales et affections pulmonaires.

À ma demande, un petit déjeuner a finalement été organisé au ministère de la Santé. Avant même que je prenne la parole pour ouvrir la réunion, Jean-Philippe Derenne, réputé pour son expertise et son franc-parler, m'interpella vivement sur le sujet. Et il me mitrailla de questions sur l'état de préparation du pays en cas d'une éventuelle pandémie. J'ai aussitôt mesuré que la France n'était pas au point. Le directeur général de la Santé et moi-même avons été incapables de lui apporter des éléments de réponses tangibles. Il fallait tout revoir. Face à la grande inconnue de cette grippe et aux risques encourus, nous avons décidé de faire équipe avec les professeurs Brugère et Derenne pour mettre en place un comité d'experts et élaborer un plan français sur la préparation à la grippe aviaire (H5N1).

À cette époque, la véritable crainte était la transmission à l'homme par l'homme. Et dans ce cas précis, c'était la pandémie assurée. Rapidement, je soumets l'idée de constituer des stocks importants de Tamiflu[1] au président de la République et au Premier ministre. Ils acceptent aussitôt. Pour cela, je me rends au siège du laboratoire Roche en Suisse où je négocie en direct avec le PDG l'achat de comprimés mais aussi la substance active du Tamiflu que je propose de faire préparer par le laboratoire des armées. Les services juridiques et financiers du ministère de la Santé ont ainsi veillé à la mise en œuvre de cet accord. Avec le recul, je ne sais pas si, vingt ans après, un ministre pourrait encore s'engager comme je l'ai fait ce jour-là.

1. Antiviral utilisé pour le traitement et la prévention des grippes.

Par ailleurs, fin 2005, j'effectue un déplacement en Asie du Sud-Est pour prendre la mesure du risque de la grippe aviaire, et je rencontre mon homologue chinois à Shanghai. La Chine se dit prête à vendre des masques chirurgicaux à la France, sauf en cas de crise sanitaire concomitante.

De retour à Paris, je relate cet épisode à Jacques Chirac dans son bureau à l'Élysée, et je lui suggère de commander massivement des masques FFP2 à des usines françaises afin de préserver notre indépendance. « Tu as carte blanche, a répondu le président de la République, il faut qu'on soit préparés. » C'était décidément un réel bonheur de travailler avec lui.

L'Organisation mondiale de la santé reconnaîtra la France comme étant l'un des pays à s'être le mieux organisé face à la menace du H5N1. En 2012, lorsque je quitterai mes fonctions sous la présidence de Nicolas Sarkozy, 1,4 milliard de masques étaient en stock. Pour moi, la prévention n'a été jamais un vain mot.

★

Le 4 janvier 2006 sur France Inter, François Baroin, ministre des Outre-mer, était interrogé à propos de l'épidémie de chikungunya qui frappait l'île de La Réunion. « Ça ressemble à une grosse grippe », disait-il. Une première réunion fut organisée à son ministère. François Baroin me demanda comment je voyais la situation, et j'ai notamment expliqué : « On a un vrai sujet avec ce con de préfet qui ne nous demande rien alors que la crise est de plus en plus inquiétante. » J'ai bien fait de dire ça. Le « con de préfet » était présent dans la pièce. Mais j'ai embrayé : « C'est bien ce que je dis ! Quand le ministère de la Santé vous demande depuis des semaines ce qu'il y a besoin de faire, pourquoi vous ne répondez pas ? Pourquoi vous ne faites pas les choses ? »

La situation était devenue très compliquée, nous manquions de données pour comprendre l'ampleur de l'épidémie. J'ai donc convoqué une autre réunion au ministère de la Santé en présence de tous les membres de mon administration et d'un groupe d'experts revenu le matin même de La Réunion. Je voulais y voir clair afin de saisir l'évolution de ce virus que l'on connaissait trop peu. Un silence de plomb a envahi la salle. Les gens se taisaient tous autour de la table, personne ne semblant vouloir s'exprimer sur le sujet. Alors, j'ai fini par pousser un coup de gueule : « OK, maintenant, ça va bien. Il n'y aura aucun compte rendu de cette réunion écrit ou oral. Et je vais vous rappeler une chose à tous : la responsabilité politique ne se partage pas, elle ne se délègue pas. S'il y a un problème, le seul responsable dans ce bureau ça sera moi. » Dès lors, la parole a commencé à se libérer. Je suis convaincu que l'affaire du sang contaminé était encore dans tous les esprits, chacun craignant que le politique se défausse sur la haute administration.

Le 30 janvier, j'ai effectué un premier déplacement à La Réunion, en embarquant huit médecins urgentistes, neuf infirmières, sept logisticiens, ainsi que 4 tonnes de matériels médicaux et de prévention. Si la colère était présente sur l'île, l'heure n'était pourtant pas à la polémique. Il fallait agir et expliquer à la population que les équipes de démoustification aidées de quatre cents militaires allaient « s'attaquer aux foyers épidémiques existants et nettoyer les foyers émergents pour éviter une propagation du virus ». Il n'y avait aucune unité de l'État entre le préfet et le directeur général de l'Agence régionale de santé (ARS), la crise était loin d'être réglée, mais ce premier déplacement avait au moins permis d'éviter l'implosion du système de santé.

Au début de l'année 2006, je déclarais dans mon bureau du ministère de la Santé devant la presse : « Les scientifiques me disent que le chikungunya n'est pas mortel ; moi, je voudrais en être sûr. » Bientôt, les autorités locales annoncent un premier mort.

Le 18 mai, j'accompagnais Dominique de Villepin lors d'un nouveau déplacement à La Réunion, où nous avons retrouvé François Baroin, arrivé sur place un jour avant nous. C'est là que j'ai entendu une petite musique assez déplaisante me concernant en provenance des équipes de Baroin. Si la situation s'était améliorée grâce à la mobilisation de l'État, il y avait eu des morts au cours des derniers mois et je n'appréciais pas que certains se défaussent sur moi en me mettant cette responsabilité sur le dos. Nos relations n'avaient jamais été cordiales, mais là, c'était le comble. Être maire de Troyes ne suffisait pas à ce que je m'entende bien avec lui. Il avait beau être un proche de Jacques Chirac, à l'Élysée, je savais que le président avait trouvé que la crise du chikungunya avait été sérieusement prise en main.

⋆

Le président de la République voulait que la France s'engage de façon plus active dans la lutte contre le sida. En 2004, l'évolution des chiffres concernant les nouvelles contaminations au VIH était terrifiante. J'ai participé à des sommets mondiaux et travaillé avec des associations comme Aides qui, il faut bien l'avouer, n'avaient pas une haute estime de la classe politique. On pouvait le comprendre. La prévention devait être renforcée. Quant aux préservatifs, il fallait en distribuer dans d'autres lieux que les pharmacies, et à moindre coût, afin d'inciter les jeunes à les utiliser. C'est ce que nous avons réussi à accomplir en 2006 avec l'opération *Make Love* et des préservatifs vendus chez les buralistes à 1 euro la boîte de cinq.

*

Indéniablement, la lutte contre le cancer figurait parmi les grands chantiers du quinquennat. En 2006, 60 000 personnes mouraient du tabac parce qu'elles fumaient, 6 000 autres sans avoir jamais touché une cigarette de leur vie. On commençait à évoquer la colère de salariés qui parlaient d'attaquer leur employeur (essentiellement des restaurateurs) devant la justice pour tabagisme passif. La cohabitation entre fumeurs et non-fumeurs devenait de plus en plus compliquée dans les espaces publics. Ma femme Emmanuelle était d'ailleurs l'exemple type de ce que les non-fumeurs ne supportaient plus. J'avais chaque jour deux petits déjeuners de travail, et le premier démarrait à 7 heures. Le personnel du ministère de la Santé n'étant pas forcément arrivé à une heure aussi matinale, le café-restaurant Le Vauban me servait de lieu de rendez-vous. Un jour, le patron de l'établissement est venu m'interroger.

— Monsieur le ministre, allez-vous réussir à faire passer cette loi sur le tabac ?

— Oui, je pense. Mais pourquoi me demandez-vous ça ?

— J'ai passé récemment une radio des poumons qui n'est pas bonne. Quand le médecin m'a demandé si je fumais, et que j'ai répondu non, il en a automatiquement déduit que j'étais dans la restauration.

Son témoignage m'avait frappé. Je l'ai d'ailleurs raconté à de nombreuses reprises à l'époque dans la presse. Autre exemple, cette fois chez Buffalo Grill à Saint-Quentin, lorsqu'un serveur m'a un jour expliqué : « Nous, quand on arrive dans la salle réservée aux fumeurs pour aller servir les clients, on voit le nuage de fumée qui flotte dans la pièce. Chaque soir, je suis obligé de me déshabiller avant de rentrer dans ma chambre tellement je pue la cigarette. Je n'imagine même pas ce que ça doit être à l'intérieur de mes poumons. » Des anecdotes de ce genre, j'en avais plein les tiroirs. J'étais donc convaincu qu'il fallait agir. C'était une question de bon sens et de santé publique. Le vrai souci était de savoir s'il fallait faire ou pas des exceptions concernant les casinos, les discothèques, les terrasses, les bars-tabacs.

Pour ça, je suis allé me forger ma propre opinion en faisant le tour des cafés de Saint-Quentin. Quand j'arrivais, tout le monde me regardait d'un air méfiant, mais, très vite, la conversation s'engageait avec les fumeurs, les non-fumeurs, les habitués. Le café, c'est le lieu du brassage social par excellence, et je prenais conscience que même si on ne pourrait bientôt plus fumer au zinc, le client fumeur sortirait griller sa cigarette et reviendrait finir sa conversation ou sa consommation. Il n'y aurait pas de fuite de la clientèle. J'en étais convaincu.

J'ai fait le même constat à Beaurevoir[1] où, en descendant de ma voiture, je m'aperçus cette fois qu'un bar et un bar-tabac cohabitaient à quelques mètres l'un de l'autre. C'est là que je me fis la réflexion que si l'on faisait une exception pour le bar-tabac, qui pourrait continuer à vendre des cigarettes, le bar, lui, mettrait rapidement la clé sous la porte. Alors, j'ai fait le pari d'y croire, persuadé que tous les Français étaient enfin prêts à changer leurs habitudes.

Un soir, j'ai dîné aux Éditeurs, un restaurant du quartier de l'Odéon, en compagnie de Michel Bettan et des journalistes Anna Cabana et Nicolas Domenach. Je leur ai confié ma totale détermination à faire interdire le tabac dans les lieux publics, et que je mettais un point d'honneur à ce que ces nouvelles règles soient appliquées avant l'élection présidentielle de 2007. D'ailleurs, je leur ai aussi annoncé que, si je n'étais pas suivi par le gouvernement, je démissionnerais. Ce n'étaient pas des paroles en l'air. C'était une façon de brûler mes vaisseaux, mais je n'aurais pas à le faire…

À Matignon, Dominique de Villepin m'a fait très vite savoir qu'il soutenait ce plan. Quant au président, je me souviens d'une scène qui s'était déroulée dans le bureau de Frédéric Salat-Baroux, secrétaire général de l'Élysée.

1. Beaurevoir est une commune rurale située dans l'Aisne.

Jacques Chirac était venu nous rejoindre et m'avait lancé sur un ton mi-sérieux mi-amusé : « Alors, tu ne vas quand même pas nous remettre des millions de Français dans la rue après le CPE ? » J'avais répondu avec un sourire complice : « Si, si, Monsieur le président. Je vais les remettre dans la rue, mais ça sera pour la bonne cause et pour la santé des autres qu'ils sortiront fumer dehors. »

J'ai souhaité faire passer ce projet par décret en m'appuyant sur la loi Évin de 1991, et non en promulguant une nouvelle loi à l'Assemblée. Je sais que des parlementaires, poussés par les lobbyistes du tabac, auraient certainement permis aux bars-tabacs d'être l'exception qui confirme la règle. Ce qui aurait totalement affaibli la portée du texte. Michel Bettan a joué un rôle essentiel à mes côtés. L'idée du décret est d'ailleurs la sienne. Il a travaillé avec les services juridiques du ministère de la Santé et a su convaincre nos interlocuteurs de ma volonté absolue. Certains ont appelé ça le décret « Bertrand », mais on aurait très bien pu dire le décret « Bettan-Bertrand ».

« Le tabac sera interdit dans tous les lieux publics, écoles, collèges, magasins à compter du 1er février 2007 », déclara Dominique de Villepin le 8 octobre 2006[1]. Le même soir, sur France 2, je faisais le tout premier 20 heures de ma carrière[2]. Une interview dans laquelle j'ai rappelé que les discothèques, restaurants, bars-tabacs disposaient d'un délai supplémentaire, au

1. Au micro du « Grand Jury », une émission RTL/*Le Monde*/LCI/*Le Figaro*.

2. Face à la journaliste Béatrice Schönberg, épouse de Jean-Louis Borloo.

plus tard jusqu'au 1er janvier 2008, et que l'État s'engageait aussi à hauteur de 100 millions d'euros pour accompagner les fumeurs dans la lutte contre le tabac.

★

J'ai toujours entretenu des rapports particuliers avec Nicolas Sarkozy. Ayant jusqu'alors marché dans les pas de Jacques Chirac, je trouvais que le ministre de l'Intérieur avait la dent dure, et que depuis deux ans déjà, il se montrait un peu trop pressé à l'idée de pousser le chef de l'État vers la sortie. Mais en 2007, que l'on soit chiraquien ou pas, il était évident que l'avenir de la droite passait par lui. C'était une question de bon sens, un principe de réalité. Avant même que sa candidature ne soit officielle (un secret de polichinelle), la montée en puissance du candidat en agaçait plus d'un. Le clan présidentiel avait aussi affûté ses armes en lui mettant Dominique de Villepin dans les pattes. Auréolé de son magistral discours à l'ONU[1], l'ex-ministre des Affaires étrangères devenu Premier ministre conservait son allure d'acteur de cinéma, mais, politiquement parlant, il avait perdu de sa superbe après l'échec retentissant du CPE et l'affaire Clearstream, qui fut d'une violence sans nom[2]. En janvier 2006, Nicolas Sarkozy se constitua partie civile, ce qui déclencha un combat sans pitié entre les deux hommes. Autant dire que, dans de telles

1. Le 14 février 2003, Dominique de Villepin prononça au nom de la France un discours à l'ONU contre une intervention militaire en Irak.
2. Il en sortira blanchi.

circonstances, la présidentielle était injouable pour Dominique.

Il y a eu aussi le bref épisode Michèle Alliot-Marie[1]. MAM était douée et compétente, les chiraquiens ont désespérément tenté de la mettre en travers de la route de Nicolas Sarkozy. Ce qui a fait long feu. Mais quoi qu'on en pense, cette année-là, personne n'avait la niaque et la fougue d'un Sarkozy qui, toute sa vie, avait rêvé de la magistrature suprême. Il était au-dessus du lot, et le seul à pouvoir réussir l'exploit de faire gagner la droite pour la troisième fois à la présidentielle.

En septembre 2006, à l'occasion de l'université d'été de l'UMP à Marseille[2], sonnait déjà l'heure des grands raouts et des premiers ralliements. Entre deux portes, Brice Hortefeux m'a clairement fait comprendre que si je voulais prendre la parole devant les jeunes du parti (chose que je faisais chaque année), c'était pour annoncer mon soutien à Sarkozy. « Non, lui ai-je dit. Je le soutiendrai si j'en ai envie, et je l'annoncerai quand j'aurais décidé de le faire. Par contre, si aujourd'hui, je dois prendre le micro uniquement pour dire du bien de Sarkozy, c'est sans moi ! » Je fus donc privé d'intervention, mais étant ministre, on m'a installé au premier rang pour faire bonne figure devant les caméras. *Exit* aussi ma participation au brainstorming, qui eut lieu à l'occasion d'un déjeuner. Même si François Baroin

1. Ministre de la Défense.

2. Le week-end du 2-3 septembre 2006 en présence des militants, et des membres du parti. Mais aussi avec la participation de Johnny Hallyday et de Doc Gynéco.

et Jean-François Copé, eux, avaient remué ciel et terre pour y assister.

★

Le 30 novembre 2006, Nicolas Sarkozy mit fin au faux suspense en annonçant officiellement sa candidature à la succession de Jacques Chirac dans plusieurs titres de la presse quotidienne régionale. J'étais à ce moment-là en déplacement à Bruxelles, où je devais assister à une réunion des ministres de la Santé européens. En me préparant dans ma chambre d'hôtel, je regarde « Les Quatre Vérités » sur France 2. Jean-François Copé est l'invité de la matinale, et je le découvre crispé, mal à l'aise, se tortillant comme un ver sur sa chaise. Interrogé sur la déclaration de candidature de Nicolas Sarkozy, le porte-parole du gouvernement ne sait plus où se mettre. C'était terrible à voir et à entendre.

J'ai aussitôt décroché mon téléphone pour appeler Michel Bettan : « Il faut que tu me trouves une interview, je veux annoncer demain mon soutien à Sarkozy ! Pas question que je me retrouve à gesticuler comme Copé parce que je ne veux pas dire qui je soutiens. » De retour à Paris, dans la même journée, je rencontre Claire Bommelaer, journaliste au *Figaro*, qui se charge de mettre l'interview en boîte dans le plus grand secret. Juste avant sa parution, je préviens Claude Guéant pour qu'il annonce la nouvelle à Nicolas Sarkozy. Ensuite, j'ai tenté de joindre Marie-Claire Carrère-Gee[1], qui

1. Secrétaire adjointe de l'Élysée.

ne répondit pas à mes messages, puis Frank Melloul, conseiller communication de Dominique de Villepin à Matignon.

Le soir venu, j'ai fini par recevoir un appel salé de Frédéric Salat-Baroux[1]. Frédéric, hyper-vindicatif, me reprochait non seulement ma décision mais aussi de ne pas avoir prévenu l'équipe gouvernementale plus tôt. À partir de ce moment-là, je suis devenu *persona non grata*.

Le 1er décembre au matin, Journée de la lutte mondiale contre le sida, j'ai retrouvé le président de la République pour une inauguration au parc de La Villette, à Paris, aux côtés de Pierre Bergé et de Line Renaud[2]. Chirac a été particulièrement sympa avec moi tout au long de la cérémonie. Ce fut notre dernier instant de complicité. Je ne lui ai pas dit mot de l'interview, il était sans doute déjà au courant et j'ai jugé que ce n'était pas de son niveau.

Une chose est sûre, avoir été son ministre de la Santé pendant près de deux ans fut pour moi un véritable bonheur. Je garde des souvenirs précieux de celui qui s'amusait toujours à m'appeler « Docteur ». J'avais beau lui rappeler que je n'étais pas médecin, il me répondait invariablement : « Peut-être, mais ça te va bien. »

★

1. Secrétaire général de la présidence de la République.
2. Pierre Bergé était président du Sidaction et Line Renaud, sa vice-présidente.

L'interview du *Figaro* a fait l'effet d'une bombe[1]. J'ai déclaré vouloir m'engager « tôt, fort, et de façon très claire », sans attendre le vote des militants du 14 janvier 2007.

En Conseil des ministres de la chiraquie finissante, j'étais devenu, avec Nicolas Sarkozy, le pestiféré de service. Dominique de Villepin ne m'adressait plus la parole, lui aussi me reprochait mon ralliement. Même le téléphone interministériel ne sonnait plus dans mon bureau. Pourtant, chaque matin, je vérifiais la prise de l'appareil pour voir s'il n'avait pas été débranché pendant la nuit. Le seul qui continuait à me parler pour régler des dossiers de santé en cours, c'était Christian Poncelet, président du Sénat.

*

Je me rappelle un Conseil des ministres que j'avais trouvé interminable. Ce 20 décembre 2006, Dominique de Villepin semblait inarrêtable alors que je n'avais qu'une idée en tête : filer le plus vite possible à la maternité de Port-Royal où ma femme allait accoucher. Ambre et Malo, les jumeaux, sont nés grands prématurés. À leur naissance, ils pesaient 1,1 kilo et 1,2 kilo. Fort heureusement, ils étaient entre les mains d'un grand professeur et d'excellentes équipes. Je leur faisais une confiance totale. Mais, chaque jour, nous guettions une prise de poids. Même 10 grammes en plus faisaient le bonheur de notre journée. Si Emmanuelle passait quasiment tout

1. « Bertrand : "Je m'engage aux côtés de Sarkozy" », *Le Figaro*, le 2 décembre 2006.

son temps auprès d'eux, je me rendais tous les soirs à la maternité, même très tard, vers minuit, juste pour les voir dormir dans leur couveuse. Ce furent des semaines éprouvantes. Nous avions tellement hâte de les ramener avec nous à l'appartement. Puis, tout s'est enchaîné avec la campagne présidentielle de Sarkozy. Un vrai tourbillon. J'ai sacrifié ma vie de famille, j'en ai conscience. Je le regrette – je le redis –, mais je sais aussi qu'à cet âge-là je n'avais pas le recul nécessaire pour faire autrement.

★

Nicolas Sarkozy me fixa très vite un rendez-vous au ministère de l'Intérieur. Il avait une proposition à me faire, et me lança avec un petit sourire : « Voilà Xavier, je veux que tu sois mon porte-parole pour la campagne avec Rachida. Parce que tous les deux vous ressemblez aux Français. » Il m'expliqua les grandes lignes de sa campagne et les dynamiques qu'il voulait lancer. Et en me raccompagnant à la porte de son bureau, il me lâcha avec un grand sourire : « En plus, ce qui me fait plaisir, c'est que ça va bien emmerder Copé ! »

Cette responsabilité au sein du dispositif de campagne n'a pas fait le bonheur de tous. Et en particulier de Brice Hortefeux, qui m'avait toujours détesté. Sans doute parce que je n'avais jamais cherché à faire ami-ami avec lui. De toute façon, je jugeais ça inutile. En tant qu'intime de Nicolas Sarkozy[1], Brice le protégeait

1. Nicolas Sarkozy et Brice Hortefeux se sont rencontrés à Neuilly au début des années 1980.

en permanence et ne supportait pas qu'un mec comme moi, sorti de nulle part, occupe une telle place dans le dispositif présidentiel. D'ailleurs, par la suite, il n'aura de cesse de me rappeler que je n'ai jamais fait partie du cercle proche, des « historiques ». Si la greffe n'a jamais pris entre lui et moi, je ne m'en suis jamais mal porté. Ce type de relation est un grand classique de la politique.

Concernant François Baroin et Jean-François Copé, c'était une autre histoire. Nous avions tous les trois un parcours, de l'ambition, et le même âge. Mais eux ne supportaient pas qu'un plouc de province vienne leur griller la politesse. En tant que porte-parole j'ai donné une interview à *La Tribune* pour expliquer les grandes lignes du projet économique de Nicolas Sarkozy. Dès la parution du journal, Copé a appelé Matignon. Officiellement, pour lui, je n'avais pas à prendre position. Officieusement, il avait surtout trouvé un prétexte en or. Il ne s'est jamais gêné pour me savonner la planche.

Le 14 janvier 2007, au Parc des expositions de la porte de Versailles, Nicolas Sarkozy est officiellement investi candidat de l'UMP à l'élection présidentielle. Là, tout le monde a pensé : « Ça a de la gueule. » Face à 60 000 personnes, Sarkozy est parvenu à réunir toute la famille politique de la droite, à faire la synthèse plutôt qu'à jouer la rupture. Même Dominique de Villepin et Jean-Louis Debré, qui ne l'ont jamais aimé, y ont fait un passage. Il faut dire aussi que Sarkozy tenait absolument à accueillir le Premier ministre devant les caméras de télévision.

★

Porte-parole tout en étant encore ministre de la Santé, je me rendais au QG de la rue d'Enghien par la ligne 12 du métro. C'était direct et, en plus, je ne voulais pas être taxé d'utiliser les moyens de l'État au service de la campagne. Le premier geste que je faisais en sortant du ministère était de dénouer ma cravate. C'était devenu une sorte de gimmick, le signe de reconnaissance : avec cravate j'étais ministre, sans, je me transformais en porte-parole. Les débuts n'étaient pas simples pour Rachida Dati. Inconnue du grand public, elle cherchait ses repères et maîtrisait encore assez mal les codes journalistiques. Elle était loin d'être la star des médias que l'on connaît aujourd'hui. Il m'arrivait parfois d'arriver en retard aux réunions ou aux points presse. Rachida était persuadée que c'était exprès et que je cherchais à la déstabiliser. Alors elle s'énervait sur Michel Bettan, son souffre-douleur préféré, lui disant que je faisais tout pour lui mettre des bâtons dans les roues. Connaissant sa proximité avec Cécilia Sarkozy, mes oreilles ont dû siffler plus d'une fois quand elle se mettait à lui parler de moi. Mais Rachida était une personnalité attachante, il n'y avait aucune concurrence entre nous, et elle avait déjà une énorme capacité à attirer la lumière. Après un temps de rodage nécessaire, nous avons formé un duo efficace qui a fait ses preuves.

Franck Louvrier[1] était notre référent dans la campagne. En cas d'urgence, on pouvait s'adresser aussi à Claude Guéant[2] et, en dernier recours, à Nicolas Sarkozy

1. Conseiller en communication.
2. Directeur de la campagne présidentielle.

lui-même. Un matin, la seule fois où j'ai eu à le faire, j'ai été obligé de l'appeler très tôt pour avoir des infos. Au bout du fil, le candidat s'est montré très compréhensif en répondant à toutes mes interrogations du moment. Le porte-parolat exige beaucoup d'allant pour effectuer des déplacements aux quatre coins de la France et répondre aux sollicitations non-stop des médias. Mais surtout, il exige de savoir se débrouiller seul.

★

Je me représentais Nicolas Sarkozy comme étant le candidat idéal qui menait une campagne parfaite. Depuis des mois, nous avions tous l'impression que le leader de l'UMP avait pris une assurance tous risques. Rien ne pouvait lui arriver. Il était sur le point de toucher le graal, la fonction suprême au sommet de l'État. Pourtant en coulisses, il vivait un drame. Pour la deuxième fois en l'espace d'un an, son mariage avec Cécilia était sur le point de chavirer. Lui, habituellement si ponctuel, arrivait parfois en retard aux réunions ou à l'occasion des déplacements. Dans ces moments-là, il débarquait le visage fermé, les traits tirés. Mais, cinq minutes après avoir fait son entrée, il retrouvait le feu sacré, et s'adressait à nous comme si de rien n'était. Ne faisant pas partie de son cercle d'intimes, j'avais du mal à comprendre ce qui lui arrivait. Comme d'autres, je mettais cela sur le compte de la concentration et de l'enjeu.

Dans le camp adverse de la gauche, Ségolène Royal faisait ce qu'elle pouvait. Si une sorte de Ségomania a un temps flotté dans l'atmosphère, la candidate investie par le PS ne nous a jamais vraiment inquiétés. En revanche, nous observions avec plus de fébrilité la percée dans les sondages effectuée par le MoDem de décembre 2006 à mars 2007. Que François Bayrou parvienne durant cette période à passer devant Ségolène Royal dans les intentions de vote, et ça ne serait pas la même histoire !

Avant le premier tour, Nicolas Sarkozy avait proposé à une douzaine de personnes (Rachida Dati, MAM, Franck Louvrier, Brice Hortefeux, Valérie Pécresse, Éric Besson[1], Claude Guéant…) de venir passer un week-end dans les Alpilles. Chacun pensait que cette réunion de famille, sous le soleil et loin de Paris, servirait à peaufiner la stratégie du candidat. Nous avions débarqué à l'hôtel en début d'après-midi en imaginant un séminaire actif. À notre grande surprise, aucune réunion n'était prévue à l'agenda. En revanche, la piscine de l'hôtel nous tendait les bras. Sarkozy, arrivé un peu plus tard, ne s'est pas baigné avec nous ; il s'est installé sur une chaise longue, en lisant des notes, mais sans jamais mentionner les derniers sondages, ni même le nom de ses adversaires. La journée fila sans que nous ayons parlé politique. Le samedi soir, à l'heure du dîner, on s'attendait enfin à travailler. Mais rien à déclarer, à part un grand numéro de Jean-Louis Borloo, qui nous a fait beaucoup rire en racontant les meilleures anecdotes de sa carrière. Nous sommes donc rentrés à Paris le dimanche soir sans avoir compris que Sarkozy avait surtout cherché à combler

1. En désaccord avec Ségolène Royal, Éric Besson quitte la candidate, puis claque la porte du PS en février 2007. Il crée ensuite le choc en ralliant Nicolas Sarkozy au soir du premier tour de la présidentielle.

quarante-huit heures de solitude. Rester seul dans son appartement de Neuilly-sur-Seine représentait certainement une vision proche de l'enfer.

Rebelotte trois semaines plus tard quand il proposa de partir à Porto-Vecchio durant le week-end de l'entre-deux-tours. Sur place, à l'hôtel Cala Rossa, des photographes de presse étaient venus immortaliser la *dream team*. Et à l'occasion d'un déjeuner, nous avons improvisé un jeu de rôles pour préparer le débat de notre champion face à Ségolène Royal. L'exercice a vite tourné court, Sarkozy n'était pas fan de cette mise en scène.

Le débat télévisé s'est déroulé le 2 mai 2007 entre les deux candidats élus pour le second tour de la présidentielle. Beaucoup ont trouvé Sarkozy trop passif face à une Ségolène Royal excitée. Moi, au contraire, comme certains, j'ai pensé qu'il avait eu la bonne attitude en s'efforçant de rester serein jusqu'au bout.

⋆

Le 6 mai 2007, l'équipe de campagne s'est réunie au QG, rue d'Enghien. Sur les coups de 17 heures, nous avons appris *via* les instituts de sondage que Nicolas Sarkozy venait de remporter l'élection avec 53,06 % des suffrages[1]. Dix jours plus tard, il succéderait à Jacques Chirac en devenant le sixième président de la Ve République. C'était l'euphorie. Là, je prends Michel Bettan à part et lui dis : « Avec ce score, et étant donné que François Bayrou n'a pas appelé à voter pour

1. Ségolène Royal obtient 46,94 %.

Sarkozy au second tour, ça ne va pas nous faire une majorité écrasante aux législatives. » Je ne croyais pas si bien dire[1]…

Peu avant 20 heures, j'ai filé sur les plateaux de télévision pour la soirée politique. Sur France 2, aux côtés de personnalités comme Dominique Strauss-Kahn, Bertrand Delanoë ou Jean-Louis Borloo, j'ai déclaré : « Pour tout vous dire, les deux sentiments sont mêlés. La joie, bien sûr, du résultat, et puis également ce sentiment de responsabilité parce que nous avons une obligation majeure : ne pas décevoir [...]. Nous avons bien conscience aussi que pour tous les Français nous allons être à l'épreuve des faits, nous ne les décevrons pas. »

En direct, nous avons suivi la voiture du futur chef de l'État qui se dirigeait salle Gaveau, où il allait délivrer un premier discours de remerciements aux Français et aux militants UMP. Puis, nous avons vu la berline prendre la direction du Fouquet's, où un événement avait été organisé par Cécilia dans la plus grande discrétion. Seuls quelques proches et des VIP cinq étoiles y avaient été conviés. Je n'ai pas compris sur le coup pourquoi le nouvel élu s'attardait dans ce restaurant alors qu'une foule s'amassait depuis des heures place de la Concorde avec l'espoir de le voir sur scène. En fait, il attendait que Cécilia arrive.

L'histoire du Fouquet's, la virée au large de Malte sur le yacht de Vincent Bolloré, les premières vacances dans le New Hampshire aux États-Unis… Sarkozy n'espérait qu'une chose en disant oui à tout : reconquérir sa

1. Voir chapitre 4, « Le travail c'est la Santé ».

femme. Il est touchant de voir à quel point un homme peut être prêt à tout pour sauver son mariage. Mais personne ne l'accepte d'un président tout juste élu. Quelque temps plus tard, un grand patron me fera cette confidence : « Vous savez, j'ai été pro-Sarkozy dès le premier jour de la campagne jusqu'au 6 mai 2007, 20 heures. À partir du moment où il a mis un pied au Fouquet's, tout était terminé. Il m'a déçu. » Il ne sera pas le seul à me faire un tel aveu…

Jacques Chirac comme je l'ai vu…

Août 1976. J'ai onze ans et des poussières lorsque j'entends mes parents parler de ce jeune Premier ministre capable de claquer la porte de Matignon pour se construire un destin présidentiel. Quelle audace ! Quel panache formidable ! C'est pour lui que je vais plus tard commencer à militer. Jacques Chirac est l'homme qui m'a donné envie de m'engager en politique.

J'ai d'abord eu l'occasion de le croiser de très loin. Un premier meeting, organisé en 1984 à Saint-Quentin, dans un palais des sports plein comme un œuf, a confirmé ce que je pressentais : Jacques Chirac a du charisme, des convictions, une force d'esprit exceptionnelle et, je le constaterais plus tard, l'humour qui va généralement avec. Il appartient aux grands fauves de la droite française. Pour lui, je vais bientôt m'impliquer dans toutes ses campagnes, porté par la volonté farouche de le voir un jour remporter l'élection présidentielle.

Ma première remonte à 1988. Même si nous savons que la victoire sera difficile à obtenir, de mon point de vue la bataille a je ne sais quoi d'épique. À commencer par des slogans percutants, et des affiches, superbes, sur lesquelles son allure fait penser à un acteur hollywoodien. On connaît tous l'issue du scrutin et on se souvient de la conclusion lapidaire qu'en a tirée Bernadette Chirac au lendemain de la défaite : « Les Français n'aiment pas mon mari. » Non, ce n'était pas ça. C'était même le contraire : son moment n'était tout simplement pas encore venu. Car face à lui, François Mitterrand, le sphinx, l'invincible, avait su tirer profit de deux années d'une cohabitation tendue avec comme point d'orgue un débat télévisé de l'entre-deux-tours, d'une violence rare.

De mon côté, j'ai gravi les échelons un à un, prenant de plus en plus de responsabilités dans l'organigramme des campagnes. En 1995, je suis devenu responsable départemental aux côtés de Jacques Braconnier qui préside son comité de soutien local. Et je suis même autorisé à me rendre au Tapis rouge, le fameux QG parisien de la rue du Faubourg-Saint-Martin, dans le 10e arrondissement. Un QG de campagne présidentielle, à mes yeux de militant provincial, c'est le saint des saints ! C'est là que s'élaborent les stratégies les plus importantes et que se réunissent les plus grands talents de la politique française. C'est dire si le lieu me fait alors rêver. Mais pour l'heure, Jacques Chirac était loin d'être le favori des sondages.

Le 1er mars 1995, je l'ai évoqué, la campagne bascule enfin en faveur de mon candidat. Je viens de rentrer tard chez moi quand un de mes interlocuteurs du QG appelle afin de m'annoncer une grande nouvelle : pour la première fois, les courbes des sondages viennent de se croiser, Jacques Chirac est passé devant Édouard Balladur ! D'abord, je suis flatté et honoré qu'on me fasse partager une telle information, ensuite et surtout, naît en moi la conviction que mon champion arrivera en tête et remportera les suffrages des Français. Pourtant, pour cette troisième candidature, rien ne lui a été épargné : la trahison de nombreuses personnalités de son propre camp dont Nicolas Sarkozy et de multiples articles de presse qui, tous, prédisent sa défaite. Aussi, quand au soir du 23 avril 1995, il arrive devant Édouard Balladur, c'est l'euphorie chez ses militants. L'avance est faible, mais elle existe : il a gagné ce premier tour.

À quoi tient cette remontada, comme on ne disait pas encore ? Au fait, peut-être, qu'il a bénéficié d'un coup de pouce des Guignols de Canal+, sa marionnette dans cette émission le rendant sympathique, drôle et même extrêmement populaire auprès des Français (lui qui était souvent représenté à l'écran avec des couteaux plantés dans le dos, tant il avait eu à subir les trahisons de son propre camp). Mais surtout, il a ressenti dans le cœur de la société française cette fracture sociale qui deviendra la thématique de la campagne. Sa stratégie de challenger sera la bonne, et le slogan « Manger des pommes » achèvera de sceller sa popularité.

Impossible d'oublier le 7 mai 1995 et la traversée épique de Paris du candidat gagnant. Au soir de sa victoire, installés à l'arrière d'une Citroën CX, le nouveau président de la République et son épouse sont suivis par une horde de journalistes à moto. Je me souviens de Benoît Duquesne, aux premières loges, qui fila à vive allure pour ne rien louper de l'événement. Une course-poursuite retransmise en direct devant des millions de Français !

Il y a les souvenirs, les émotions, l'action, mais aussi les mots, les propos, les interventions qui font les grands hommes. L'allocution prononcée par Jacques Chirac le 8 janvier 1996, lors de la disparition de François Mitterrand, m'a marqué. Ce jour-là, le chef de l'État épousait davantage encore sa fonction présidentielle. Je me souviens aussi des discours forts, courageux, lors des cérémonies commémoratives du Vel' d'Hiv' où, sans ambiguïté, il a reconnu la responsabilité de la France dans l'exportation et l'extermination de 76 000 Juifs durant la Seconde Guerre mondiale. Je n'étais encore qu'un spectateur, qu'un militant qui avait modestement œuvré à son élection, mais j'étais fier et heureux des choix qu'il opérait… Même si la fin des essais nucléaires et celle du service national m'avaient laissé, elles, quelque peu perplexe.

Arrive l'année 1997 et l'annonce inattendue de la dissolution. Un coup de génie, me dis-je à l'époque, l'opposition n'étant pas prête, le moment nous semblait plus favorable qu'aux termes prévus de la législature. Pour moi, dans un tel contexte, il était évident que la droite raflerait la majorité. À Saint-Quentin, Charles Baur avait été élu triomphalement député quatre ans auparavant, et les socialistes parlaient tous de parachutage. Aucun doute, l'affaire était dans le sac. À l'échelle du pays et localement. Comme quoi, je n'avais pas un flair aussi infaillible que certains le pensaient et il m'arrive, à l'instar de tout un chacun, de me tromper. Car ces élections législatives anticipées se sont transformées en déroute totale ! Philippe Séguin, trop tard appelé à la rescousse pour sauver la campagne, n'a pu renverser la tendance malgré sa popularité et le fait que c'était lui qui avait « senti » l'opinion en 1995. Les électeurs ont décidé de sanctionner la politique d'Alain Juppé avec un verdict sans appel. Le PS remporte la majorité, Lionel Jospin devient Premier ministre.

De Matignon à l'Élysée, Jacques Chirac a donc connu la cohabitation à deux reprises, et dans des fonctions différentes. Son style n'était assurément pas celui de François Mitterrand, mais il a aussi excellé dans ce rôle institutionnel, tout en restant éminemment politique.

En 2000, une polémique au sein de la gauche sur la façon de redistribuer la prétendue « cagnotte[1] » commence à fragiliser le gouvernement Jospin. Qui pourtant, avec Martine Aubry aux Affaires sociales et Dominique Strauss-Kahn à Bercy, possède une équipe gouvernementale qui semble avoir tout de la *dream team*.

Alors qu'approche la présidentielle de 2002, c'est Jacques Chirac qui est une nouvelle fois le challenger. Comme en 1995, une bonne partie de la presse l'a d'ailleurs déjà enterré au début même de la campagne. Je me souviens notamment d'une une de *Libération* présentant

---

1. En mars 2000, le Premier ministre socialiste avait annoncé un surplus de rentrées fiscales de 50 milliards de francs, que certains à gauche présentaient comme une « cagnotte » où puiser de nouvelles dépenses possibles.

un Lionel Jospin volant au-dessus de tous les autres candidats. Mais il ne faut jamais se croire vainqueur ni vaincu en politique, et encore moins être trop confiant.

Cette année-là, j'ai enfin l'occasion d'approcher Chirac de plus près. Le candidat, repassé par Saint-Quentin pour donner une première réunion intimiste dans la salle des mariages de l'hôtel de ville, se montre humble, souriant, concentré, à l'écoute de son public. Il pose des questions aux commerçants et aux acteurs économiques du coin, et prend des notes avec beaucoup d'application. Jacques Chirac est impressionnant. À la fin de la réunion, juste avant de filer au palais de Fervaques, il partage un moment très convivial avec Pierre André et une partie de l'équipe municipale. Nous avons même droit à une photo sur laquelle je pose à côté de lui. Chirac avait, décidément, le don d'être proche des gens. Et vingt-trois ans plus tard, chaque fois que je reviens dans cette salle des mariages, je repense à cette réunion bien différente de tant d'autres.

Puis, c'est le séisme du 21 avril 2002. Au soir du premier tour, j'étais au palais de Fervaques en train de prendre fébrilement les résultats des dépouillements de tous les bureaux de vote. Or dans ceux qui votaient traditionnellement gauche, j'ai découvert que Lionel Jospin était devancé par Jean-Marie Le Pen. Le choc ! Moi qui luttais depuis le début contre l'extrême droite, le patron du FN faisait un score hallucinant à Saint-Quentin, près de 20 % des voix, tout comme dans le reste du département. Incrédule, effaré par le résultat, j'ai aussi compris que Jacques Chirac serait largement réélu au second tour. Mais j'étais sidéré. À la permanence, à 20 heures, les militants se sont effondrés en entendant l'annonce des JT : Jean-Marie Le Pen au second tour ! Une première dans l'histoire du pays. J'ai essayé de remonter le moral des troupes, sans succès, et au bout d'un moment j'ai fini par leur dire : « Eh, regardez les choses en face, Chirac sera élu dans quinze jours ! — Ah bon, tu es sûr ? — Oui, évidemment. » Les sourires sont timidement revenus, cette soirée électorale ne ressemblait à aucune autre. De retour chez moi, j'ai regardé les informations jusqu'au bout de la nuit. Sans savoir que, cinq ans plus tard, viendrait mon tour d'être sur les plateaux télé. Pour le moment j'étais sonné, je n'avais pas vu venir ce coup de tonnerre.

Les images de Jacques Chirac, place de la Bastille, le 5 mai 2002, au soir du second tour, ont eu un retentissement international. Son discours, sincère et puissant, et la façon dont la nouvelle génération a réagi au risque d'une victoire de l'extrême droite, marquèrent les esprits. Jacques Chirac venait d'être réélu avec un score triomphant. Pour autant, cette victoire laissait un goût amer à beaucoup. Notamment parce qu'une partie de la droite refusait de voir que l'exceptionnel nombre de voix ayant ouvert une seconde fois les portes de l'Élysée au président sortant tenait au soutien que lui avait apporté la gauche. Aussi, la réaction de ses électeurs, lors des prochaines législatives, ne serait pas si évidente. De mon côté, je briguais – on l'a vu – pour la première fois un mandat de député. Et j'ai remporté l'élection sans aucune difficulté, à nouveau face à Odette Grzegrzulka.

Ce n'est qu'en 2004, devenu secrétaire d'État, que j'ai commencé à davantage croiser Jacques Chirac. Notamment en Conseil des ministres. Soyons clairs : je n'ai jamais fait partie de la garde rapprochée du président. François Baroin et Jean-François Copé, qui avaient été aux premières loges de ses campagnes, avaient tissé une relation bien différente avec lui. Mais à partir de 2005, une fois chargé de la Santé, j'ai découvert à quel point son attachement pour ce ministère était profond et sincère. On a souvent raconté combien le président était soucieux de prendre des nouvelles de ses proches touchés par la maladie. Je le confirme. Jacques Chirac était un homme foncièrement humain.

Au fil des épreuves et du temps, j'ai éprouvé un vrai plaisir à être son ministre de la Santé. Du plan de lutte contre la grippe aviaire à l'interdiction de fumer dans les lieux publics (intervenue juste après la crise du CPE) en passant par le plan cancer et la lutte contre le sida, toujours Chirac était là, attentif, exigeant, très bienveillant. J'adorais qu'il m'appelle « Docteur », je l'ai dit. Le président m'a accordé une pleine confiance, et donné carte blanche pour agir sur la plupart des dossiers. Il était ainsi à mes côtés lorsque j'ai mené un bras de fer contre les lobbies des assurances et des banques pour permettre aux malades et aux anciens malades de souscrire à des assurances comme n'importe quels citoyens. Il est vrai que Frédéric Salat-Baroux et Marie-Claire Carrère-Gee, mes principaux interlocuteurs à l'Élysée, lui dressaient certainement un bilan positif de mon action. Mais même au moment de la crise du chikungunya, quand je craignais que François Baroin essayait de me faire porter le chapeau, jamais Jacques Chirac n'a changé sa ligne de conduite. Son soutien a été constant.

Je me souviens d'un échange en présence de Marie-Claire Carrère-Gee, sa conseillère sociale de l'époque, où je lui avais expliqué comment j'envisageais de rendre possible l'interdiction de fumer dans les lieux publics. Il m'avait écouté, avait pris des notes, et posé quelques questions avant de lancer : « Tu sais que j'ai été un fumeur, un gros fumeur même. J'étais tellement dépendant du tabac que, lorsque j'étais au gouvernement, durant les vols transatlantiques, j'avais trouvé comment bloquer l'alarme incendie des toilettes de l'avion pour m'en griller une. Bien entendu, c'était interdit et je n'aurais pas dû le faire, mais ce que je veux te dire c'est que ce texte est particulièrement important à mes yeux. Limiter la consommation des fumeurs, diminuer le tabagisme passif, et empêcher tous ces morts, est capital. Allez, avance, tu as tout mon soutien, on va réussir ! »

Le président m'avait confié l'anecdote avec amusement, mais il prenait ce texte avec beaucoup de sérieux. Du vrai, du grand Chirac !

Cette proximité prit fin en décembre 2006 lorsque j'ai annoncé mon soutien à Nicolas Sarkozy. Le chef de l'État me reprocha certainement de ne pas avoir attendu son feu vert pour m'engager dans la présidentielle. Mais je n'ai jamais eu le sentiment de l'avoir quitté, et j'ai souffert de la distance installée entre nous. Car j'aimais profondément cet homme. Il a été celui qui a dit non à la guerre en Irak, celui qui a toujours su se montrer digne dans les situations les plus délicates. Je repense notamment à sa visite en Israël de 1996, début de sa première grande tournée diplomatique, et à l'incident provoqué par les forces de sécurité israéliennes à Jérusalem. Chirac n'avait pas tenté de masquer sa colère et lâché cette phrase devenue aujourd'hui célèbre : « *What do you want ? Me to go back to my plane and go back to France ?* »

Jacques Chirac aimait passionnément les gens, et il faisait bien plus qu'aimer la politique, il l'incarnait. J'ai eu l'occasion de le revoir à quelques reprises après son départ de l'Élysée, mais jamais à titre privé. À l'annonce de sa disparition, le 26 septembre 2019, les médias souhaitaient recueillir mon témoignage. Avant tout chose, j'ai tenu à parler de sa chaleur humaine.

Une chaleur humaine qui s'est retrouvée lorsque Claude Chirac et Frédéric Salat-Baroux sont allés à la rencontre des Français venus en nombre aux Invalides lui rendre un dernier hommage. Le 30 septembre 2019, jour des obsèques, j'étais moi-même dans l'église Saint-Sulpice pour lui dire au revoir. Depuis son décès, avec Claude et Frédéric, j'ai renoué une relation forte et respectueuse. Et je me sens particulièrement honoré de leurs invitations régulières à me rendre en Corrèze, accompagné de mon ami Pascal Coste. Visiter, aux côtés de Vanessa, à Sarran, le musée Chirac et le château de Bity, la demeure familiale des Chirac, lieu de légende où le président aimait se ressourcer, a été un immense privilège. C'était Jacques Chirac : un homme inoubliable et sincèrement populaire.

4

Le travail, c'est la Santé

« Copé ? Il ressemble à Juppé ! Celui qui me ressemble le plus, c'est toi. » Cette phrase prononcée par Nicolas Sarkozy à Xavier Bertrand en dit long sur ce qui rapproche, selon certains, ces deux personnalités politiques. Il y a d'abord ce qui saute aux yeux : la même ténacité, la même capacité à livrer bataille, et bien sûr la même culture du résultat qui les fait vibrer. Et puis, il y a ce qui est peut-être un peu moins évident. L'histoire et le parcours de deux hommes ni technocrates ni énarques qui, des années durant, ont creusé leur sillon en solo au sein d'une droite moderne construite par et pour l'élite.

Si, dès 2007, le président Sarkozy s'est confronté à l'exercice solitaire du pouvoir, Xavier Bertrand continuera de se forger au fil des épreuves et du temps une réputation de négociateur (service minimum dans les transports en commun, réforme des régimes spéciaux des retraites, loi médicament qui découlera de l'affaire Mediator). Et s'il s'offrira une belle popularité auprès des militants UMP, il se fera aussi de vrais ennemis au sein du gouvernement et du parti présidentiel. Il faut dire que le statut de « chouchou » n'est jamais simple à tenir. Cela irrite François Fillon, Premier ministre ; attise la jalousie de

Brice Hortefeux, l'ami intime de Nicolas Sarkozy ; et stimule l'imagination de Jean-François Copé, son rival de toujours.

Dans ce chapitre, Xavier Bertrand revient sur son action au ministère du Travail (2007-2009), ses ambitions en tant que secrétaire général de l'UMP (2009), puis son retour aux manettes dans le gouvernement Fillon III (ministère du Travail, de l'Emploi et de la Santé 2010-2012). Il se replonge dans les souvenirs d'une hyper-présidence marquée par la crise économique mondiale et par les conflits internes qui rongent, déjà, sa famille politique. Mais le président des Hauts-de-France le répète : sauf au gouvernement, il n'a jamais été un proche de « Sarko », l'a finalement très peu côtoyé dans l'intimité, et ne s'est jamais vu comme étant son héritier. « Avec mon épouse, nous n'avons jamais été des familiers du couple présidentiel. Je pense que nous avons dû dîner une seule fois à La Lanterne, et c'était aussi en compagnie de Luc Ferry et de sa femme. »

Fidèle à ses engagements et à son envie de maintenir sa famille politique au pouvoir, Xavier Bertrand acceptera en 2012, sans place officielle dans le dispositif de campagne, de mouiller le maillot pour tenter de faire réélire le chef de l'État. Mais la recette appliquée en 2007, celle qui avait séduit les électeurs du FN, ne marche jamais deux fois.

Mon passage au ministère de la Santé a fait de moi un autre homme. Le syndrome de l'imposteur que je m'étais jusqu'alors mis en tête semblait s'être volatilisé. J'avais pris confiance en moi avec, notamment, le texte sur l'interdiction de fumer dans les lieux publics, et à présent je me sentais à l'aise et beaucoup plus décomplexé dans mes faits et gestes. Porté par une campagne présidentielle exceptionnelle, durant laquelle Rachida et moi n'avons pas dû commettre d'erreurs de parcours en tant que porte-parole, je brigue désormais un deuxième mandat de député, et je sais que Nicolas Sarkozy est sur le point de me confier un ministère important. Que demander de plus ? Tout semble sur des rails.

Le 17 mai 2007, le nouveau président de la République commence par nommer François Fillon Premier ministre. Puis, le 18 mai, Claude Guéant[1] officialise la liste du gouvernement. Il est composé de quinze ministres (sept femmes et huit hommes), avec, notamment, de nouvelles têtes (Rachida Dati, garde des Sceaux, et Christine Albanel à la Culture), un grand retour (Alain Juppé, ministre d'État à l'Écologie), et des

1. Devenu secrétaire général de l'Élysée.

prises de guerre à gauche (Éric Besson, secrétaire d'État à la Prospective, Bernard Kouchner aux Affaires étrangères et européennes).

Nicolas Sarkozy entend mener une politique d'ouverture mais crée aussi de toutes pièces un ministère de l'Immigration, de l'Intégration, de l'Identité nationale et du Codéveloppement, remis aux mains de Brice Hortefeux. Avec ce dernier, on ne s'aime pas, c'est de notoriété publique. Mais politiquement parlant, je comprends pourquoi le chef de l'État a dessiné les contours d'un tel portefeuille. Il veut recranter les promesses de campagne et montrer le visage d'une droite ferme qui ne vacillera pas au fil des épreuves. La lutte contre l'insécurité restera aussi son cheval de bataille.

Moi, j'ai la charge du ministère du Travail, des Relations sociales et de la Solidarité. Ce qui veut concrètement dire : le service minimum dans les transports, la réforme des régimes spéciaux des retraites.

*

Le 10 juin 2007, dès le premier tour des législatives ayant suivi l'élection présidentielle, je suis réélu député dans la deuxième circonscription de l'Aisne avec 53,28 % des suffrages. Entouré des militants et des proches qui m'ont soutenu dans cette nouvelle aventure, je célèbre avec eux la victoire à mon QG de campagne. La télévision est allumée pour suivre d'un œil distrait les résultats nationaux. Quand un événement inattendu vient mettre le feu aux poudres. Laurent

Fabius[1], à l'antenne, pousse le nouveau ministre de l'Économie Jean-Louis Borloo à s'exprimer sur le thème d'une TVA sociale dont on entend parler à l'époque. Je sens Jean-Louis mal à l'aise sur le sujet, tandis que Laurent Fabius, lui, a compris qu'il y a un os à ronger.

Quelques instants plus tard, les deux hommes se retrouvent en direct sur TF1. Laurent Fabius revient à la charge, obligeant Borloo à lâcher le morceau. « Monsieur Borloo, pouvez-vous vous engager devant les millions de gens qui nous écoutent à nous dire qu'il n'y aura pas d'augmentation de TVA après les élections ? Oui ou non ? » exige le socialiste. « Rien n'est décidé aujourd'hui. Ce que nous voulons, c'est que le pouvoir d'achat des salariés français s'améliore en allégeant les charges qui pèsent sur la feuille de paie des salariés », répond Borloo, qu'on a connu plus convaincant. Il est tombé dans le panneau. Le lendemain, j'ai décroché mon téléphone et appelé François Fillon pour lui expliquer qu'il fallait nettoyer ça tout de suite et communiquer par-dessus. Présenté de cette façon, le projet de TVA sociale est illisible. Mais trop tard, la polémique est lancée.

Deux jours plus tard, le 12 juin 2007, Fillon remet lui-même une pièce dans la machine en évoquant le projet au JT de 20 heures de France 2. Soit une aubaine de plus pour le Parti socialiste, qui en fait un argument majeur pour la suite de la campagne[2].

1. Ancien ministre de l'Économie, des Finances et de l'Industrie sous le gouvernement de Lionel Jospin.

2. « Le 17 juin votez contre la TVA à 24,6 %. » C'était le slogan indiqué sur les tracts du Parti socialiste.

C'est en allant prêter main-forte à Max Dubernard[1], présent au second tour des législatives dans le Rhône, que je prends la mesure de l'ampleur du désastre annoncé. Nous faisons la tournée des commerçants quand un coiffeur m'interpelle à propos de cette TVA. Tant bien que mal, je tente de lui expliquer l'idée, mais je vois bien que le type n'est pas convaincu. Malheureusement, le 17 juin 2007, cette erreur de communication se paie cash dans les urnes. Max Dubernard et cinquante autres députés de la majorité présidentielle ne sont pas réélus à cause de ce feuilleton raté de TVA sociale. Le quinquennat de Nicolas Sarkozy s'engage sur des bases qui ne sont pas aussi solides ni aussi simples qu'on le pensait. C'est même en deçà de ce que j'avais annoncé à Michel Bettan au soir du 6 mai 2007[2].

★

Chaque mercredi à 10 heures, le Conseil des ministres se tient sous les ors du salon Murat, situé au rez-de-chaussée du palais de l'Élysée. L'ordre du jour est déterminé à l'avance par le président de la République et son Premier ministre, et il répond à un protocole strict : partie A, partie B, partie C. Les règles sont fixées ainsi depuis 1959. À son arrivée, comme un tout premier symbole de rupture, Nicolas Sarkozy instaure une partie D censée ouvrir un débat sur une question d'actualité ou un sujet

1. Jean-Michel Dubernard, dit « Max », était un chirurgien pionnier dans la transplantation mais aussi député depuis la fin des années 1980 dans la 3e circonscription du Rhône.

2. Voir chapitre 3, « Se faire un nom sur la scène nationale ».

de fond. Nouveauté qui, la majeure partie du temps, tourne court, puisque le chef de l'État monopolisera un peu plus la parole que les autres afin de roder ses idées et ses arguments. Pour avoir goûté aux deux styles, les Conseils des ministres menés par Nicolas Sarkozy semblent un peu moins formels que ceux de Jacques Chirac en son temps. Cependant, l'exercice institutionnel reste extrêmement cadré. Le moment est solennel, et le vouvoiement de rigueur lorsqu'on s'adresse au chef de l'État. Le huis clos demeure confidentiel, c'est aussi la règle. Mais en pratique, le président Sarkozy distille très fréquemment des messages explicites, le but étant bien sûr que ses propos soient ensuite répétés par un porte-parole ou par d'autres membres du gouvernement une fois la réunion achevée.

Côté ministres, ce sera l'occasion de mesurer les périodes de franche proximité ou de distance vécues entre Sarkozy et Fillon, mais aussi de sentir la nature des rapports que le président entretiendra avec chacun d'entre nous au fil du temps et des épreuves. Alors, oui, il est arrivé que Nicolas Sarkozy remette les pendules à l'heure et recadre sèchement un ministre pour ne pas avoir fait preuve de solidarité gouvernementale.

Quand le Conseil ne démarrait pas à l'heure (fait rare) ou que les discussions s'éternisaient, nous en profitions pour détendre un peu l'atmosphère entre collègues. Roselyne Bachelot[1] était généralement assise à côté de moi. Et il est de notoriété publique qu'elle n'est jamais la dernière quand il s'agit de rigoler. Parfois, je piquais son

1. Ministre de la Santé et des Sports de 2007 à 2010.

téléphone en douce pour envoyer des textos à quelques personnes prises au hasard dans son répertoire. Une blague potache et sans réelle incidence qui faisait beaucoup rire ceux réunis autour de l'immense table.

Les Conseils des ministres sont aussi l'occasion de faire « nos courses ». Par exemple, si on souhaite faire savoir à un collègue qu'il faut mettre en avant un dossier ou qu'un sujet traîne depuis un peu trop longtemps dans son ministère, c'est le moment. Pour ce faire, s'ouvre le discret ballet des petits papiers. Comme à l'Assemblée nationale, des mots circulent de main en main pour faire voyager l'information de l'expéditeur à son destinataire. Il est utile de savoir que cette chorégraphie répond, elle aussi, à quelques codes. Le Premier ministre peut passer le papier à son voisin de table, en revanche, le message ne doit jamais atterrir entre les mains du président de la République. Il n'est ni un émissaire ni un passe-plat.

*

Au ministère, ma feuille de route est claire. Et figure tout en haut de la liste un des engagements voulus par Nicolas Sarkozy : le service minimum garanti en cas de grève dans les trains, les métros et les bus. Les Français ont massivement adhéré à cette promesse de campagne et le chef de l'État souhaite qu'elle devienne très vite réalité. Je mène alors une grande concertation avec la totalité des organisations syndicales et patronales. Le 17 juillet 2007, devant le Sénat, je présente le projet d'une loi-cadre sur laquelle j'ai travaillé avec

Dominique Bussereau[1]. L'idée n'était pas d'entraver le droit de grève, qui est constitutionnel de notre société, mais de mettre en place un système afin que les usagers des transports soient informés vingt-quatre heures à l'avance du moindre mouvement de contestation. L'instauration d'un service minimum est aussi, à mes yeux, une question de justice sociale. Je tiens à ce que celles et ceux qui n'ont d'autre solution que d'utiliser les transports en commun au quotidien puissent *a minima* continuer à se rendre au travail ou envoyer leurs enfants à l'école malgré la grève. Le droit de travailler tout comme celui de circuler librement sont primordiaux. Donc mon objectif est triple : éviter au maximum le recours à la grève, la paralysie qu'elle peut engendrer, mais surtout informer les usagers en cas de perturbation prévisible. C'est à cette fin que figurent dans le texte un dialogue imposé entre les entreprises de transport et les organisations syndicales, l'obligation pour un salarié de déclarer son intention de faire la grève quarante-huit heures à l'avance, surtout l'assurance que les jours de grève ne pourront plus être payés d'une façon ou d'une autre.

Le projet a rencontré des contestations de syndicats, c'était prévu. Certains avançaient comme argument que la pression serait trop forte sur les salariés grévistes. Mais la majorité des représentants syndicaux savaient que le droit de grève n'était pas remis en question. La loi est d'ailleurs entrée en application au 1er janvier 2008, sans trop d'encombres.

1. Secrétaire d'État chargé des Transports.

Je pense que le texte n'est pas immuable et qu'il doit désormais évoluer. Aujourd'hui, entre l'impact de cette loi et le télétravail, les grèves pénalisent moins les usagers. Alors, la tentation de certains est de perturber les grands événements (en mai 2024, les préavis de grève se sont multipliés à l'approche des Jeux olympiques de Paris), l'organisation du baccalauréat ou les départs en vacances. Ce que je trouve insupportable. Il y a des moments dans la vie de la nation où le droit de grève devrait être davantage encadré, comme le propose à juste titre aujourd'hui le sénateur Hervé Marseille, proposition que je compte faire mienne dans mon projet pour 2027.

⋆

Dès le mois d'août 2007, pour répondre au slogan de campagne « Travailler plus pour gagner plus », il y a la loi du travail, de l'emploi et du pouvoir d'achat (dite TEPA) portée par la ministre de l'Économie, Christine Lagarde, dont je suis aussi acteur en tant que ministre du Travail. Le texte s'articule autour de quatre points essentiels : la défiscalisation des heures supplémentaires, le bouclier fiscal, le crédit d'impôt sur les intérêts d'emprunt et la suppression des droits de succession. Il s'agit de valoriser la France du travail et de l'effort, et surtout de tout mettre en œuvre pour tenter de rapprocher le salaire net du brut.

Selon la volonté du président de la République, il faut par ailleurs que les Français soient sur un pied d'égalité en matière des cotisations des retraites. Et Nicolas

Sarkozy veut une fois de plus aller vite dans la réforme des régimes spéciaux[1]. L'idée est que dès 2012, pour une retraite à taux plein, les salariés passent de trente-sept ans et demi à quarante ans de cotisation comme dans la fonction publique. Avec une indexation des pensions qui se ferait sur les prix, un calcul de la retraite sur les six derniers mois et l'application d'un bonus-malus comme pour tous les autres régimes. Le 9 septembre 2007, sur Canal+[2], François Fillon déclare que la réforme est « prête », soulignant au passage qu'il n'attend qu'un signal du chef de l'État pour la faire appliquer. Neuf jours plus tard, au Sénat, j'apporte un léger bémol à son élan en expliquant : « Ce n'est pas en quinze jours que le dossier va être définitivement ficelé, là n'est pas l'enjeu. Pour moi, réformer, c'est forcément engager une concertation[3]. »

J'ai rouvert le dialogue avec l'ensemble des partenaires sociaux, des entreprises et des parlementaires. Soit près de quatre-vingts heures de discussions menées durant des semaines avec chacun. Mais trois moments forts restent gravés dans ma mémoire.

Le premier s'est déroulé à l'occasion d'un rendez-vous avec Didier Le Reste, secrétaire général de la CGT-Cheminots. Il est arrivé sur les coups de 7 heures

---

1. Elle concernait EDF-GDF, la SNCF, la RATP, mais aussi la Banque de France, les clercs de notaire, les élus de l'Assemblée nationale et du Sénat, les mineurs, les marins, les salariés de l'Opéra de Paris ou de la Comédie-Française.

2. Dans l'émission « Dimanche+ ».

3. Déclaration faite au Sénat dans le cadre d'un débat organisé par l'Association des journalistes de l'information sociale.

du matin en entrant par une porte discrète du jardin du ministère. Je souhaite lui expliquer le projet en détail, lui indiquant que j'accepterais des aménagements mais que le gouvernement est déterminé à agir avec fermeté sur l'harmonisation des cotisations. À la fin de l'entretien, Didier Le Reste me glisse une phrase qui résonne encore en moi : « Vous savez, il faut que l'on parvienne à trouver un accord pour sortir la tête haute. Parce que si ce n'est pas nous qui tenons le manche, ça sera les autres. » Nous sommes en 2007. Et à mon sens, le patron CGT des cheminots souligne déjà les prémices de la radicalisation des esprits que l'on retrouve aujourd'hui chez LFI.

Le deuxième temps fort survient dans un train. Je voyage avec une partie de mon cabinet, de retour de Blois, quand le conducteur, qui a été mis au courant de ma présence, profite illico d'un arrêt en gare pour venir m'aborder.

— C'est vous le ministre ? Ça vous intéresse de venir dans la cabine ?

— Oui, si on peut parler.

— C'est exactement pour ça que je viens vous chercher.

Le cheminot veut comprendre pourquoi je vais engager cette réforme, et il a des tonnes de choses à me dire. Il m'explique notamment que ce n'est pas normal que la loi l'oblige à partir à cinquante-cinq ans à la retraite. Ses enfants vont bientôt démarrer leurs études, et il aimerait continuer à travailler. Il enchaîne sur son salaire, et celui de sa femme, le montant de son loyer, ses crédits, ses dépenses... Il évoque aussi ses craintes, ses angoisses, ses projets. Je comprends qu'il n'est pas hostile à la réforme à venir, il veut juste être compris et respecté.

Enfin, après ce tête-à-tête improvisé, j'explique à Guillaume Pepy[1] ma volonté de m'entretenir avec d'autres agents de la SNCF. Sur ses conseils, je me rends un soir au Foyer Chalon, Paris-Gare de Lyon, flanqué d'un officier de sécurité et de l'un de mes conseillers. Je ne veux aucun cadre dirigeant de la SNCF à mes côtés, et encore moins la présence de caméras de télévision pour assister au rendez-vous. De prime abord, je peux certifier que les conducteurs et contrôleurs ne sont pas franchement ravis de voir débouler le ministre chargé de la réforme dans leur QG. Nous devons être approximativement sept lorsque la discussion démarre. Une heure plus tard, bouche-à-oreille oblige, ils sont près de cinquante à débattre avec moi. Les échanges sont vifs, tendus, parfois houleux. Mais je comprends leurs lignes rouges, et je leur explique aussi les miennes. Je suis sorti satisfait de cette rencontre, car j'ai compris, grâce à elle et aux autres, la voie de passage que je dois pouvoir emprunter.

Rester en prise avec le réel est une condition *sine qua non* pour comprendre les Français. Que ce soit sous le gouvernement de Dominique de Villepin ou sous celui de François Fillon, je suis systématiquement allé à la rencontre des salariés sur leur lieu de travail, sans caméra et même quand les situations étaient rudes. J'ai besoin de ça. Notamment dans le domaine de la Santé, comme

1. Guillaume Pepy était alors directeur général exécutif de la SNCF.

cette fois où j'avais rencontré les infirmières de l'hôpital de la Timone à Marseille vers 2 heures du matin. À mon avis, le préfet de l'époque doit encore se souvenir de cette visite. Quoi qu'il en soit, j'ai toujours considéré qu'il me revenait de me plier à leurs horaires et à leurs conditions de vie, afin de mieux les entendre et de bien les comprendre. Je me nourrissais de ces échanges qui ont renforcé mon admiration pour tous les professionnels de santé. Et encore aujourd'hui, à la tête de ma région, j'éprouve ce besoin d'aller à la rencontre, de parler sans filtre et de me nourrir du vécu des expériences de terrain.

Du 13 au 22 novembre 2007, la réforme des régimes spéciaux entraîna *de facto* une grève massive à la SNCF et à la RATP. Mais, avec toujours la même envie de dialoguer, j'ai accédé à la demande de Bernard Thibault[1] qui avait souhaité des négociations tripartites, entreprise par entreprise, avec un représentant de l'État. Au cinquième jour de grève, le conflit touchait à sa fin chez EDF-GDF. Une forme de dynamique semblait avoir été atteinte pour sortir de la crise. Puis, au bout du neuvième jour, les syndicats levèrent le mouvement pour reprendre le travail. On était loin du record de paralysie que la France avait connu en 1995 contre le plan Juppé.

★

Derrière chaque nomination ministérielle, il y a une part de chance, un alignement des planètes : être au bon endroit, au bon moment, avec la confiance du

1. Secrétaire général de la CGT.

chef de l'État. Mais je savais aussi que ce n'était pas le fruit du hasard. Dès mes débuts en politique, j'avais compris qu'un ministre n'existe pas seulement par ses déclarations, mais par sa capacité à décoder les dossiers, à anticiper les crises et à formuler des solutions réalistes. J'avais bâti ma méthode : écouter d'abord, analyser ensuite, puis trancher. Chaque soir, je retrouvais mes collaborateurs pour des séances de travail intenses, souvent tardives, où tout était passé à la loupe, chiffres, rapports, implications politiques et sociales. Mon exigence était simple : pas d'à-peu-près.

Je savais que la communication comptait, mais elle n'était jamais un substitut au fond. Je voulais que chaque intervention publique soit le résultat d'une réflexion stratégique, pas d'un réflexe médiatique. Mon rapport à mes équipes reposait sur la confiance et la franchise : je les poussais à me contredire, à tester la solidité des arguments, à envisager tous les scénarios, même les plus improbables. J'aimais ce travail collectif, cette alchimie particulière où chacun savait que le moindre détail pouvait avoir des conséquences sur le pays.

Être ministre, c'est avancer avec une boussole et avoir une vision claire de l'objectif à atteindre, tout en sachant que le terrain est mouvant. J'abordais chaque réforme en gardant en tête ce fil conducteur : donner du sens, expliquer, convaincre. La stratégie, pour moi, n'était pas un mot creux, c'était une discipline quotidienne, faite d'anticipations, de calculs politiques mais aussi de convictions profondes. Je mesurais la responsabilité derrière chaque arbitrage parce qu'il y avait des millions de vies impactées. Cette conscience me donnait une énergie particulière. J'avais appris que la chance et le timing ouvrent les portes, mais que seule la méthode permet de les franchir durablement.

*

François Fillon n'est pas un homme excessivement chaleureux. Il entretient toujours une forme de distance dans ses relations. En début de quinquennat, mes rapports avec le Premier ministre sont courtois, sans accroc ni animosité. Mais je dois admettre que c'est avec Raymond Soubie[1], conseiller social de l'Élysée, avec qui je suis le plus à même de travailler, qu'ils sont les meilleurs. Raymond était le pape du social, un véritable expert en gestion de ressources humaines. Et grâce à lui, même en étant ministre, j'ai continué à apprendre. Nous nous sommes ainsi entendus à merveille sur la majorité des dossiers. Mais comme j'ai de moins en moins eu le réflexe Matignon, et de plus en plus celui du « château », Fillon s'est mis à cultiver une certaine défiance à mon égard. Alors que, sous l'hyper-présidence de Nicolas Sarkozy, l'ensemble des membres du gouvernement sait que c'est à l'Élysée que tout se décide.

François Fillon a eu la vie dure sous ce mandat. Et d'une certaine façon, tout le monde y a contribué. À commencer par Claude Guéant et Henri Guaino[2], qui ne se sont jamais privés de faire entendre leurs voix avant la sienne.

1. Raymond Soubie fut aussi conseiller de Jacques Chirac et de Raymond Barre à Matignon dans les années 1970.

2. Conseiller spécial du président.

Rappelons que Claude Guéant, secrétaire général de l'Élysée, a donné en 2007 une grande interview à *La Tribune*, la veille du discours de politique générale du Premier ministre[1] ! Du jamais-vu dans l'histoire de la Ve République. Quant à Patrick Buisson[2], que les ministres consultent en *off* pour faire passer des messages au président, s'il n'aime déjà pas grand monde, il se montre toujours particulièrement dur envers Fillon, qu'il hait. Le mal de dos dont a souffert le Premier ministre était sans doute le symptôme de ce qu'il endurait à Matignon[3].

Mais loin de moi l'idée de le victimiser. François Fillon est en effet doté d'un instinct de conservation assez rare, qui lui a d'ailleurs permis de garder son poste pendant toute la durée du quinquennat présidentiel.

Pourtant, dès la fin de l'été de 2007, l'entente entre le président et son Premier ministre n'a pas été au beau fixe. Parfois, l'agacement était si flagrant que Nicolas Sarkozy ne parvenait pas à masquer sa colère. Comme lorsqu'il a déclaré : « Le Premier ministre est un collaborateur, le patron, c'est moi[4]. » Des rumeurs disent alors Fillon sur un siège éjectable, et le nom de Jean-Louis Borloo, devenu entre-temps ministre de l'Écologie[5],

1. Discours de politique générale du 3 juillet 2007.

2. Homme de médias considéré comme d'extrême droite et conseiller *off* de Nicolas Sarkozy à l'Élysée.

3. À l'été de 2008, le Premier ministre a dû annuler de nombreux engagements à cause de son mal de dos.

4. Les propos ont été tenus le 21 août 2007, puis rapportés dans plusieurs titres de la presse quotidienne régionale, notamment dans *Sud-Ouest, La Provence, Les Dernières Nouvelles d'Alsace*.

5. Après la gaffe sur la TVA sociale, Jean-Louis Borloo restera un mois ministre de l'Économie.

et le mien commencent à circuler dans les rédactions et les coulisses pour le remplacer. Depuis que Nicolas Sarkozy m'a cité en exemple en disant : « Suivez Xavier Bertrand, comme toujours, il a bien parlé[1] », je suis officiellement devenu le « chouchou ». Tout du moins, c'est ainsi qu'on m'a rebaptisé au gouvernement, à l'Assemblée nationale et dans la presse. Dans les faits, je pense surtout que le président aimait agiter mon nom comme un chiffon rouge pour agacer son Premier ministre.

★

Au printemps de 2008, Nicolas Sarkozy réunit autour de lui une *task force* composée de Laurent Wauquiez, Nadine Morano, Brice Hortefeux, Luc Chatel, Xavier Darcos, Éric Woerth et moi-même. Soit quatre ministres et trois secrétaires d'État que le président de la République considère comme étant les plus politiques du gouvernement[2].

Il nous convie en *off*, généralement le jeudi à l'Élysée, pour échanger sur les nouvelles propositions de travail que nous avons à lui faire. Mais Nicolas Sarkozy ne semble écouter nos suggestions que d'une oreille. En fait, il attend de nous deux choses : que nous répliquions avec force à chaque attaque venant du PS, que nous

---

1. Le 19 mai 2008 dans le cadre d'une discussion sur le régime des 35 heures.

2. Laurent Wauquiez, secrétaire d'État à l'Emploi ; Nadine Morano, secrétaire d'État à la Famille ; Brice Hortefeux, ministre de l'Immigration ; Luc Chatel, secrétaire d'État chargé de l'Industrie et de la Consommation ; Xavier Darcos, ministre de l'Éducation nationale ; Éric Woerth, ministre du Budget.

portions efficacement tous les messages du gouvernement dans les médias, quel que soit notre domaine de compétence. Mais l'initiative de ce super porte-parolat tourne vite court. Tout d'abord parce que ces réunions contrarient énormément François Fillon, qui en est exclu. Ce qui est tout à fait compréhensible. Mais aussi parce qu'elles génèrent beaucoup de fantasmes dans la presse, qui critique l'émergence d'un « gouvernement bis ». Certains nous imaginent même déjà travailler à l'élaboration d'une stratégie pour l'élection présidentielle de 2012 ! Autant dire que la *task force* a fait long feu, et s'éteint très vite.

Quoi qu'on en pense, cet exemple illustre le manque de communication flagrant entre le président de la République et son Premier ministre. Et c'est sans doute ce qui m'a le plus marqué dans leur relation. Le pic de cette mésentente survient en 2010, lorsque Nicolas Sarkozy envisage de changer de chef du gouvernement et s'interroge sur les capacités de Jean-Louis Borloo à dynamiser la fin de son quinquennat. À cette période, Sarkozy et Fillon sont tellement en froid qu'ils ne s'adressent plus la parole. Si je ne cherche pas à les rapprocher, je tente à quelques reprises de jouer les intermédiaires pour faciliter la liaison. Mais un après-midi, dans le bureau de François Fillon à Matignon, je comprends le problème quand je lui demande en toute franchise : « Pourquoi tu n'adresses plus la parole à Nicolas ? » Étant donné la faiblesse de ses arguments, je sens que Sarkozy et lui sont chacun dans une posture d'attente, persuadés que c'est à l'autre de faire le premier pas !

★

Au gouvernement, j'ai souvent tendance à me répéter un mantra lucide : « Souviens-toi, on est plus longtemps ancien ministre que ministre. » Manière comme une autre de me protéger afin de garder les pieds sur terre. Pourtant, il ne faut pas se raconter d'histoires, la grosse tête, en politique, se chope sans prévenir. Moi-même, je n'y ai pas échappé. Et pour cause, je commençais à avoir une carrière solide : j'étais un jeune ministre qui faisait parler de lui et qui était l'invité de nombreux dîners mondains, sans oublier que je bénéficiais également de la confiance du chef de l'État. Alors, forcément, je n'arrive pas toujours à garder la tête froide, et il m'est sans doute arrivé de faire preuve d'arrogance ou d'une surdose de confiance dans les propos que j'ai pu tenir envers certains de mes collègues. Quand je traversais ces phases d'exaltation, allez, disons-le, quand mes chevilles enflaient, je tentais de me reconnecter aussi sec à la réalité. Saint-Quentin était là aussi pour ça.

Les pièges en politique sont en fait simples à détecter : la flatterie, le plaisir d'être reconnu, les sollicitations permanentes. Or ce ne sont que des leurres, puisque d'un coup tout peut s'arrêter. Une vérité dont j'ai toujours eu conscience, question de lucidité. Avoir l'adversité comme partenaire de vie sert aussi à cela.

★

J'ai connu des moments plus cocasses qui, sur le coup, ne m'ont pas du tout fait rire. Comme ce dîner officiel à l'Élysée donné en l'honneur du président chinois Hu Jintao, où j'ai dû sortir l'unique smoking qui trône dans mon placard. Mais arrivé au palais présidentiel, je sens immédiatement que quelque chose cloche, les invités me regardent de la tête aux pieds avec un petit sourire en coin... Et pour cause, je suis le seul ministre à porter un smoking. Tout le gouvernement est en tenue de ville !

C'est fou comme le fait d'être trop habillé peut, dans ces circonstances, vous mettre très vite mal à l'aise. Heureusement, dans l'assistance, je croise le regard de Jérôme, le mari de Valérie Pécresse, qui, lui aussi, pensait que le smoking était de rigueur. Par solidarité, nous avons tous les deux rigolé de notre apparente maladresse, mais qu'est-ce que j'étais gêné ! J'ai ensuite joué la carte de l'humour pour dédramatiser, et passé mon temps à répéter : « J'ai eu peur qu'ils soient un peu juste pour le service, alors, si besoin, je peux donner un petit coup de main aux huissiers. » J'ai dû faire la blague une vingtaine de fois. Tout au long de l'apéritif, j'ai même tenté de cacher le nœud papillon en posant mes mains par-dessus, comme si cela changerait quelque chose à la situation. Tout ça était d'un ridicule !

À la fin de la soirée qui, pour moi, avait été un calvaire, je m'engouffre dans la voiture, j'appelle mon secrétariat en disant sur un ton très froid : « C'était tenue de ville, et pas smoking ! » J'ai raccroché aussi sec. Reste que c'était pourtant à moi de vérifier le *dress code*.

⋆

Le 23 janvier 2008, je suis l'invité de la matinale de Christophe Barbier sur LCI. À quelques minutes du direct, le directeur de la rédaction de *L'Express* se lève, s'approche, et me glisse, mystérieux, qu'il souhaite s'entretenir avec moi à la fin de l'émission. Je suis intrigué et, tant bien que mal, je tente de me concentrer…

Comme chaque année, l'hebdomadaire est sur le point de publier une grande enquête sur la franc-maçonnerie, et pour ce numéro spécial, la rédaction a des preuves de mon appartenance au Grand Orient de France. Christophe Barbier me demande si je souhaite répondre à ses questions. Le secret est levé. Je suis étonné, mais loin d'être en colère. Car en tant que responsable politique, je me suis toujours juré que si un jour l'information venait à fuiter, je ne chercherais pas à mentir ou à nier les faits. Alors, cette fois, j'y suis.

À la sortie du studio, j'appelle Alain Bauer[1] pour lui demander conseil et lui explique que j'ai l'intention de répondre positivement à la demande de Christophe Barbier. « Il n'y a que ça à faire. Tu as raison », conclut-il.

À midi, un déjeuner de travail avec Nicolas Sarkozy, Claude Guéant et Michèle Alliot-Marie a lieu exceptionnellement dans un restaurant proche de l'Élysée. Le chef de l'État veut aborder la succession d'Anne-Marie Idrac[2] à la tête de la SNCF, et souhaite entendre les arguments de chacun. Comme j'ai déjà travaillé avec Guillaume

1. Criminologue, dirigeant du Grand Orient de France de 2000 à 2003.

2. Ancienne secrétaire d'État aux Transports sous le gouvernement Juppé (1995-1997). Elle devient, en mars 2008, secrétaire d'État au Commerce extérieur sous la houlette de la ministre Christine Lagarde.

Pepy, Sarkozy veut aussi recueillir mon avis. À la fin du déjeuner, je prends Claude Guéant à part. « *L'Express* va sortir un grand dossier sur la franc-maçonnerie dans lequel mon nom va apparaître. Pouvez-vous vous charger d'annoncer au président de la République que je vois Christophe Barbier au ministère pour répondre à ses questions », lui dis-je. Je me doute bien que Nicolas Sarkozy et d'autres membres du gouvernement connaissent déjà mon appartenance au Grand Orient de France.

Le 21 février, alors que mon interview se résume à une demi-page dans l'ensemble du dossier, je fais la une de *L'Express*, dont la couverture est placardée sur toutes les colonnes Morris de la capitale. S'ensuit une dépêche AFP, et une reprise dans *Le Canard enchaîné*, qui cite la réaction du Premier ministre accueillant l'information : « Maçon, je ne suis pas surpris, mais franc, ça m'en bouche un coin. » Par la suite, François Fillon a toujours farouchement nié devant moi être l'auteur de cette maxime. Mais honnêtement, peu importe, le jeu de mots est si drôle qu'il aurait été dommage que son créateur s'en prive.

Mon dévoilement, le tout premier d'un homme politique français, n'a pas fait autant de bruit qu'escompté par l'hebdomadaire. Ce qui me conforta dans l'idée qu'il faut toujours assumer l'exercice de vérité. D'après mes informations de l'époque, les francs-maçons étaient eux aussi satisfaits de ma loyauté. Mais pour être tout à fait sincère, j'en ai un peu voulu à la formation du Grand Orient d'avoir livré mon nom en pâture. Nous étions à quelques semaines des élections municipales et certains de mes adversaires avaient sans doute un réel intérêt à monter cette opération de toutes pièces. Je ne crois pas aux coïncidences.

★

Si l'élection présidentielle de 2007 a connu un incroyable regain de participation dans les urnes, la droite n'a pas su mobiliser ses électeurs à l'occasion des municipales et des cantonales de 2008. « Qu'est-ce qui cloche ? C'est qu'on n'a pas vraiment gagné les élections », a euphémisé Patrick Devedjian, secrétaire général de l'UMP, le 17 mars, à l'issue du scrutin.

Les résultats n'étaient pas au rendez-vous, c'est vrai. Mais les élections intermédiaires ne sont jamais évidentes, et sont souvent l'occasion pour l'opposition de se refaire une santé. Il fallait néanmoins renouveler les idées et les ambitions du parti. J'ai alors émis le souhait de prendre la tête de l'UMP. À dire vrai, je pense que j'aurais pu rester au gouvernement tout en ayant un pied dans le mouvement, comme l'avait fait Nicolas Sarkozy en son temps. Mais cette fois, on appliquait la règle du non-cumul, et je voulais bien faire les choses en m'y consacrant à plein temps. Politiquement parlant, aussi, je me trouvais sur un faux plat. En l'espace d'un an et demi, j'avais conduit les réformes que j'entendais mener. Il y avait eu la loi sur le service minimum dans les transports, la réforme des régimes spéciaux des retraites, la préparation d'un projet de loi sur le cinquième risque dépendance, la réforme de la représentativité de l'été de 2008… Après cinq années de fonctions ministérielles ininterrompues, le choix de quitter le gouvernement était une option tentante. Ces nouveaux défis et ce nouveau statut m'apporteraient sans aucun doute la dose d'adrénaline dont j'ai besoin au quotidien. Et bien évidemment, je pensais aussi que c'était une étape importante pour la suite de ma carrière politique.

Début décembre 2008, Nicolas Sarkozy, décidé à faire un grand ménage à l'UMP, me nomme, ainsi que Nathalie Kosciusko-Morizet , secrétaire général par intérim, jusqu'au 24 janvier 2009, date du conseil national du parti. NKM a du caractère, une tête bien faite et des idées neuves, et ensemble, nous sommes très efficaces pour faire avancer les projets. Au gouvernement, *via* un savant jeu de chaises musicales, Brice Hortefeux récupère le poste de ministre du Travail, et Éric Besson passe de secrétaire d'État de la Prospective à ministre de l'Immigration. J'appréciais beaucoup Éric pour le courage qu'il avait eu en claquant la porte du PS au nez de Ségolène Royal. C'était un homme politique sensible, délicat, tout en réflexion. Et comme lui non plus ne faisait pas partie du cercle des sarkozystes historiques, nous avions toujours su entretenir une très bonne relation au sein du gouvernement.

Le 24 janvier, je suis élu secrétaire général de l'UMP. Le bureau politique désigne aussi comme adjoints : Nathalie Kosciusko-Morizet, Éric Besson, Marc-Philippe Daubresse (centriste) et Axel Poniatowski (libéral). Alors, forcément, je suis très ému en prononçant mon premier discours devant tous. « Jamais je n'aurais imaginé qu'un jour je serais derrière ce pupitre pour représenter ma famille politique. Est-ce que les choses étaient écrites ? Certainement pas, pour moi qui n'ai fait aucune grande école, qui n'ai jamais travaillé dans un cabinet ministériel et qui, comme vous, vient de province. » Je déroule mes idées et explique le travail que je compte effectuer en indiquant que « notre rôle est d'être à la fois aux côtés du gouvernement mais, le plus souvent, notre rôle, c'est d'être devant le gouvernement ». Je rappelle également que l'UMP doit être là pour se préoccuper des plus fragiles. Le « P » de Populaire doit être mis en avant.

J'aurais d'ailleurs aimé changer le nom du parti en Mouvement populaire, et appeler (comme en Espagne) nos adhérents les « Populaires ». Quoi qu'il en soit, nous nous devions d'être utiles à tous les Français.

Dans mes projets, j'ai aussi pour ambition de trouver une nouvelle adresse pour le siège. Je veux investir, trouver un lieu ouvert à tous, dénicher un site plus « populaire » que cette ancienne banque située dans la très chic rue La Boétie. Sachant qu'en plus le parti loue ce local à perte depuis neuf ans, il me semble que le temps est venu d'assainir la gestion de nos finances. En 2010, Michel Bettan déniche un ancien garage Renault à vendre au 238 rue de Vaugirard. 5 500 mètres carrés, répartis sur cinq étages. Un jour, de bon matin, Nicolas Sarkozy est venu discrètement le visiter. Inutile de dire que le gardien est resté bouche bée en voyant débarquer le président de la République et ses officiers de sécurité ! Le lieu, qui a un potentiel formidable, sera ensuite entièrement revisité par l'architecte Jean-Jacques Ory. Mais plus tard, lorsque je quitterai la tête du parti, les « Copé boys » le transformeront en une clinique froide et sans âme. Le jour de l'inauguration, le 19 décembre 2011, je ne serai même pas invité à la petite fête. La mesquinerie est une pratique assez courante en politique. Et chez certains plus que chez d'autres.

*

Lorsque je prends mes fonctions, Éric Woerth, ministre du Budget et trésorier de l'UMP, me propose que le parti loue un appartement meublé à Paris pour ma famille et moi. « Tu es désormais secrétaire général, tu vis en province, il n'y aurait donc aucun inconvénient à ce que le mouvement prenne en charge ton logement parisien », précise-t-il. C'est gentil de sa part, mais je préfère me débrouiller seul. Mon épouse et moi, nous décidons d'acheter un appartement dans le 15e arrondissement. En fait, je ne veux pas que l'on me reproche un jour d'avoir bénéficié d'un quelconque passe-droit ou d'avantages en nature.

D'autant qu'à l'UMP quelques-uns me surveillent comme le lait sur le feu. Notamment Jean-François Copé, qui a lâché en *off* à Sarko cette phrase devenue culte : « Tu as prévu de filer les clés de l'UMP à Xavier Bertrand, mais tu devrais garder un double, on ne sait jamais. »

*

Ma mission est de faire tourner la boutique. De trouver l'équilibre entre faire exister le parti et soutenir le gouvernement dans la production d'idées. En 2007, quelque 370 000 personnes adhéraient à l'UMP, ce qui en faisait le plus puissant parti de France. Un an plus tard, fin décembre 2008, on en recensait 90 000 de moins. Il convenait d'inverser la tendance. Je fixe comme objectif de porter à 500 000 le nombre d'adhérents en l'espace de deux ans. Et pour booster les ambitions de chacun, je demande qu'on installe un compteur digital à l'entrée du siège, rue La Boétie, indiquant le nombre d'adhésions. À mes yeux, il faut redonner de l'élan au mouvement et redynamiser chaque fédération. Pour y parvenir, je multiplie les déplacements, je vais à la rencontre des élus, des adhérents et des nouveaux visages. J'ai totalement saisi l'ordre de mission de Nicolas Sarkozy, qui entend « préparer les prochaines générations politiques ». Mon implication est totale.

D'autant que connaître les rouages et la mécanique d'une telle machine électorale est essentiel à la construction de ma carrière, je ne vais pas dire le contraire. Pour autant, j'ajoute juste une corde à mon arc. Car même si la presse ou d'autres spéculent déjà sur l'après, moi, je n'ai qu'une seule et véritable intention : refaire de l'UMP un parti de militants, avec la volonté farouche de voir Nicolas Sarkozy réélu en 2012.

⋆

Au printemps de 2009, les élections européennes vont constituer un premier test grandeur nature. Le 28 avril, dans l'enceinte du stadium de Rueil-Malmaison, l'UMP lance sa campagne. Sur scène, aux côtés de François Fillon et des membres du gouvernement, je déclare devant un parterre de militants : « Le volontarisme politique, ça marche, et ça compte. » Si Michel Barnier[1], animateur de la campagne et tête de liste UMP en Île-de-France, souhaite intellectualiser l'enjeu du scrutin, le président de la République et moi préférons une doctrine simple et un slogan efficace. Ainsi, on retrouve sur les tracts : « Le 7 juin, après le succès de la présidence française de l'Union européenne, avec Nicolas Sarkozy et la majorité présidentielle, continuons à changer l'Europe ! » La médiation en Géorgie et la gestion de la crise financière ayant été des succès incontestés, il ne fallait pas compliquer le message.

De mon côté, je cherche à mobiliser au maximum avec un seul objectif : que notre liste arrive en tête du scrutin. La campagne m'a permis de faire la connaissance de personnalités émergentes telles que Christophe Béchu[2] ou Aurélien Pradié[3], mais aussi celle de Gérald Darmanin[4] que Michel Bettan m'a présenté, ce dernier ayant trouvé l'étudiant de l'IEP de Lille particulièrement perspicace. Dès lors, nous avons recruté Gérald dans nos rangs pour plancher sur des questions d'ordre juridique. D'ailleurs, en 2010, l'UMP le mettra sur des rails lors d'élections régionales dans le Nord-Pas-de-Calais. C'est aussi ça, mon rôle de secrétaire général : accorder de la place aux jeunes, renouveler les têtes d'affiche et insuffler une nouvelle dynamique dans les rangs. Car je suis conscient que si la politique a toujours été douée pour le

1. Alors ministre de l'Agriculture et de la Pêche.
2. Président du conseil général de Maine-et-Loire, élu député européen en 2009.
3. Conseiller général du Lot.
4. Alors élu au conseil municipal à Tourcoing.

marketing et les effets d'annonce, elle a trop longtemps délaissé le volet RH, ne laissant que peu d'espace pour que les nouveaux talents puissent s'épanouir. Or il faut s'évertuer à leur faciliter la vie, les former, les encourager et leur donner les bons conseils.

★

Au fil des semaines, le travail mené par les équipes de Michel Barnier pour les européennes me paraît assez chancelant. Le choix des salles, les thèmes abordés durant les meetings… à mes yeux, la campagne n'est pas assez dynamique. Alors, dans la dernière ligne droite, je décide de reprendre la main. Et j'explique ma stratégie dans *Le Figaro* : « Je sais comment s'écrivent les fins de campagne. Les grandes listes, quand elles sont en tête, considèrent que leur situation est acquise et se contentent de garder le rythme, voire de lever le pied, alors qu'il faut accélérer[1]. » Cette intervention me vaudra une explication houleuse avec Michel le matin de la parution. Je l'ai renvoyé dans ses cordes en disant : « Écoute, si on gagne ça sera ta victoire, si on perd, ça sera ma faute, mais on va quand même faire à ma façon. »

Et c'est ce que nous avons réussi. Le 7 juin 2009, malgré une très forte abstention (60 %), l'UMP s'offre une victoire en attirant 28 % des suffrages[2]. Le parti a atteint son objectif en arrivant en tête du scrutin.

1. Le 30 mai 2009.
2. Le PS : 16,5 %. Europe Écologie : 16,3 %. Le MoDem : 8,5 %. Le FN : 6,3 %.

*

Si cette victoire me fait énormément plaisir, c'est aussi à cette période que j'ai encore plus Jean-François Copé sur le dos. Et se payer Copé comme rival signifie aussi récupérer Brice Hortefeux en stéréo, étant donné que ces deux-là sont copains. En vérité, ce dernier ne comprend toujours pas la place que j'ai prise dans la galaxie Sarkozy, et il communique immanquablement avec moi dans un registre grinçant, quand ce n'est pas en distillant ses critiques aux journalistes.

Si je n'ai jamais donné de surnom à quiconque, moi, en revanche, j'en hérite de quelques-uns. « Flip Flop », en référence au bruit que faisaient mes Mephisto, ou encore « le gros », sobriquet très original signé Hortefeux. C'est vrai qu'à l'époque je suis particulièrement gonflé au stress, mais, venant de lui, pouvais-je espérer mieux en termes de créativité ? Au moins son manteau de mépris me tenait-il chaud l'hiver. De toute façon, Brice Hortefeux n'a jamais suscité en moi un grand intérêt. Sa carrière non plus. Car que ce soit grâce à l'amitié de Nicolas Sarkozy ou plus tard à l'entregent de Laurent Wauquiez, il a systématiquement été dans l'ombre d'un autre dans l'espoir d'obtenir un poste. Un grand classique des carrières politiques. De ce fait, je ne l'ai jamais considéré comme un adversaire mais plutôt comme un ennemi. Certes, il ne m'a pas empêché d'avancer, mais il a toujours été là, sur ma route, capable de me mettre des bâtons dans les roues ou de tenter de me discréditer. En 2007, par exemple, je le suspectais de raconter au chef de l'État que je colportais dans les dîners la rumeur selon laquelle ce dernier serait incapable de briguer un second mandat en 2012, et que je me vantais d'être le prochain candidat à la présidentielle. Ce qui est archi-faux. Et dire qu'en septembre 2009 je l'ai défendu après sa sortie honteuse sur les « Auvergnats » lors de l'université d'été de l'UMP à Seignosse. Je m'en souviens très bien. Je suis en déplacement pour participer à une réunion du Parti populaire européen (PPE), lorsque j'apprends, en gare de Bruxelles-Midi, qu'une polémique enfle à propos de déclarations du ministre sur les origines maghrébines d'un militant : « Quand y'en a un, ça va. C'est quand y'en a beaucoup qu'il y a des problèmes[1]. » Pour calmer les esprits, j'explique dans les médias que « c'est n'importe quoi, de prendre un extrait d'un propos sorti de son contexte ». Quel con j'ai été, à l'époque, de me sentir tenu par une solidarité exemplaire avec un mec qui m'en faisait voir des vertes et des pas mûres ! Ce jour-là, j'aurais mieux fait de me taire plutôt que de voler à son secours.

★

Jean-François Copé, mon vrai rival, a, lui, d'autres méthodes. Et il a deux spécialités : prendre ses distances avec Sarkozy et me descendre régulièrement dans la presse. Au moins, il agit à visage découvert, et je lui reconnais un certain cran. En 2010, le matin même du

1. Les propos tenus par Brice Hortefeux avaient été filmés. Le ministre sera condamné en première instance pour injures raciales, puis relaxé par la cour d'appel en 2011.

campus d'été des jeunes UMP à Port-Marly, dans les Yvelines, il fait savoir dans les colonnes du *Parisien* que l'événement orchestré par mes soins lui semble un peu chiche et pas « digne de ce nom ». Étant dans une logique d'économies pour le parti compte tenu du contexte général très tendu, j'ai voulu faire simple. Aussi, le 31 août, en arrivant sur le campus, je réponds à l'attaque. « Dans mon camp plus qu'ailleurs, on n'aime pas les diviseurs, on n'aime pas les snipers, lancé-je dans une ambiance glaciale. Je veux juste dire à Jean-François Copé que, pour polémiquer, il faut être deux. Et je ne serai ni le premier ni le second, c'est aussi simple que ça. »

Notre légendaire compétition se transforme, cette fois, en un duel sans pitié. Et chacun se met à scruter les gestes et le comportement de l'autre sur tous les sujets : les prises de parole, la durée des discours, que l'on chronomètre… Nous ressemblions à deux chenilles processionnaires en nous déplaçant, de table en table, pour saluer les jeunes et faire un maximum de photos. Avec le recul, forcément, je trouve nos attitudes ridicules. Mais un grand principe animait déjà ma tactique envers mes adversaires : les premiers sangs versés ne viennent jamais de moi. En revanche, ceux qui tirent en premier n'ont jamais affaire à un ingrat.

⋆

En octobre 2009, à la demande du chef de l'État, je me rends à Pékin où je signe un « mémorandum d'entente » entre le Parti communiste chinois et l'UMP. Le document peut aujourd'hui sembler baroque, mais il n'avait qu'une portée très générale et stipulait que les deux partis n'interviendraient jamais dans les « affaires intérieures d'autrui ». Au pire, on appelle ça de la diplomatie. Au mieux, un dialogue noué avec le pays qui était alors la deuxième puissance économique mondiale.

Mais dès que je rentre à Paris, c'est d'autres chinoiseries que je dois affronter. Jean-François Copé a organisé une réunion de groupe, qui à mes yeux ressemble fort à un traquenard politique en présence de plusieurs ministres, pour me demander des comptes. Ses troupes ont en effet lancé une polémique et me demandent : « Comment on a pu signer un truc pareil avec les chinois ? » Sentant le piège, devant tous j'assume et j'argue du fait que les partis politiques ont un rôle majeur à jouer dans les relations internationales, tout en précisant que les libertés avaient été abordées. La querelle fait *pschitt*. Mais bonjour l'ambiance et l'état d'esprit.

Toujours est-il que le projet s'est monté et qu'il me donnera, des années plus tard, une grille de lecture passionnante sur les changements stratégiques adoptés par la Chine. À l'époque, le secrétaire général aux Affaires étrangères du Parti communiste chinois m'avait longuement expliqué que, dans les années à venir, la Chine entendait lutter ardemment contre la corruption, mais aussi contre la pollution en misant sur le développement durable. Il avait également insisté sur la volonté politique du pays de maîtriser Internet. Le moins qu'on puisse dire, c'est qu'ils avaient de la suite dans les idées.

*

« Ma conviction pour cette nouvelle étape pour Saint-Quentin, c'est que nous avons besoin d'un homme de stature nationale qui pourra faire en sorte que la solidarité de la nation profite à notre ville », annonce Pierre André, maire démissionnaire, le 27 septembre 2010. À soixante-trois ans, atteint d'un cancer de la gorge, il va conserver la communauté d'agglomération mais dégager du temps pour se soigner et profiter de la vie.

En quinze ans, Pierre a réussi à transformer le visage de Saint-Quentin en renforçant son attractivité. Et j'étais là, à ses côtés, pour la création de la base urbaine de loisirs, le multiplex de cinéma au centre-ville, la salle de spectacles du Splendid. Pierre André avait les clés de la ville, mais lui et moi avons formé un tandem solide et efficace à la mairie. Alors, au nom de notre amitié, qui a fini par triompher après tant d'années de relations complexes, il me demande de me porter candidat. Bien que je rêve de ce mandat de maire depuis ma prime jeunesse, ce n'est pas de cette façon que j'avais imaginé les choses.

Le 4 octobre 2010, à l'issue d'un conseil municipal extraordinaire, me voilà élu, à 37 voix contre 8 recueillies par M. Lançon, le candidat de la gauche. En janvier suivant, je décide d'ouvrir la réception des traditionnels vœux du maire à l'ensemble de la population. L'événement brasse beaucoup de monde, et un public très différent des précédentes éditions. « Tes cérémonies de vœux sont devenues de vrais meetings », me dira-t-on. Peut-être, mais, ce jour-là, je me suis engagé à ce que les choses changent à ma façon.

Et je veux créer plus d'emplois, inciter les gens à venir s'installer dans la ville, ramener un maximum d'étudiants afin de faire de Saint-Quentin une cité para-universitaire. À la fin de mon discours, j'ai martelé mon message devant l'assemblée : « Plus d'emplois, plus d'habitants, plus d'étudiants ! Si ce n'est pas le cas à la fin de mon mandat, vous serez en mesure de dire : "Bertrand, dehors !" » Prendre les gens à témoin m'obligeait à obtenir des résultats.

Pour réussir ce pari, je peux compter sur le soutien d'une équipe de qualité. Je pense notamment à ma directrice de cabinet, Frédérique Macarez, qui deviendra à son tour maire de la ville en 2016, mais aussi à Éric Gavoille, Michel Bion, Catherine Crapet, Orane Gobert, Michel Gosset sans oublier Matthieu Gressier, qui lui aussi m'a accompagné dans mes différentes fonctions. En attendant que les dossiers structurants voient le jour (extension de l'agglo du saint-quentinois, rénovation de la piscine Jean-Bouin, création d'un parc animalier, implantation d'entreprises...), très tôt je mets en place le service « Allô Mairie » afin que les Saint-Quentinois obtiennent une réponse rapide aux problèmes rencontrés dans leur cité. Donner une dimension concrète et humaine à la politique a toujours été essentiel à mes yeux.

J'ai toujours fait de la lutte contre l'insécurité et les incivilités une de mes priorités, en équipant davantage les rues en caméras de vidéosurveillance et en armant la police municipale. J'ai aussi étroitement travaillé avec la police nationale afin que les halls d'immeuble de certains quartiers retrouvent leur tranquillité.

En 2011, alors que j'effectuais mon retour au gouvernement depuis quelques mois, le groupe Yamaha Motor a annoncé devoir faire un choix stratégique en Europe en fermant soit son usine au nord de Barcelone, soit celle de Saint-Quentin. Au mois de février, le fabricant japonais a finalement pris la décision de garder la nôtre. Le soulagement a été grand pour les salariés et leurs familles, et je sais que si je n'avais pas été ministre à ce moment-là, les choses se seraient sans doute passées autrement.

★

Arrivent les élections régionales de mars 2010. Qui ont l'effet d'un coup de tonnerre. L'UMP s'incline avec 35,38 % des voix. Sous la houlette de Martine Aubry, première secrétaire du Parti socialiste, la gauche et ses alliés remportent le scrutin avec 54,12 % des suffrages. L'abstention a fait des ravages, et le FN grignote lentement du terrain[1]. Je sais dès lors que Jean-François Copé et ses amis s'activent pour me faire porter la responsabilité de cette défaite. Pourtant, je ne vais pas être remis en cause. J'ai le soutien de Nicolas Sarkozy et une bonne partie du bureau politique derrière moi. À mon sens, il fallait surtout comprendre que cette défaite était une traduction politique de la crise économique la plus terrible que la France ait connue depuis la fin des années 1930. L'urgence était d'en sortir et de préparer l'avenir du pays.

Cet été-là, en vacances comme chaque année en Corse, mon autre région de cœur, je retrouve Franck

1. Le parti de Jean-Marie Le Pen remporta 9,17 % des voix.

Louvrier et des amis communs. Quand je l'interroge sur les vues de Jean-François Copé sur le parti, je sens qu'il n'est pas très à l'aise sur le sujet. Je comprends aussitôt que le vent est en train de tourner… D'ailleurs, à la rentrée de septembre 2010, Copé communique dans tous les sens sur une « offre de service » faite au président de la République. Il s'est mis en tête de devenir en 2012 le prochain locataire de Matignon, et pour cela, il veut prendre la direction de l'UMP. Force est de reconnaître qu'il réussit son opération, puisque le 17 novembre il est officiellement intronisé secrétaire général. Pas peu fier, il déclare bientôt dans les colonnes du journal *Le Monde* : « J'ai décliné l'Intérieur car je souhaitais le parti, par souci de cohérence. Le président m'a dit : "Pas de problème, j'ai décidé de te faire confiance, on fonce"[1]. »

Soit. Mais, en fait, les choses ne se sont pas déroulées comme il le déclarait. Quelques jours avant ce remaniement au gouvernement et dans le parti, Nicolas Sarkozy m'a invité à passer un dimanche soir dans ses appartements privés de l'Élysée. Comme il y met les formes, je sens qu'il est gêné. Il tient à m'expliquer lui-même ce qui se trame en coulisses. À l'en croire, Copé a fait pression en lui mettant un deal entre les mains : si le président ne lui donne pas le poste de secrétaire général de l'UMP, il lui promet l'enfer à l'Assemblée nationale jusqu'à la fin de son mandat[2]. À juste titre, Sarkozy n'a

1. *Le Monde*, le 14 novembre 2010.

2. Jean-François Copé était alors président du groupe UMP à l'Assemblée nationale.

pas confiance. Mais connaissant le pouvoir de nuisance de Jean-François, il ne peut pas se payer le luxe d'une guerre ouverte avec lui et les parlementaires. En apprenant cela, je mets aussitôt le chef de l'État à l'aise en lui disant : « Écoute, tu es le président de la cinquième puissance mondiale, tu ne vas pas mettre quatre heures à m'expliquer que tu veux donner le parti à Copé pour ne pas être emmerdé. Je comprends parfaitement ta position. Et considère que, pour moi, tout ceci n'est plus un sujet. » D'un coup, je le sens soulagé. Et je constate une nouvelle fois combien Nicolas Sarkozy n'est pas aussi confiant qu'on le pense quand il doit imposer des décisions aux gens qu'il apprécie.

« Dans ce cas, ça serait bien que tu sois numéro deux du gouvernement avec un grand ministère comme l'Écologie », ajoute-t-il avant que je ne prenne congé. Une proposition que je décline. Je préfère revenir aux Affaires sociales, parce qu'il y a urgence à apaiser le monde de la santé, ébranlé par la réforme HPST[1], et à mener une bataille pour l'emploi, menacé par les effets de la crise économique.

Le dimanche 14 novembre 2010, je suis d'ailleurs nommé ministre du Travail, de l'Emploi et de la Santé, avec à mes côtés Nora Berra, secrétaire d'État à la Santé. Ignorant que, deux jours plus tard, l'un des plus grands drames sanitaires que la France ait jamais connu est sur le point d'éclater.

*

1. Loi hôpital, patients, santé et territoires.

Le mardi matin, en me rasant, j'écoute la Matinale de France Info quand résonne le flash : « 500 morts en trente ans, 3 500 personnes hospitalisées, premier bilan du Mediator… » L'affaire a été soulevée par le député PS Gérard Bapt[1] et une certaine Irène Frachon, lanceuse d'alerte et pneumologue au CHU de Brest, dont j'entends la voix sur les ondes pour la première fois. J'appelle immédiatement Gwladys Huré[2], chargée de communication au ministère, et j'organise le matin, en marge d'un colloque, une réunion dans laquelle je convoque les responsables des autorités sanitaires, dont Jean Marimbert, directeur de l'Agence du médicament. En le rencontrant, je vois de toute évidence, face à moi, un homme mal à l'aise, qui ne maîtrise pas son sujet et qui, en plus, semble avoir mauvaise conscience. Tout est flou, tout sonne faux. Il y a comme une sorte d'omerta sur ce dossier, et personne n'est capable de me donner le moindre élément de réponse concret ou franc.

Prenant le taureau par les cornes, je demande à l'administration de la Santé de me présenter le docteur Frachon, qui, depuis des mois, se débat seule contre les laboratoires Servier. Elle, au moins, aura des choses à me raconter. Mais je m'entends dire : « Ah non, pas Frachon ! C'est une emmerdeuse, il ne faut surtout pas la voir ! » Voilà qui renforce mon envie de lui parler. Le rendez-vous avec Irène Frachon est fixé le soir même

1. Médecin-cardiologue, député de la 2e circonscription de la Haute-Garonne et rapporteur spécial de la mission santé pour la commission des Finances à l'Assemblée.

2. Ex-directrice conseil chez Euro RSCG C&O.

dans une annexe de la Santé située avenue Duquesne, en plein 7e arrondissement de Paris.

Essorée par ce premier baptême du feu, puisque tous les médias cherchent ce jour-là à recueillir sa parole, la lanceuse d'alerte me donne sa version des faits. Ses soupçons remontent à 2007, quand elle a eu en consultation une patiente qui souffrait d'hypertension artérielle pulmonaire et qui prenait du Mediator depuis des années. Irène Frachon s'est demandé s'il y avait un lien entre ce médicament et l'Isoméride, autre coupe-faim produit par les laboratoires Servier qui avait déjà inquiété la revue médicale *Prescrire*. Elle s'est ensuite plongée dans des dizaines de dossiers de patients qui ont été atteints de valvulopathies. Et a découvert que tous avaient en commun d'avoir pris du Mediator. Depuis, elle mène une lutte acharnée pour faire reconnaître les dangers de ce médicament fabriqué et commercialisé par les laboratoires Servier depuis 1976. « Nous sommes au tout début d'un scandale sanitaire comme j'en ai peu connu, lui ai-je soutenu. Je peux vous assurer que toute la lumière sera faite sur le sujet et que je prendrai les décisions qui s'imposent. »

Dès lors, Irène Frachon et moi avons noué une relation franche et directe. Mais nous n'étions qu'au début d'un long parcours semé d'imprévisibles obstacles.

*

Sitôt, des voix concordantes me font comprendre qu'il ne sera pas simple d'agir étant donné que Nicolas Sarkozy et Jacques Servier entretiennent des relations étroites. Sarkozy a conseillé les laboratoires lorsqu'il était avocat d'affaires, et en juillet 2009, le chef de l'État a décoré son propriétaire de la grand-croix de la Légion d'honneur[1]. Pourtant, je peux assurer qu'il n'y a jamais eu la moindre tentative d'intervention du président dans cette affaire. Nicolas Sarkozy voulait la transparence la plus totale. Nous étions sur la même longueur d'onde.

J'ai utilisé les grands moyens. Et diligenté, le 29 novembre 2010, une enquête de l'Inspection générale des affaires sociales (IGAS), le genre de résolution qui n'est pas fait pour enterrer un dossier. La machine médiatique s'est ensuite emballée. Le 1er décembre, un fac-similé paru dans *Le Canard enchaîné* affirme qu'en 2006, alors que j'étais ministre de la Santé et des Solidarités[2], j'ai été mis au courant de la dangerosité du Mediator, mais que je n'ai rien fait pour l'interdire. Étonné, je demande à l'ensemble de mes conseillers de l'époque si, cette année-là, nous avons laissé passer quelque chose ou si une décision n'a pas été prise dans les temps. Et on constate très vite que jamais l'interdiction de rembourser ce médicament n'est remontée à mon cabinet. Pour ne pas donner le sentiment que je cherche à me couvrir, je choisis de ne pas en faire état tout de suite, gardant l'information pour moi. C'est en effet à l'IGAS de le révéler. D'ici là, il faut affronter les médias. Ainsi, le 6 décembre, au micro de France Inter, j'ai une violente passe d'armes avec Patrick Cohen qui, loin de

1. Jacques Servier fut également décoré par François Mitterrand et par Jacques Chirac.

2. Dans le gouvernement de Dominique de Villepin.

connaître encore toute la vérité, soupçonne « les pouvoirs publics et les autorités sanitaires de complaisance à l'égard des laboratoires Servier ». « Vous vous rendez compte de ce que vous venez de dire ? » opposé-je avec force, connaissant mon vrai rôle dans l'histoire.

★

Six semaines plus tard, le 15 janvier 2011, en compagnie de Nora Berra, je reçois le docteur Aquilino Morelle, le docteur Anne-Carole Bensadon et Étienne Marie, membres de l'Inspection générale des affaires sociales chargés de l'enquête. Durant quatre heures, nous écoutons leurs conclusions, avant que le rapport définitif ne soit rendu public[1]. La qualité de leur travail est remarquable, et leurs déductions particulièrement sévères. Et dire qu'on m'avait suggéré d'écarter Aquilino Morelle[2] parce qu'il était un ancien conseiller de Lionel Jospin !

Une foule de journalistes, de politiques et d'experts médicaux assiste à la conférence de presse organisée dans l'après-midi au ministère de la Santé. Face à une forêt de caméras et de micros, Aquilino Morelle ne mâche pas ses mots. Il affirme notamment que l'agence chargée du médicament a été « inexplicablement tolérante, à l'égard d'une molécule sans efficacité thérapeutique réelle ». Patientant derrière la cloison de la salle de presse, je

1. IGAS, Rapport N° RM2011-001P.
2. De 1997 à 2002, il fut la plume du Premier ministre Lionel Jospin.

fais les cent pas, sans rien entendre. Et je pense au docteur Georges Chiche, cardiologue des quartiers nord de Marseille qui, dès 1998, avant Irène Frachon, a lancé l'alerte sur le Mediator[1]. Alors, peu avant de monter sur scène pour intervenir à mon tour, je prends l'initiative de l'appeler. C'est la première fois que je m'adresse à lui, n'ayant pas voulu le faire avant afin de ne pas interférer avec le travail de la mission IGAS. Et je lui dis ceci : « Je vais bientôt prendre la parole en conférence de presse mais je tenais à vous rendre hommage. Si vous n'aviez pas été là au départ, rien ne se serait produit et Irène n'aurait pas pu faire son formidable travail. Tout ça, c'est grâce à vous. Je sais ce que vous avez enduré, et je peux vous certifier que tout ce qui sera mis en œuvre par la suite sera pour vous et pour toutes les victimes du Mediator. » Le docteur Chiche est touché. « Je vous remercie très sincèrement de votre appel. Aujourd'hui, je me dis au moins que tout ce que j'ai fait n'a pas servi à rien. »

Juste après notre échange, je reçois le texto d'un journaliste présent dans la salle. Lui et ses confrères ont le sentiment que le rapport pointe uniquement les manquements de l'État, comme si Servier n'était qu'un figurant dans l'histoire. Je modifie alors le sens de mon intervention à venir. Il n'est pas question, en effet, de passer à côté de la responsabilité des laboratoires qui sont au cœur de l'affaire et qui, durant trente-cinq ans, ont commercialisé le Mediator en le faisant classifier

1. Le docteur Georges Chiche avait fait une première déclaration au centre régional de pharmacovigilance. À l'époque, son courrier ne fut pas pris en compte par les autorités sanitaires.

comme un antidiabétique. Mon propos dès le départ est clair, voire violent. « Je tiens à le préciser, la mission de l'IGAS ne pouvait porter et ne porte que sur la sphère administrative. Les inspecteurs n'ont pas pu entendre, par exemple, les hommes politiques, les ministres qui se sont succédé dans leurs fonctions. Mais comme l'indiquent les inspecteurs, le déroulement des événements qu'ils ont relaté est très largement lié au comportement et à la stratégie des laboratoires Servier. À la lecture de ce rapport, je constate qu'il y a un faisceau d'indices extrêmement lourds qui indiquent une responsabilité première et directe des laboratoires Servier dans ce drame du Mediator. Parce que c'est le médicament des laboratoires Servier, parce que c'est le Mediator qui a causé des victimes. »

C'est la première fois qu'un ministre s'attaque formellement à un laboratoire français aussi riche et puissant que Servier. L'assistance a été saisie. Pour autant, dans cette affaire, je ne compte pas dissimuler les carences de l'État. Bien au contraire. Il est de ma responsabilité de penser et d'organiser un changement complet du système de sécurité sanitaire et aussi d'aboutir à une loi médicament. Catherine Génisson, médecin anesthésiste et députée PS, présente à la conférence de presse, me rapporta par la suite l'étonnement de François Autain[1], sénateur de gauche, qui lui avait murmuré à l'oreille : « Tu crois vraiment qu'ils vont le laisser faire ça ? »

1. Médecin de profession et ancien secrétaire d'État à la Sécurité sociale, il présidera en 2011 la mission d'information du Sénat sur le Médiator. Il était aussi l'oncle de Clémentine Autain.

★

Durant mes différentes fonctions ministérielles, j'avais déjà été confronté aux lobbies. En 2006, le protocole Aréas[1] avait ainsi déclenché la colère des assureurs et des banquiers. En 2007, c'était celle des géants du tabac, avec l'interdiction de fumer dans les lieux publics, qu'on avait entendue. Cette fois, je m'attaquais aux intérêts et à l'influence des groupes pharmaceutiques. Bientôt on me laissa entendre que les membres du cabinet et moi-même faisions l'objet de filatures et que des officines mandatées enquêtaient sur nous. Je ne sais si c'était vrai, en tout cas, une vérité s'imposait : on cherchait à nous déstabiliser. Ainsi, lorsque *Le Canard enchaîné* révéla que la mère de ma directrice de cabinet Marguerite Bérard avait un jour travaillé pour favoriser l'implantation de Servier en Russie, je ne me suis pas demandé qui se trouvait à l'origine de cette information. Mais j'ai imposé à l'ensemble de mes collaborateurs de remplir une déclaration d'intérêts et de choisir s'ils souhaitaient ou pas continuer à travailler au ministère. Quant à nos déclarations de patrimoine, je les ai fait déposer au secrétariat général du gouvernement. On ne nous avait rien demandé, il n'y avait aucune obligation de transparence à l'époque, mais je tenais à ce que nous soyons tous irréprochables pour faire voter cette loi. Bien que Marguerite Bérard envisageât un temps de démissionner, c'est Nicolas Sarkozy qui la convaincrait,

1. Nouvelle convention facilitant l'accès à l'emprunt des malades et des anciens malades.

La politique, c'est un regard posé sur le monde, une vision pour l'avenir, des coups durs et des coups de pression. Mais parfois, aussi, tout passe par un sourire.

Pêle-mêle d'une enfance joyeuse

Sur cette photo de mes parents et moi, prise en 1965 à Vitry-le-François, je ressens tout l'amour et la joie d'un jeune couple tombé fou amoureux.

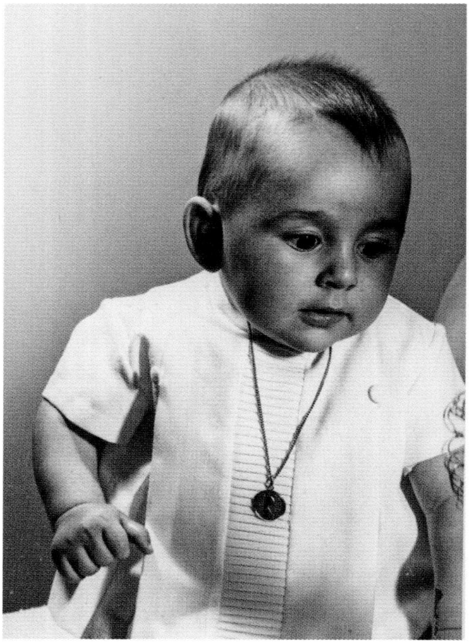

Tunique blanche et chaîne autour du cou pour immortaliser le jour de mon baptême.

Ici, entouré de mon père et de mon grand-père Louis à la fête foraine de Wassy.

Partie de pêche à la crevette à Wissant aux côtés de ma mère Madeleine
et de mon père Jean-Pierre.

Génial souvenir de
cette course de karting
gagnée en famille (avec
mon père, mes cousins
et mon oncle) au début
des années 90.

Mes débuts sous la présidence de Jacques Chirac

À 37 ans, je deviens député de l'Aisne, sans jamais avoir imaginé faire bientôt mon entrée au gouvernement.

Premier Conseil des ministres de la rentrée de 2004, aux côtés de Philippe Douste-Blazy, ministre de la Santé.

Ici, dans mon bureau au ministère du Travail, en 2008, en compagnie de mon ami et chef de cabinet, Michel Bettan.

Visite du CHU de Saint-Denis à la Réunion avec le Premier ministre, Dominique de Villepin, et François Baroin, ministre de l'Outre-mer, durant la crise du chikungunya de 2006.

Rencontre footballistique au sommet entre les jeunes populaires versus Doc Gynéco, Alain Joyandet, Renaud Muselier, François Baroin et moi (Université d'été de l'UMP, 2006).

© Thibault Camus/Abaca Press/Alamy Stock Photo

Je connaissais peu Bernadette Chirac mais j'ai toujours apprécié sa vision acérée et très instinctive de la politique (2006).

© Cresnot/Sipa Press

Le 1er décembre 2006, journée mondiale contre le
en présence du président Jacques Chirac, et aux côtés de Line Renaud, Pierre B
Anne Hidalgo, Jacques Martial, Renaud Donnedieu de Va

C'étaient les années Sarkozy

Durant les nombreux déplacements de la campagne présidentielle de 2007, j'ai découvert Nicolas Sarkozy sous un autre jour.

© Christophe Guibbaud/Abaca Press/Alamy Stock Photo

Rachida Dati et moi dévoilons à la presse le slogan et les premières affiches de campagne du candidat (janvier 2007).

© Witt/Sipa Press

Dans les tribunes du meeting de Bercy, on retrouve, au premier rang derrière moi : Michèle Alliot-Marie, Jean-Pierre Raffarin, Isabelle et Alain Juppé, Simone et Antoine Veil, Rachida Dati.

© Witt/Meigneux/Sipa Press

Photo de famille au grand complet avec le président Nicolas Sarkozy et le deuxième gouvernement de François Fillon (Élysée, novembre 2007).

À l'Assemblée nationale, il m'a fallu expliquer et convaincre des grandes réformes que j'avais à mener au ministère du Travail (2007).

J'ai toujours apprécié les échanges avec les partenaires sociaux comme ici en septembre 2007 avec Laurence Parisot (Medef), Bernard Thibault (CGT), Alain Olive (UNSA) et François Chérèque (CFDT).

Le Dr. Irène Frachon, lan
d'alerte dans l'affaire
du Médiator, et avec laq
j'ai noué une relation
de travail franche et dire

UMP- LR : la droite dans tous ses états

« Garder ses ennemis près de soi. » Avec Jean-François Copé, l'expression a pris tout son sens (septembre 2009).

© Witt/Sipa Press

Conciliabule avec Nathalie Kosciusko-Morizet durant les régionales de 2010 où j'étais à l'époque secrétaire général de l'UMP.

© Meigneux/Sipa Press

De gauche à droite : Michel Barnier, Éric Ciotti, et Valérie Pécresse, dix jours avant le vote du congrès des Républicains de 2021.

Ici, au premier rang du meeting de Bruno Retailleau, élu président des Républicains en mai 2025.

Les gens du Nord ont dans leur cœur…

Inauguration de la plage urbaine de Saint-Quentin aux côtés de Jacques Braconnier et de Pierre André (juillet 1996).

« Une banane par jour, du punch pour toujours ! », c'est le slogan de Laëtitia, ma marchande de bananes préférée, pilier du marché de Saint-Quentin.

Défilés, bals et jetés de harengs… Le carnaval de Dunkerque est le rendez-vous que tout le monde attend (2025).

Dans le Nord, on respecte les traditions, les frites et les Tuche !

La présidence des Hauts-de-France

Le 4 janvier 2016, au terme de la campagne électorale la plus difficile de ma carrière, je suis élu par les conseillers régionaux.

Première poignée de main et échange bienveillant avec le président de la République, François Hollande, le 17 décembre 2015 à Neuville-Saint-Vaast.

En mai 2020, alors que les Français restent traumatisés par la crise sanitaire, je refuse d'enlever mon masque devant Emmanuel Macron.

Point commun entre Martine Aubry (PS), Catherine Vautrin (LR) et moi ? Nous avons tous les trois occupés le ministère des Affaires sociales (juin 2025).

En grande conversation avec Christian Prudhomme, directeur du Tour de France, et Cyril Tricart (au centre), responsable des relations extérieures.

Inauguré en 2012, le Louvre-Lens est une formidable occasion de découvrir le « Louvre hors-les-murs ».

Temps forts et souvenirs marquants

Le 31 janvier 2024
dans l'Oise,
les agriculteurs
ont organisé
une réunion sur l'A16
pour manifester leur
ras-le-bol.
Pour les soutenir,
les élus locaux
ont répondu présents.

Aux côtés de Pierre André et du colonel Maurice Dutel, j'ai eu l'immense honneur d'assister au ravivage de la flamme de l'Arc de Triomphe.

Dans le cortège parisien de la manifestation du 12 novembre 2023 contre l'antisémitisme en France.

Vanessa Williot était ma meilleure alliée durant la campagne des régionales 2015. Trois ans plus tard, elle est aussi devenue mon épouse.

© Astrid di Crollalanza

à l'issue d'un entretien, de rester en fonction. Son pouvoir de persuasion avait été beaucoup plus efficace que le mien, et j'ai ainsi pu garder ma directrice de cabinet, exemplaire et remarquable d'efficacité.

★

Avec la future loi médicaments, je voulais qu'il y ait un avant et un après Mediator. Les laboratoires devaient comprendre que les choses avaient changé. Si cette amphétamine avait entraîné la mort de centaines de personnes et fait des milliers de victimes vivant avec de graves effets secondaires, l'affaire Servier avait aussi créé un traumatisme dans l'ensemble de la population. Or je ne tenais pas à ce que les Français se mettent à douter du contenu de leur armoire à pharmacie. Les médicaments étaient là pour les soigner, les guérir, non pour nuire à leur santé. Il fallait rebâtir le système. Vraiment !

Pour éviter les fuites qui entraîneraient des pressions en tout genre, j'ai choisi de travailler en circuit fermé avec mon cabinet. Et le samedi 30 juillet 2011, je transmets à l'Élysée l'ensemble des mesures que je souhaite prendre. Personne n'y trouve à redire. Mais je dois avouer que j'ai fait passer le dossier à la dernière minute à Matignon, non pas par méfiance mais parce que, pris par la tourmente et le secret, j'ai oublié d'en informer François Fillon. J'ignore s'il m'en a voulu.

La loi relative au renforcement de la sécurité sanitaire du médicament et des produits de santé fut votée à l'unanimité le 29 décembre 2011. Elle s'articulait sur trois axes : la prévention des conflits d'intérêts, la création d'une nouvelle agence de médicaments (Agence nationale de sécurité du médicament) et le renforcement de la pharmacovigilance. Ce texte a changé les choses en profondeur, comme les rapports entretenus entre les étudiants en médecine et les laboratoires[1]. Mais aujourd'hui, avec du recul, je reste convaincu que cette loi devrait être évaluée pour développer et garantir une meilleure sécurité sanitaire.

★

Depuis que nous avions fait connaissance, je m'entretenais fréquemment au téléphone avec le docteur Irène Frachon. Un jour, elle me demande si j'ai lu son livre, *Mediator 150 mg. Combien de morts ?*[2]. Je lui réponds que non. « Mais enfin, vous pourriez le lire, quand même ! » s'est-elle offusquée au bout du fil. Je lui ai expliqué que je n'étais pas là pour épouser ses thèses ou être son porte-parole.

Quelque temps après le vote de la loi, je fais le déplacement au CHU de Brest pour visiter son service de pneumologie. Irène tient à me voir ensuite dans le huis clos de son petit bureau. Elle m'explique que, depuis que j'ai pris l'affaire en main, les menaces et les pressions qui pesaient sur elle et sa famille depuis de longs mois se sont comme envolées. « La foudre, c'est vous qui l'avez prise. Alors, merci ! » a-t-elle ajouté. Je suis profondément ému par ses mots.

1. Ces derniers finançaient notamment les soirées étudiantes ou les congrès…
2. Éditions Dialogues, 2010.

Je ne sais si Irène était au courant, mais je me sentais personnellement touché par l'affaire. Ma mère a longtemps consommé des produits coupe-faim, non parce qu'elle avait des problèmes de poids, mais parce qu'à l'époque ils étaient à la mode. Et moi aussi, des années durant, j'ai pris sur ordonnance toutes ces saloperies. Mon médecin de l'époque ne m'avait pas prescrit de Mediator, mais j'avais testé le Fenproporex, l'Isoméride, le Ténuate Dospan[1] et autres molécules du même genre avec l'espoir fou de maigrir sans faire d'efforts. C'était peut-être aussi pour cela que je comprenais mieux l'enfer que vivent les victimes du Mediator. D'ailleurs, pour l'ensemble d'entre elles, nous avons mis en place un fonds d'indemnisation mais aussi un suivi avec les associations de patients, les professionnels de santé et les autorités sanitaires. Je n'ai jamais été dans l'aveuglement tout au long de l'affaire. Et à chaque seconde, j'ai été du côté des victimes.

⋆

Dix ans plus tard, le 6 février 2020, me voilà appelé à témoigner au procès Mediator / Servier qui se tient devant la 32e chambre correctionnelle du tribunal de Paris. L'ambiance est lourde, la totalité des personnes dans la salle sous pression. Lorsque je me présente à la barre, maîtres Hervé Temime et François de Castro, avocats du groupe pharmaceutique, me provoquent immédiatement et tentent de démontrer que l'État

1. Médicaments anorexigènes utilisés dans le traitement de l'obésité retirés de la vente au printemps 2000.

est tout autant responsable de la situation que leur client. Là, c'est trop, et à la dernière question de maître Temime, j'explose de colère et lâche : « Qui a produit le Mediator ? Qui, par ses manœuvres, a empêché d'y voir clair ? Le premier responsable, c'est Servier ! »

Ce jour-là, le groupe pharmaceutique aurait mieux fait de ne pas me citer comme témoin. À la fin de l'audience, dans un état second, dopé à l'adrénaline, à la fureur aussi, je quitte le tribunal en ne saluant personne. Ce qui ne me ressemble pas. Au moment de prendre l'ascenseur, un homme s'engouffre dans la cabine pour me dire qu'il a longtemps travaillé pour le compte des laboratoires mis en cause et que tout ce que j'ai pu déclarer à la barre est vrai. Je ne sais plus si j'ai trouvé la force de balbutier une réponse correcte et cohérente à cet inconnu, toujours est-il que je ne suis pas près d'oublier la scène.

Le procès fut long, douloureux, pénible, extrêmement technique, et interrompu par la crise du Covid-19. Décidément, tout était hors-norme. Mais lors de l'appel de 2023, Servier et l'ensemble de ses responsables ont enfin été reconnus coupables de tous les délits qui leur étaient reprochés[1].

⋆

En cas de gros temps et de violentes tempêtes, Nicolas Sarkozy est un exceptionnel capitaine de navire.

---

1. Le groupe Servier fut condamné à des peines d'amendes de 9 millions d'euros, et à rembourser plus de 415 millions d'euros à la Sécurité sociale et aux mutuelles.

Je pense tout d'abord au 24 juillet 2007, jour de la libération du médecin palestinien et des cinq infirmières bulgares qui avaient été emprisonnés, torturés et violés dans l'enfer des geôles libyennes. En février 2008, il fut tout aussi déterminé et convaincant pour ouvrir une médiation au nom de l'Europe au moment de la crise en Géorgie[1]. Le monde entier savait que Dimitri Medvedev n'était qu'un président de paille et que le vrai chef des armées de la Russie s'appelait encore et toujours Vladimir Poutine. Certes, Sarkozy n'était pas un homme seul face à des tanks de combat, mais sa manière d'agir et la façon dont il s'est déployé étaient franchement remarquables. Un autre exemple illustrant ce volontarisme est survenu un mois plus tard, le 25 septembre 2008, lorsque le président de la République prononça le discours de Toulon pour évoquer la crise économique mondiale, conspuant les méthodes d'un libéralisme devenu fou et souhaitant apporter de la moralisation au capitalisme financier. Quand Barack Obama mettait beaucoup de temps à réfléchir, et qu'Angela Merkel angoissait à voix haute à l'idée que le système allemand s'effondre, Sarkozy, lui, gardait un sang-froid absolu. Il trouvait les mots et les mesures justes dans un timing parfait. Cash et direct avec les membres du gouvernement tout comme avec l'ensemble des grands dirigeants de ce monde, il ne s'encombrait pas de détails. Si ce n'était pas toujours ce qui se faisait de mieux en diplomatie, au moins, avec lui, qu'est-ce qu'on gagnait comme temps !

1. Le 22 février 2008, Nicolas Sarkozy rencontre son homologue russe à Moscou pour une négociation en présence de Vladimir Poutine.

Le début de son quinquennat a été conforme à ses engagements. Je pense sincèrement, au vu des crises que nous avons traversées dès 2008, qu'il a réellement été à la hauteur de la situation.

Le seul moment où j'ai eu une vraie différence d'appréciation avec le chef de l'État, c'est sur la TVA sociale début 2012[1]. Compte tenu des prélèvements que nous avions dû faire après la crise de l'euro, j'estimais que la baisse des charges sociales devait profiter avant tout aux salariés. Interrogé dans la presse économique, j'avais fait valoir ma position, ce qui m'avait valu un coup de fil de François Fillon, furieux. J'avais pourtant répondu au Premier ministre que je savais très bien que l'arbitrage se ferait entre lui et le chef de l'État, mais tant que les choses n'étaient pas gravées dans le marbre, j'étais moi aussi en droit de donner mon avis, le débat restait ouvert. Sarkozy, lui, pouvait être plus enclin à la discussion. Et même si sa décision était irrévocable, il avait rouvert le sujet avec moi à l'occasion d'un déplacement à bord de l'avion présidentiel. Malgré nos différences, j'ai été en phase avec lui. Si certains m'ont longtemps dépeint comme le chouchou, je sais que je n'aurais jamais été l'héritier de Nicolas Sarkozy. De toute façon, je ne crois pas aux héritiers. En politique, on ne peut compter que sur soi… et la confiance populaire.

Le président de la République m'a enseigné qu'il faut toujours savoir travailler sur plusieurs chantiers en

1. Le chef de l'État avait rouvert le dossier de la TVA sociale le 31 décembre 2011 à l'occasion des vœux télévisés de la présidence.

même temps. Lui-même répétait : « Si vous n'engagez qu'un seul chantier, tout le monde concentre ses forces, mais si vous faites travailler plusieurs piliers de votre action en même temps, vos opposants ne savent pas par quel bout vous prendre. » Quant à son hyper-présidentialité, si elle a suscité énormément de débats tout au long du quinquennat, je pense, avec du recul, que c'était surtout l'époque qui l'exigeait. Il fallait du renouveau et un style radicalement différent que celui de Jacques Chirac, qui avait été le locataire de l'Élysée durant douze ans. Par ailleurs, je crois que, au fond, prendre des coups lui importait peu, tant qu'il agissait. Un jour, Nicolas Sarkozy m'a d'ailleurs dit ceci : « Tu sais, Xavier, dans la vie, il y a ceux qui s'aiment trop et ceux qui ne s'aiment pas assez. Et toi et moi, on appartient à cette deuxième catégorie. Ceux qui portent un beau costume ne veulent surtout pas l'abîmer. » Pourtant, en politique, il ne faut jamais avoir peur d'un accroc.

À la suite des crises économiques mondiales de 2008 et de 2010, je me suis mis à penser l'après. Et une nouvelle prise de conscience s'est opérée en moi. Je ne contestais pas la cohérence et le leadership de Nicolas pour l'élection présidentielle de 2012. De toute évidence, il était le meilleur d'entre tous pour briguer un second mandat. Mais je ne voyais personne autour de nous, dans ma famille politique, capable de prendre le relais en 2017. Et c'est certainement à ce moment précis que j'ai commencé à me dire que, après lui, j'aurais la volonté de me porter candidat.

★

Les présidents de la République nourrissent tous l'obsession de leur réélection. Un réflexe humain. Celui qui est élu pour un mandat aussi court que cinq ans se met forcément en tête de faire deux mandats successifs. Même quand les sondages ne sont pas au beau fixe. Aussi, lorsque Nicolas Sarkozy officialise sa candidature à la présidentielle, le 15 février 2012 sur TF1, il apparaît en président challenger aux yeux de la plupart des observateurs et des enquêtes d'opinion.

Compte tenu de la prise de l'UMP par Copé, je ne compte pas parmi ceux qui se réunissent chaque semaine à l'Élysée pour peaufiner la stratégie de campagne. Je n'appartiens à aucun dispositif, néanmoins je m'engage pour Nicolas Sarkozy, et je relaye sa parole en enchaînant les déplacements aux quatre coins de la France. J'anime des réunions publiques réclamées par les élus, et je réponds scrupuleusement à toutes les sollicitations des médias. Comme je l'ai toujours fait, j'avance, sans demander l'aval de quiconque. Mais au fond de moi, j'éprouve un profond ressenti d'injustice à l'idée d'avoir été mis de côté. Ce sentiment d'abandon me déplaît et me fait souffrir, pourtant, je n'en toucherai pas un mot à Nicolas Sarkozy durant toute la campagne. Non seulement le président de la République a mieux à faire que de gérer les humeurs et les tracas de chacun, mais il est inutile de s'adresser à un homme qui a déjà la tête dans le guidon.

★

Les meetings ne sont pas moins fastueux que ceux que j'ai connus cinq ans auparavant, mais la magie n'opère pas. L'entourage présidentiel a beau répéter « On va refaire du Sarkozy 2007 », on n'en prend pas le chemin. Et à mon avis, rejouer l'alliance parfaite du travail et de l'autorité ne suffit plus. De 2008 à 2012, les Français ont connu des années difficiles avec la crise des subprimes et de l'euro. Sarkozy, candidat du pouvoir d'achat en 2007, n'a pas pu devenir le président de cette proposition tant attendue. La réforme des retraites de 2011, passée aux forceps, va elle aussi énormément compter et peut-être même compromettre l'élection[1]. Bien sûr, il fallait voter ce texte pour éviter que les déficits ne dérapent, mais le timing n'était pas le bon. Quant à Patrick Buisson, depuis le discours de Grenoble en 2010[2], il a repris la main sur la stratégie électorale. Sa patte d'extrême-droitisation était omniprésente dans tous les discours du candidat. Et personnellement, je trouvais cette quête mortifère.

Nous faisions tous campagne au maximum, mais avec une forme d'énergie du désespoir. Et même si les meetings, toujours plus nombreux, rassemblaient une foule galvanisée, on était à mille lieues de la campagne de 2007. Le thème de « La France forte » ne parvenait pas à suffisamment convaincre les Français.

1. L'âge légal de départ à la retraite était passé de soixante à soixante-deux ans à l'horizon 2018. La réforme comptait une vingtaine de mesures.

2. Discours prononcé par le chef de l'État, le 30 juillet 2010, à Grenoble dans le cadre de la nomination du nouveau préfet. Dans son discours, Nicolas Sarkozy avait fait le lien entre délinquance et immigration, soulevant un tollé dans la classe politique à gauche.

★

En face se jouait une autre partition. Même si Dominique Strauss-Kahn avait été un jour capable de se présenter à la primaire socialiste, j'étais persuadé que c'était François Hollande qui remporterait la victoire dans sa famille politique[1]. Intelligemment, Hollande a senti que l'anti-sarkozysme serait le moteur de cette élection présidentielle. Il osait aussi la carte de la démagogie, comme lorsque, le 22 janvier 2012, il affirma dans son discours du Bourget que son « adversaire, c'était le monde de la finance ». Un moyen d'appuyer de toutes ses forces sur la crise économique pour en faire son moment politique.

★

Il y a des dimanches de campagne qui donnent l'impression que tout se joue en un meeting. Le 15 avril 2012, place de la Concorde, les militants agitent leurs drapeaux tricolores avec l'envie de croire que cette mobilisation pourrait tout changer. Ce jour-là, pour court-circuiter le meeting de François Hollande à Vincennes, le discours de Nicolas Sarkozy est sciemment avancé d'une demi-heure afin de s'assurer la couverture des chaînes d'info. En soi, notre rassemblement a de la gueule, alors que celui du PS semble beaucoup plus bricolé. Mais l'heure est grave, et ici, en plein cœur de Paris, personne n'a

1. Le 16 octobre 2011, François Hollande remporte la primaire citoyenne avec 56,57 % des votes face à la candidate Martine Aubry : 43,43 %.

envie de fanfaronner. En montant à la tribune pour ma propre intervention, je suis conscient de la fragilité du moment. À une semaine du premier tour, j'exhorte la foule à bousculer les sondages qui donnent le candidat du PS en tête des intentions de vote. C'est Nicolas Sarkozy qui a explicitement demandé que je prenne la parole face aux militants. Au grand dam de Jean-François Copé et de son acolyte Jérôme Lavrilleux[1], qui ont manœuvré en douce toute la semaine pour sucrer mon passage sur scène. Quant à la petite réception qui s'est tenue juste après le meeting... Je n'ai même pas été invité.

Ils parviendront à me faire taire, à cinq jours du second tour, lors du grand rassemblement donné le 1er mai sur l'esplanade du Trocadéro. J'étais pourtant rentré tard dans la nuit après un déplacement express à La Réunion et à Mayotte pour porter la parole de Nicolas Sarkozy. En ce jour symbolique, et en tant que ministre du Travail, j'avais très envie de m'exprimer. Mais cette fois-ci le coup a réussi et mon discours est passé à la trappe. L'éviction me restera en travers de la gorge pendant longtemps.

J'ignore si Nicolas Sarkozy avait senti, en ce premier jour de mai, que la victoire était en train de lui échapper. Quoi qu'il en soit, le Trocadéro était quand même un très beau meeting.

⋆

1. Directeur adjoint de la campagne.

Le 2 mai 2012, à l'occasion du débat télévisé de l'entre-deux-tours entre Nicolas Sarkozy et François Hollande, des caméras de BFMTV me suivent. Il a été convenu que l'équipe de tournage filmerait la réunion publique qui se tient à La Grande-Motte, puis récolterait les réactions de David Douillet, ministre des Sports, et les miennes à l'issue du débat.

Celui-ci dura 2 h 51. Soit une éternité quand on assiste en direct à un naufrage. Le pire ayant été ce moment à la fin où François Hollande usa de sa célèbre anaphore « Moi, président ». Sitôt le débat achevé, les journalistes sont venus vers moi. Autant dire que j'ai sorti les rames et effectué un grand numéro de langue de bois. On a tous compris, ce soir-là, que le match était plié.

Le 6 mai 2012, en fin d'après-midi, je suis invité à me joindre à une réunion à l'Élysée. Nicolas est enfermé dans son bureau depuis des heures avec ses plus proches conseillers, Henri Guaino, Franck Louvrier, Pierre Giacometti, Patrick Buisson… Nous avons les sondages non officiels. Ils confirment ce que j'ai pressenti tout au long de la campagne. Quand on fait de la politique, qu'on n'est pas encore totalement enrhumé et qu'on a encore un peu de pif pour sentir les choses, on sait ce qui est jouable et ce qui ne l'est pas.

Soudain, la porte du Salon doré s'ouvre, Buisson en sort et fonce droit vers Nathalie Kosciusko-Morizet, Valérie Pécresse et moi en lâchant : « Vous vous rendez compte ? Hollande n'a pas même la majorité absolue du suffrage, il a juste une majorité relative. » On s'est alors tous regardés en pensant très fort la même chose : « Si c'est ça, les éléments de langage, eh bien merci, on va s'en passer ! » Nicolas Sarkozy, lui, regardait la vérité en face. Sa dignité forçait le respect. Il avait perdu et se sentait le seul responsable de cet échec. C'est un grand homme dans la défaite. Certains vous diront même que ses meilleurs discours sont ceux qu'il fait quand il perd.

À la Mutualité, face à un parterre de militants dépités, Nicolas Sarkozy prononce ces mots : « Je partage vos idées, je partage vos convictions. Votre idéal, c'est l'idéal de toute ma vie. Et vous pourrez compter sur moi pour défendre ces idées et ces convictions, mais ma place ne pourra plus être la même [...]. Et au moment où je m'apprête à redevenir un Français parmi les Français, plus que jamais j'ai l'amour de notre pays inscrit au plus profond de mon cœur. »

Son message est clair. Je suis alors persuadé qu'il est prêt à tourner la page pour démarrer un nouveau chapitre de sa vie. J'ai sans doute été naïf en le croyant sur parole. J'aurais plutôt dû me souvenir du jour où il m'avait lâché : « La politique est une drogue, il est très compliqué de retirer la seringue. »

Nicolas Sarkozy comme je l'ai vu…

Nicolas Sarkozy était pour moi une figure familière avant même de l'avoir rencontré. Pour qui s'intéressait à la politique, son parcours hors-norme surprenait, impressionnait, fascinait. Tout démarre en 1975. Il a vingt ans et prononce aux assises de l'UDR, à Nice, un premier discours si épatant que Jacques Chirac le repère. En avril 1983, le jeune loup défraie la chronique en prenant à la hussarde la mairie de Neuilly, qui plus est au nez et à la barbe de Charles Pasqua, l'une des figures du mouvement gaulliste. Dix ans plus tard, devenu ministre du Budget et porte-parole du gouvernement Balladur, il joue un rôle crucial dans la prise d'otages de la maternelle de Neuilly en négociant la libération des enfants retenus directement avec Erick Schmitt, *alias* « Human Bomb ». Son courage, son culot, son énergie et son talent le destinaient à coup sûr aux plus grandes fonctions.

En 1998, je suis responsable départemental du RPR et viens d'être élu conseiller général quand je rencontre

Nicolas Sarkozy pour la première fois. Amaury de Saint-Quentin[1] me contacte et m'invite avec un certain nombre de mes homologues à un déjeuner de travail en petit comité. Autant dire que je ne me fais pas prier pour honorer le rendez-vous. Accompagné de son chef de cabinet et de Cécilia, Nicolas semble pressé d'avaler son repas, mais il écoute, distribue la parole, donne ses orientations pour le parti, évoque sa relation, *a priori* baroque mais très intense, avec Philippe Séguin. Sarkozy parle vrai et sans filtre, fidèle à ce qu'il a toujours renvoyé. Alors, comment ne pas être séduit par cet archétype de l'homme politique ?

En 1999, secrétaire général du RPR, il remplace Philippe Séguin[2] au pied levé comme tête de liste de la droite aux élections européennes. Pour cette campagne express, nous organisons une réunion publique au palais de Fervaques, à Saint-Quentin. Peu avant qu'il ne monte sur scène, Nicolas rencontre, en petit comité, au sein de l'hôtel de ville, les responsables locaux, dont Pierre André et moi-même. Lucide, le candidat ne semble guère se faire d'illusions sur le résultat du futur scrutin. Pourtant, devant la salle pleine à craquer, il ne laisse paraître aucun doute. Sarkozy est égal à lui-même, son discours puissant et mobilisateur. L'assistance saint-quentinoise est comblée.

Quand je suis élu député en 2002, j'ai davantage l'occasion de mesurer son activisme gouvernemental, avec

1. Chef de cabinet du secrétaire général du RPR.
2. Président du RPR.

une pointe d'agacement. Notamment quand il prend ouvertement ses distances ou critique directement Jacques Chirac, ma référence. À mon goût, il franchit trop souvent la ligne rouge de l'irrespect vis-à-vis du président de la République. Ses remarques déplacées sur le Japon et les sumos, les deux passions de Chirac, passent très mal, même si l'Élysée a l'élégance de ne faire aucun commentaire. « Comment peut-on être fasciné par ces combats de deux types obèses en chignons gominés ? » avait lâché Sarkozy lors d'un déplacement à Hong Kong… Ce jour-là, il est allé jusqu'à évoquer ses dernières vacances à Assouan, en Égypte, où il a séjourné dans l'hôtel fréquenté jadis par François Mitterrand. Ce qui lui a permis de conclure : « Lui, au moins, il avait du goût. » Alors oui, dans ces cas-là, le numéro 2 du gouvernement en faisait trop, et je n'étais pas le seul à le penser.

Toutefois, il faut souligner le volontarisme, l'exigence et l'efficacité dont il fait preuve. En 2004, le ministre de l'Économie et des Finances se bat jusqu'à Bruxelles pour organiser le sauvetage d'Alstom. Et c'est en sortant des carcans de son administration que Nicolas Sarkozy parvient à empêcher le démantèlement de ce fleuron de l'industrie française. Le combat pour l'industrie est vraiment un combat politique. Cette même année, je suis nommé secrétaire d'État à l'Assurance maladie, et j'assiste à la fameuse garden-party de l'Élysée du 14 Juillet. C'est « *the place to be* ». Tandis que dans les jardins les verres et les petits fours sont pris d'assaut, les ministres, eux, sont réunis au premier étage du palais présidentiel pour écouter l'intervention du chef de l'État en direct à la télévision. Il ne mâche pas ses mots. Et, ce jour-là, nous sommes plusieurs à boire du petit-lait quand il recadre sèchement Nicolas Sarkozy devant des millions de téléspectateurs : « Il n'y a pas de différends entre le ministre des Finances et moi, assène Chirac. Pour une raison simple, c'est que, notamment s'agissant des dépenses, je décide et il exécute. » La charge est brutale, mais Sarkozy encaisse le coup. Dans les semaines qui suivent, le président tentera de calmer le jeu en se montrant plus chaleureux avec lui durant les Conseils des ministres. Mais Sarkozy, tendu, est concentré sur l'objectif de sa vie : la présidentielle de 2007.

Quand il redevient ministre de l'Intérieur en 2005, ses réactions instantanées et sans concession aux faits divers sécuritaires qui font l'actualité me bluffent. En larguant les amarres pour embrasser son propre destin, Nicolas Sarkozy déploie une stratégie gagnante et incarne bientôt à lui seul la rupture que les Français attendent.

À l'époque, on me rapporte qu'il apprécie mon travail gouvernemental. Il me l'a fait savoir par personnes interposées, me l'a parfois dit à l'issue de réunions ministérielles. Mais lui et moi n'avons quasiment aucun rapport : jamais un petit déjeuner, un déjeuner ou un café. C'est pour ça que lorsqu'il me demande de venir place Beauvau, à la fin de l'automne de 2006, et qu'il me propose en tête-à-tête de devenir, avec Rachida Dati, son porte-parole pour la campagne présidentielle, je tombe des nues, mais j'accepte. À partir de ce jour-là, nos relations changent du tout au tout. Je fais partie du cercle restreint qui prépare la campagne, même si je sais pertinemment – on l'a vu – qu'il existe d'autres réunions auxquelles je n'assiste pas. Le 26 janvier 2007, pour sa première réunion publique depuis son extraordinaire meeting de la porte de Versailles par l'UMP, c'est au palais des sports de Saint-Quentin qu'il vient s'exprimer, devant un parterre de 4 000 personnes. Je suis évidemment très flatté de le voir honorer ma ville.

Son leadership et son charisme ne font pas un pli. Sarkozy sait impliquer les gens et les équipes qui travaillent à ses côtés. Il sollicite les avis, lit à voix haute des pans entiers de ses discours, partage ses convictions, les étapes clés de sa stratégie. C'est la première fois que je me trouve associé d'aussi près à une campagne présidentielle, une période d'autant plus passionnante que les occasions de partage avec le candidat sont nombreuses. Jamais avare de discussions, Nicolas profite des déplacements pour sauter d'un sujet politique à une conversation privée où il parle des siens, de son amour pour la lecture, le sport, le cinéma. Je ne consigne rien par écrit de ces échanges, mais j'ai conscience de vivre des moments rares. De toute façon, je sais que sa mémoire est infaillible ; Nicolas Sarkozy est hypermnésique, comme moi. À mes yeux, la campagne me semble si parfaite que je ne soupçonne pas une seconde le drame personnel qui se joue en coulisses entre Cécilia et lui. Notre candidat, sûr de lui et de sa méthode, ne se départit jamais de ses interrogations.

Le 6 mai 2007, la victoire de Sarkozy est éclatante. 53,07 % des suffrages en sa faveur. Durant la période qui précède la passation de pouvoir, je suis à Saint-Quentin, où j'ai repris mes activités locales. Je ne me manifeste pas auprès de Nicolas Sarkozy ou de Claude Guéant. Le 11 mai, moins d'une semaine avant l'annonce de la composition du gouvernement, je me décide à appeler le secrétaire général de l'Élysée, pour venir aux nouvelles. « Ah, Xavier, on s'étonnait de votre silence ! me lance Claude Guéant. Le président a, bien sûr, pensé à vous et va vous confier un grand ministère des Affaires sociales. »

Je ne suis pas étonné de cette éventuelle nomination, mais j'en suis ravi. Car je vais avoir à mener les réformes parmi les plus importantes du début de ce quinquennat. Avant, je repars en campagne pour les élections législatives, où je suis élu dès le premier tour. Puis, je vais apporter mon soutien à plusieurs camarades. Mais la tâche n'est pas facile avec l'affaire de TVA sociale dont tout le monde parle – et que j'ai évoquée plus haut[1].

1 an, 7 mois et 28 jours… Ma première période ministérielle au Travail et aux Affaires sociales est captivante. Comme à son habitude, Nicolas Sarkozy échange énormément avec ses ministres, qu'il aime réunir en petit comité. Il apprécie particulièrement les réunions (toujours minutieusement préparées) qui se déroulent dans le salon jouxtant son bureau de l'Élysée. Le président est prêt à écouter et même à retenir tout nouvel avis. En revanche, l'eau tiède n'est pas sa tasse de thé.

On l'a vu, les premières réformes souhaitées par le chef de l'État voient vite le jour : loi TEPA, peines planchers, service minimum dans les transports… Tout s'enchaîne. Et les premières difficultés arrivent

1. Voir chapitre 4, « Le travail, c'est la Santé ».

à l'automne de 2007 avec la réforme des régimes spéciaux de retraite. Le pays est bloqué par les grèves, les Français se retrouvent sans transport pendant de longs jours, mais l'opinion est avec nous. Les sondages l'attestent. Pour autant, de mauvais signes émergent. Ainsi, l'opinion finit par nous lâcher à cause de la paralysie. Mais comme c'est le jour où les organisations syndicales décident de lever le mouvement, au sein du gouvernement, on est soulagé !

En décembre 2008, ma relation avec le chef de l'État prend une autre dimension : je suis amené à prendre la tête de l'UMP ! J'ai un temps caressé l'idée de cumuler ma fonction de ministre avec celle de secrétaire général du parti, mais nombre de mes « amis » ont dissuadé le président d'accepter l'idée. « Si tu donnes les clés de l'UMP à Bertrand surtout gardes-en un double ! » a expliqué Copé au chef de l'État, ainsi que je l'ai dit dans le chapitre précédent. La confiance régnait, n'est-ce pas ! Mais comme au ministère du Travail mon calendrier de réformes s'est désempli, et que j'aime l'action, je choisis sans hésitation de prendre les rênes du parti. L'UMP doit être une étape clé dans ma construction politique.

Dès lors, je vais avoir des échanges de plus en plus fréquents avec Nicolas. Notamment le dimanche soir quand il me donne rendez-vous dans ses appartements privés de l'Élysée. Là, il se montre à la fois directif, bienveillant et très soucieux de recueillir un maximum d'informations. De mon côté, je veille à communiquer chaque jour à Claude Guéant l'évolution du nombre et de l'opinion des adhérents.

Je ne reviens pas sur ma mise à l'écart de l'UMP due à la pression exercée par Jean-François Copé sur le chef de l'État[1]. Copé a garanti son soutien total à Sarkozy pour la présidentielle de 2012, tout en menaçant de saper son action à l'Assemblée nationale en cas de refus. La politique est faite de ce type de stratégies. Certes, sur le coup, j'en veux à Nicolas Sarkozy, mais politiquement parlant, je comprends sa décision. Et puis, mon retour au gouvernement en novembre 2010 va être l'occasion de renouer avec les réformes et la gestion de crises, alors qu'importe. Dans cette mission passionnante, je m'investis totalement et, d'une certaine façon, je tourne la page.

Je traverse la présidentielle de 2012 sans jouer le rôle de 2007. C'est bien normal, et pour être sincère, je m'y attendais. Mais à partir de là, et jusqu'à aujourd'hui, ma relation avec Sarkozy ne va pas être sans difficultés. Aucune épreuve ne lui a été épargnée depuis son départ de l'Élysée, et je reste très impressionné par la force qu'il déploie dans l'adversité. Je continue aussi d'apprécier nos échanges, en matière de voyages, de lectures, et de football, puisque c'est l'une de nos grandes passions. Quiconque assisterait à nos discussions serait étonné du temps que l'on consacre à parler des exploits du PSG, dont je suis fan, du RC Lens ou du LOSC. Mais je sais aussi que Nicolas Sarkozy trouve mon opposition au Front national trop viscérale. Quand il me pousse à être candidat aux régionales en 2015, c'est parce qu'il pense avant tout que le combat est perdu d'avance pour moi. Que dire aussi des petites phrases mesquines distillées

1. Jean-François Copé était à l'époque président du groupe UMP à l'Assemblée nationale. Voir chapitre 4, « Le travail, c'est la Santé ».

çà et là dans la presse ? Comme lorsqu'en 2016 « un proche » rapporte en *off* les propos de Sarkozy au sujet de Christian Estrosi et moi : « Ils se croyaient mini-présidents de la République. En fait, ils sont chefs des trains et des lycées[1]. »

Je n'ignore pas, non plus, que je ne suis jamais le premier à figurer dans son tiercé gagnant. Si LR avait dû remplacer à la dernière minute François Fillon durant la campagne présidentielle de 2017, Nicolas Sarkozy aurait poussé la candidature de François Baroin avant la mienne. Autre exemple qui intervient à la suite de la dissolution ratée et des élections législatives anticipées de 2024, quand émerge l'hypothèse d'un Premier ministre issu de nos rangs. L'ancien chef de l'État a successivement testé Christine Lagarde et François Baroin afin de connaître leurs ambitions pour Matignon. Aucun des deux n'ayant souhaité se porter candidat, il m'a finalement apporté son soutien dans l'espoir de me voir nommer Premier ministre. Ne pas être son choix numéro 1 ne m'empêche en rien de reconnaître la sincérité de sa démarche.

Aujourd'hui, je ne m'inscris plus dans un rapport hiérarchique avec lui. Je suis totalement indépendant, et il le sait très bien. Mais tout comme Jacques Chirac en son temps, Nicolas Sarkozy, à sa façon, m'a permis d'apprendre et de comprendre ce qu'est le cœur du pouvoir. Sans chercher à lui ressembler, en tirant leçon de ses réussites comme de ses erreurs, je me suis construit à ma manière et autrement.

---

1. *JDD*, le 31 janvier 2016.

5

« Je suis redevenu moi-même »

À partir de 2012, la droite devient une famille comme il en existe tant d'autres : paumée, violente, dysfonctionnelle. L'échec de Nicolas Sarkozy à la présidentielle aiguise les appétits voraces et bouscule les ambitions. L'UMP se cherche un leader naturel, une sorte de grand chef à plumes capable d'aller de l'avant pour tourner la page au plus vite. Mais à l'automne, la guerre de succession entamée entre Jean-François Copé et François Fillon pour la présidence du parti vire au fiasco. Les divisions se creusent, les rancœurs éclatent, le mouvement vacille. L'invalidation des comptes de la campagne électorale par le Conseil constitutionnel (2013), suivie de l'affaire Bygmalion (2014), vont se charger de faire voler le parti en éclats. La justice s'en mêle et précipite, de façon vertigineuse, ses acteurs si près du gouffre.

Réélu député de l'Aisne en 2012, pour un quatrième mandat, Xavier Bertrand ne reconnaît plus les siens, prend ses distances, et exprime bientôt ses désaccords avec Nicolas Sarkozy. Désormais, « XB » va faire de ses origines modestes une force. Jugeant l'UMP inapte à travailler correctement, il lance en 2012 La Manufacture, son think tank, *et se déclare, avant tout le monde, candidat à l'élection suprême de 2017.*

Lorsque Nicolas Sarkozy se réinvite dans la danse, et reprend, à partir de l'automne de 2014, les rênes d'un parti « rebrandé » Les Républicains, Xavier Bertrand peine à croire à sa promesse de changement. Alors, il trace sa route, regarde droit devant, et veut croire en sa différence.

Xavier Bertrand résume le mandat de François Hollande en trois mots : « tâtonnements », « Charlie Hedbo *» et « Bataclan ». Et en un souvenir, précieux, celui du 11 janvier 2015, où il manifesta, dans les rues de Paris, pour la première fois aux côtés de sa fille aînée Caroline. Dix ans plus tard, la marche républicaine contre le terrorisme fait toujours autant vibrer sa fibre paternelle et sa mémoire de citoyen. Conscient d'avoir sacrifié beaucoup de sa vie privée pour construire sa carrière, ce père de famille de cinq enfants regrette de ne pas avoir suffisamment vu grandir ses aînés, mais explique que, à l'époque, il aurait été incapable de faire autrement. La politique coule dans son sang.*

Une campagne électorale va venir tout bouleverser, celle des régionales de 2015, face à Marine Le Pen. Le combat est rude, le terrain se révèle parfois douloureux. Au second tour, grâce au mot d'ordre de la gauche qui encourage ses électeurs à faire barrage contre le FN, Xavier Bertrand remporte le scrutin. Pour lui, c'est l'électrochoc. Il assure, depuis, ne plus être tout à fait le même. « Cette élection a eu l'effet d'un coup de poing. Durant l'année 2015, je me suis débarrassé de tous les automatismes qu'on vous apprend en début de carrière. Ça prend du temps, c'est compliqué. Mais ce qui a changé, c'est que je suis redevenu moi-même. »

Nous sommes huit sur la liste noire. Deux femmes et six hommes que Marine Le Pen appelle à faire battre au second tour des élections législatives. Le 11 juin 2012, au cours d'une conférence de presse, la présidente du Front national égraine les noms de celles et ceux qu'elle souhaite voir éliminer au nom de la « moralisation de la politique » : François Pupponi (PS, Val-d'Oise), Manuel Aeschlimann (UMP, Hauts-de-Seine), Georges Tron (UMP, Essonne), Jack Lang (PS, Vosges), Ségolène Neuville (SRC, Pyrénées-Orientales), Slimane Tir (EELV, Nord), Nathalie Kosciusko-Morizet (UMP, Essonne) pour avoir osé écrire un pamphlet dans lequel elle dénonce les mensonges de l'extrême droite[1], et moi-même. M'inscrivant depuis des années dans une lutte acharnée contre la famille Le Pen, je ne suis pas surpris de figurer au casting… Ni étonné d'entendre, par des amis bien informés, que des proches de Jean-François Copé, *via* l'intermédiaire de Patrick Buisson, auraient manœuvré pour que mon nom ne soit surtout pas oublié par les frontistes. Je ne sais pas si c'est vrai, mais ça ne me surprendrait guère.

1. Nathalie Kosciusko-Morizet, *Le Front antinational*, Paris, Éditions du Moment, 2011.

Si être dans la ligne de mire de Marine Le Pen ne me fait ni chaud ni froid, je sais en revanche que sa basse manœuvre peut me donner localement du fil à retordre. Je ne pensais pas si bien dire. Les électeurs de gauche à Saint-Quentin me cantonnent désormais au seul bilan de Nicolas Sarkozy. À leurs yeux, je suis devenu l'homme du président, et par conséquent, celui qu'il faut dégager aux prochaines législatives. L'anti-Sarkozysme est alors un sport national, mais j'assume la relation de confiance que j'ai nouée avec l'ancien chef de l'État. À l'exception de la campagne présidentielle durant laquelle j'ai été mis sur le banc de touche, et qui, c'est vrai, me reste toujours en travers de la gorge, je suis fier des réformes que j'ai menées et solidaire de l'action gouvernementale engagée pendant cinq ans.

Mes adversaires sont durs et agressifs à mon égard. Dans cette campagne, j'ai vraiment le vent de face, et il souffle fort entre le rejet de Sarkozy et la volonté de m'éliminer de Marine Le Pen. Mais parmi les électeurs ayant déjà voté FN aux élections présidentielles, certains sont restés sourds aux consignes en s'alignant d'emblée derrière moi. Je pense notamment à des agriculteurs, à qui je dois une fière chandelle, pour avoir organisé des réunions de soutien dans leurs fermes. Ils se moquent de la politique politicienne, et font le choix, pour les législatives, de rester aussi libres qu'autonomes. Je me hisse en tête du premier tour (38,89 % des voix), suivi des candidats PS (35,47 %) et du FN (16,29 %).

Comme lors de chaque élection, pour le second tour, je file au palais de Fervaques à Saint-Quentin, à la centralisation des résultats. Pendu à mon téléphone, je me fais communiquer les chiffres en temps réel, bureau par bureau. J'analyse les premières centaines, et je calcule les totaux sur un coin de table, ce que j'ai appris à faire depuis maintenant plus de vingt ans. Je suis expert en la matière. Mais aujourd'hui, les comptes ne sont pas bons. Pour la première fois de ma carrière, je vais perdre une élection. J'accuse le coup, mon entourage perd pied. Je les console en disant qu'une élection politique, c'est important, mais qu'il y a des choses bien plus graves dans la vie. Ma femme et mes amis semblent, étonnamment, plus affectés que moi.

Puis, je prends la route pour rejoindre le rassemblement organisé avec les militants à l'étang d'Isle. À eux aussi, il s'agit de parler, je dois les réconforter, et les remercier chaleureusement pour leur mobilisation. Au moment de sortir de voiture, Jacques Destouches, sous-préfet de Saint-Quentin, m'appelle.

— Monsieur le ministre, je tenais à vous féliciter pour votre élection.

— Pardon ? Qu'est-ce que vous êtes en train de me raconter ? Je viens de la perdre de 200 voix.

— Non, pas du tout. Quand on totalise tous les bureaux de Saint-Quentin et qu'on additionne ceux de Gauchy, vous êtes élu avec 222 voix d'avance.

Qu'est-il arrivé ? Eh bien, dans l'effervescence, je me suis trompé dans les calculs ! Comme quoi, ça ne sert pas à grand-chose d'avoir eu 20/20 au bac en maths. Mais il est vrai que je suis réélu de justesse face la candidate socialiste Anne Ferreira. C'est la fidélité des Saint-Quentinois qui m'a sauvé. Ma reconnaissance est immense. Dans le reste du département, en revanche, c'est l'hécatombe, les quatre candidats de droite ont tous été balayés. Comme en 1997, la vague rose s'impose. Un mois après l'élection de François Hollande à l'Élysée, la gauche et ses alliés remportent la majorité absolue à l'Assemblée nationale. L'UMP, elle, est en vrac, encore et toujours plombée par le récent échec de Nicolas Sarkozy à la présidentielle.

En relisant les résultats des élections législatives de 2012, je sais la dette que j'ai pour le monde agricole. Si les agriculteurs de l'Aisne ont continué à me faire confiance, c'est parce que je les ai toujours défendus. Conscient de leur fonction essentielle car nourricière dans notre société, depuis le début de mon engagement politique, j'ai toujours été à l'écoute de ce bon sens paysan – qu'il soit issu des betteraviers du Vermandois ou des producteurs laitiers de Thiérache –, qui manque si souvent au monde politique. Je ne peux imaginer un pays sans paysans, c'est pourquoi j'ai toujours été à leurs côtés, que ce soit lors de la crise du lait en 2015 ou lors de leur mobilisation en 2024, afin qu'ils vivent du revenu de leur travail, sans surtransposition française de normes européennes, qui est uniquement source de concurrence déloyale.

Jean-Yves, Laurent, Charlotte, Bruno et tant d'autres m'ont fait partager leur passion, composée à la fois de transmission au rythme des saisons et d'une expertise ancrée dans la modernité afin d'affronter le défi climatique dont ils sont les premiers acteurs. À ce titre, je préférerai toujours mettre dans l'assiette de mes enfants ce qui a été produit en France plutôt qu'à l'autre bout du monde. Aux pourfendeurs de notre modèle agricole, j'aime rappeler que nous avons la meilleure et la plus saine des agricultures, une agriculture dont je serai toujours un avocat.

★

Le 20 juin 2012, j'affronte Christian Jacob pour la présidence du groupe UMP à l'Assemblée nationale. Hervé Gaymard décidera lui aussi d'être candidat. Face à la gauche majoritaire, je veux peser dans l'hémicycle, et je tiens à engager ma famille politique dans une opposition combative et résolue. Avec mes amis Gérald Darmanin, Damien Meslot[1] et l'ensemble de mes collaborateurs, il nous faut convaincre les députés un à un, passer des coups de fil jusqu'au bout de la nuit afin d'expliquer idées et ambitions. Soixante-douze heures durant lesquelles nous avons tout donné. Je sais que je ne pars pas favori pour devenir leur chef de file, que Christian Jacob, qui dirige le groupe depuis deux ans, paraît inexpugnable. D'autant que ce dernier bénéficie du soutien total de Jean-François Copé, qui va entrer dans la bataille avec toute la machine du groupe UMP pour me faire barrage. Christian Jacob m'avouera bien plus tard qu'ils ont eu peur. Voilà pourquoi ils sont allés jusqu'à refuser le débat entre les candidats, et même la simple présentation du projet devant l'ensemble des élus. L'élection était cadenassée – mais c'est aussi le jeu. Christian Jacob a donc été très facilement réélu par les 194 députés enregistrés dans le

1. Député du Territoire de Belfort.

groupe UMP[1]. Quoi qu'il en soit, en récoltant un tiers des voix, j'ai créé un rapport de force qui a fait trembler la forteresse Copé-Jacob.

*

Ce troisième mandat de député, cette fois-ci dans l'opposition, est une expérience inédite qui implique de nouveaux défis sur le terrain et un changement de vie à mille lieues de mes anciennes fonctions ministérielles. Dès lors, je me projette dans le travail de parlementaire en me réemployant à Saint-Quentin, ville dont je suis toujours maire. Aussi, durant l'été de 2012, j'envisage la possibilité de bousculer le jeu et de tenter de prendre la direction de l'UMP. La période est particulièrement studieuse pour réunir les parrainages nécessaires. Mais après réflexion, je choisis de ne pas monter sur le ring. Par lucidité, car je sais que je ne parviendrai jamais à imposer une troisième voie. Le match Copé-Fillon est installé depuis trop longtemps dans les esprits pour espérer jouer le trouble-fête et l'emporter, ni même pour acquérir un rôle d'arbitre dans ce qui se transforme peu à peu en un duel fratricide. Ce n'est pas ma vocation.

Et je n'aime pas ce début de campagne. Les divisions multiples contribuent à abîmer un peu plus l'image déjà écornée du mouvement. Quant aux programmes, j'aimerais volontiers en savoir plus sur le fond, aucun des candidats n'étant capable de dire clairement comment

1. Christian Jacob : 117 voix ; Xavier Bertrand : 63 ; Hervé Gaymard : 17.

il compte reconstruire et positionner le parti. Je prends donc mes distances avec cette guerre de succession qui s'annonce violente, et me consacre à ma propre ambition : l'Élysée. Soit une ligne de conduite très exigeante, et un travail de longue haleine qui commencent à sérieusement peser sur les épaules de mon épouse Emmanuelle.

Le 16 septembre 2012, au micro de Jean-Pierre Elkabbach sur Europe 1, je prends tout le monde de court en annonçant ma candidature à la primaire de 2016 en vue de la prochaine présidentielle[1]. Quelles que soient les circonstances, je suis déterminé à y participer, à travailler dur, et à m'atteler le plus tôt possible au renouvellement des idées et des projets. Aussi, je débarque dans les studios de la rue François-Ier avec trois cartons contenant 8 200 parrainages sur les 7 924 nécessaires pour candidater à la présidence de l'UMP. Et ce sans briguer le poste. Ma stratégie est claire, je ne veux pas que certains cadres du parti puissent penser : « Il se pousse du col, il n'a pas les parrainages suffisants. » Et, connaissant le culot de Jean-Pierre Elkabbach, je sais qu'il ne se serait pas gêné un seul instant pour plonger la main dans l'un des cartons s'il avait voulu en vérifier le contenu. J'avais tout anticipé.

★

À trois semaines du congrès, je n'ai toujours pas fait mon choix entre la candidature de Jean-François Copé et celle de François Fillon. Ce n'est ni pour faire monter

1. « Le Grand Rendez-vous » d'Europe 1/I-Télé/*Le Parisien*.

les enchères, ni pour créer un faux suspens. Mon état d'esprit, je l'explique dans les colonnes du *Figaro* en des termes choisis : « Je n'ai pas davantage de proximité idéologique avec l'un qu'avec l'autre, le passé n'est pas le sujet et la qualité de mes relations avec l'un ou l'autre par le passé non plus. Ce qui compte c'est l'intérêt de notre famille politique[1]. » Mais le 26 octobre 2012, au lendemain du débat télévisé entre les deux aspirants, j'annonce sur RTL mon intention de voter pour l'ancien Premier ministre[2]. Parce qu'à la différence du maire de Meaux, François Fillon est, selon moi, le seul capable de jouer l'unité pour les années à venir.

Le 18 novembre 2012, jour du congrès de l'UMP, je suis chez moi à Saint-Quentin, loin d'imaginer l'enfer que nous nous apprêtons à vivre. À 23 h 30, alors que les résultats ne sont pas encore rendus officiels par la Cocoe[3], Jean-François Copé annonce sa victoire d'un air triomphant : « Les militants de l'UMP viennent aujourd'hui de m'accorder la majorité de leurs suffrages, et ainsi de m'élire comme président de l'UMP avec à mes côtés Luc Chatel et Michèle Tabarot. » Mais dix minutes plus tard, François Fillon, ivre de revanche, déclare la sienne en affirmant face à la presse : « Nous avons remonté tous les résultats de toutes les fédérations de France métropolitaine, des départements d'Outre-mer et des Français de l'étranger. Ces résultats me donnent une courte victoire de 224 voix. Ils ne

1. Le 24 octobre 2012.
2. « Des paroles et des actes » sur France 2.
3. Commission d'organisation et de contrôle des opérations électorales interne à l'UMP, présidée par le sénateur Patrice Gélard.

seront définitifs que lorsque la commission chargée du contrôle des opérations des votes les aura proclamés. » Le parti devient sourd et aveugle.

Les deux clans s'accusent bientôt de fraudes, d'irrégularités, dans les bureaux de Nice et à Paris, de bourrages d'urnes... Un vrai fiasco ! La nuit est longue et le psychodrame si profond qu'il s'étirera sur plusieurs jours. Le 19 novembre, lorsque la Cocoe statue sur la victoire de Jean-François Copé avec 98 voix d'avance, François Fillon, amer, a le plus grand mal à reconnaître sa défaite. Nicolas Sarkozy, tapi dans l'ombre mais officiellement absent du débat, intervient pour tenter de les raisonner, et va même jusqu'à leur lancer un ultimatum. En vain. Puis, nouveau coup de théâtre lorsque François Fillon annonce, au JT de TF1, renoncer à la présidence, vouloir déposer un recours devant la justice, tout en demandant à Alain Juppé de constituer une équipe provisoire permettant de sortir le mouvement de la crise. Six jours plus tard, rebelote ! Cette fois, il réclame une nouvelle élection par les adhérents et annonce la création d'un groupe dissident à l'Assemblée nationale, le Rassemblement-UMP[1]. Une hérésie.

Tout le monde est à bout, moi le premier. Le 27 novembre, sur Europe 1, je fulmine et lance : « Il faut donc revoter, mais je dis en même temps à François Fillon et à ses amis que je ne suis pas d'accord sur la création d'un autre groupe parlementaire. C'est l'unité avant

1. R-UMP : le groupe dissident, composé de 73 députés (François Baroin, Valérie Pécresse, Pierre Lellouche, Éric Ciotti...), décrochera, le 4 décembre 2012, un temps de parole à l'Assemblée.

tout qui compte [...]. L'UMP n'appartient ni à François Fillon ni à Jean-François Copé. Comme, d'ailleurs, le parti ne m'appartient pas non plus. Ce sont les adhérents qui ont la responsabilité et qui ont le pouvoir. Et il faut qu'on sorte de ça [...]. Je préfère mille fois avoir un verdict populaire des adhérents plutôt qu'avoir un verdict judiciaire, c'est quand même bien mieux. »

Alors bien sûr, on ne peut pas nier la fraude, les malversations, les « oubliés » de Nouvelle-Calédonie, Wallis et Futuna et Mayotte dont les scores des fédérations n'ont pas été pris en compte. Mais au-delà des tricheries, ce qui me marque le plus, c'est que les deux hommes sont dévorés par la haine. Je suis sidéré par le niveau de violence atteint. Dans la semaine du 19 au 25 novembre, je rencontre Jean-François Copé, au siège de l'UMP, rue de Vaugirard, pour l'exhorter à trouver une solution. Ça n'a rien de confidentiel, nos rapports ont toujours été détestables. Mais je lui parle au nom de notre famille politique. Je lui assure que personne ne sortira gagnant de cette histoire et que le mouvement se trouve au bord de l'implosion. Je dis exactement la même chose à François Fillon en déjeunant avec lui le jour même. Mais c'est peine perdue. Ils ne veulent rien entendre.

Mi-décembre, après un mois de conflit à couteaux tirés, un accord de sortie de crise est officiellement orchestré par Jean-François Copé et François Fillon. Qui stipule : la programmation d'une nouvelle élection prévue en septembre 2013, la dissolution du groupe R-UMP dès le 15 janvier 2013, et une nouvelle organisation à tous les étages, annoncée par Copé. Le maire de Meaux conserve son titre de président. Mais pour combien de temps ?

★

Ayant fait le cruel constat que le parti n'est plus en mesure de travailler pour préparer la rampe de lancement de son candidat à l'élection présidentielle, je crée La Manufacture à partir de décembre 2012. À l'été de 2021, il en existera plus d'une centaine d'antennes à travers la France. Dans ce maillage territorial, il y a bien sûr des endroits, des chasses gardées, où nous sommes moins présents, mais La Manufacture est avant tout pensée comme un laboratoire d'idées. Peut-être à tort, ce *think tank* n'a jamais été structuré comme un parti. Je n'ai jamais eu l'intention de concurrencer LR ou de donner des investitures pour les élections. Chaque antenne est pilotée par un élu local afin de me faire remonter des idées, des notes, et, j'y tiens particulièrement, des solutions.

Ainsi, j'ai l'occasion de tester de nouvelles idées allant du septennat non renouvelable au recours beaucoup plus fréquent au référendum, ce qui engagerait une transformation en profondeur de la vie institutionnelle. La Manufacture travaille sur les sujets de fond, et je me dis que pour l'organisation, je pourrai toujours compter sur la logistique de l'UMP le moment venu. Quelle erreur !

★

Il y a des scènes de la vie quotidienne qui laissent un goût amer. Un week-end, j'étais en famille au Flunch de Saint-Quentin où j'aime déjeuner de temps à autre.

C'est simple, pratique, et en plus, ça fait plaisir aux enfants. J'étais en train de faire réchauffer mon plat au micro-ondes quand un homme est venu m'aborder de façon agressive. « Qu'est-ce que vous foutez là ? Le Flunch, ce n'est pas pour les riches, alors il ne faut pas venir emmerder les pauvres ! Vous n'avez rien à faire dans ce resto. » Comme un réflexe d'autodéfense, j'ai méchamment rembarré le type.

Mais je dois avouer que ce moment m'a marqué, car il en dit long sur la violence des préjugés vis-à-vis des politiques. Je ne fréquente pas le Flunch ou autres établissements du même genre pour me donner un style ou une image de politique sympa, et ce n'est pas non plus une question d'argent. Mais parce que je suis issu des classes moyennes, et que je ne fais pas semblant d'être quelqu'un d'autre que moi-même !

*

La France dirigée par François Hollande avance en bringuebalant. Les résultats économiques ne sont pas bons, les sondages du PS en berne et la cote du chef de l'État, pire encore. Au sein de la majorité, l'ambiance n'est pas au beau fixe. Des sujets de société arrivent sur le devant de la scène, comme le mariage pour tous, porté par la garde des Sceaux Christiane Taubira. Personnellement, je suis contre le mariage pour tous. Mais totalement en faveur de l'union des couples homosexuels. D'ailleurs, je regrette que la droite n'ait pas tenu ses promesses de 2007 et fait évoluer le pacte civil de solidarité (PACS). Ainsi, quand en 2012 François

Hollande s'apprête à dégainer sa promesse de campagne n° 31, j'appelle le gouvernement de Jean-Marc Ayrault à ne pas faire passer ce projet de loi en force[1]. Je le fais parce que je sens les Français divisés sur la question. Et, je suis moi-même persuadé, à l'époque, qu'il faut différencier l'institution du mariage de celle de l'union entre deux personnes de même sexe. Ainsi je vais prôner la réécriture ou l'abrogation de la future loi Taubira ouvrant le mariage aux couples de même sexe[2].

À l'automne de 2012, les premières manifestations s'organisent. Je ne m'affiche pas aux côtés des autres élus derrière leurs banderoles. Je suis au cœur du cortège parisien entouré par de nombreux Picards, car au fond, pour moi, la dimension personnelle de ce projet a pris le pas sur tout le reste. Mais aujourd'hui, je l'écris sans sourciller, j'ai eu tort. Je me suis trompé, je n'avais pas senti l'évolution de la société. C'est mon ami Alexis, adjoint à la mairie de Saint-Quentin, qui m'a ouvert les yeux le jour où il m'a demandé de le marier à Stéphane, son compagnon. Moi qui ai toujours aimé célébrer les mariages dans cette magnifique mairie, moi qui, aussi, me suis marié à trois reprises dans la vie, j'ai oublié de prendre en compte une dimension essentielle : l'amour et la reconnaissance de cet amour.

Aujourd'hui, douze ans après l'adoption de cette loi par le Parlement, il est important pour moi de reconnaître que j'ai commis cette erreur. Et que si c'était

1. Interview du 2 novembre 2012 sur France Inter.
2. Voir « Xavier Bertrand : "Pourquoi je manifesterai le 5 octobre" », *Valeurs actuelles*, le 3 octobre 2014.

à refaire, je voterais pour ce texte. Parce que non seulement l'amour est le plus beau des mots de la langue française, mais parce qu'il est aussi l'un des moteurs les plus précieux de l'existence.

★

La nouvelle tombe comme un couperet. Le 4 juillet 2013, le Conseil constitutionnel invalide les comptes de campagne de Nicolas Sarkozy pour l'élection présidentielle de 2012, confirmant ainsi la décision de la Commission nationale des comptes de campagne et des financements politiques[1]. Une conclusion qui prive l'UMP du remboursement par l'État des 10,6 millions d'euros dépensés dans cette bataille perdue. Non seulement le parti est moralement en miettes, se cherche un chef, mais cette fois, en plus, nous sommes ruinés.

« Je vous demande de m'aider en vous mobilisant [...]. Cette situation inédite sous la Ve République met en péril la formation qui doit préparer l'alternance tellement nécessaire au socialisme », explique aussitôt l'ancien président de la République sur sa page Facebook. Le 8 juillet 2013, vingt-quatre heures après son appel lancé sur les réseaux, Nicolas Sarkozy effectue pour la première fois son retour au siège de l'UMP où se tient un bureau politique exceptionnel. J'arrive involontairement en retard au rendez-vous.

Dans la salle pleine à craquer, je salue Sarkozy de loin. Sur scène, il évoque la gravité de la situation et

1. Décision n° 2013-156 PDR du 4 juillet 2013.

les finances désastreuses du parti. Et pour éponger les dettes, Jean-François Copé dégaine le « Sarkothon » *via* un système de mails et de SMS envoyés au quotidien à des milliers de personnes dans toute la France. Aux grands maux les grands remèdes ! Après tout, pourquoi pas ? C'est comme ça que fonctionnent toutes les familles lorsqu'elles rencontrent un problème : elles volent au secours d'un des leurs et se démènent pour le sortir du pétrin. Alors, nous faisons preuve de solidarité envers Nicolas Sarkozy… en y ajoutant l'obligation de mettre la main à la poche. C'est toute l'ambivalence du « Sarkothon » : donner avec la légère sensation d'y être finalement contraint. Évidemment, je sors moi aussi mon carnet de chèques pour redresser les finances. Huit semaines plus tard, grâce à un effort national sans précédent, 11 millions ont été récoltés. Du jamais-vu.

⋆

Six mois s'écoulent avant que je ne propose à Nicolas Sarkozy de nous revoir. Le rendez-vous a lieu le 8 janvier 2014, chez Sormani, un restaurant italien renommé, à deux pas des Champs-Élysées. Je sais que Nicolas affectionne le lieu. En revanche, peut-être a-t-il besoin d'un témoin ou de quelqu'un pour arrondir les angles, car il se trouve que Pierre Giacometti est là, lui aussi. Mais ça ne me dérange pas de le revoir. Pierre est un esprit modéré qui a toujours su dire les choses à Nicolas au moment où il était prêt à les entendre. Il a également une vraie liberté de ton, et forcément une bonne analyse du logiciel Sarkozy, puisqu'il fut son conseiller « externe » à l'Élysée.

Nous prenons place autour d'une table, le patron vient nous saluer, et après ces politesses d'usage, la conversation démarre. Je dis tout ce que j'ai sur le cœur, tout ce que je n'ai pas pu exprimer à Nicolas quand j'étais au gouvernement et lui à l'Élysée. S'il a fait le maximum pour sauver l'économie française et européenne au moment de la crise de 2008, les gens lui reprocheront toujours de ne pas avoir été le président du pouvoir d'achat et de ne pas avoir réglé les problèmes de sécurité, comme il avait promis de le faire.

Je lui reproche également de m'avoir mis de côté en 2012 durant la campagne présidentielle. J'ai toujours été un ministre loyal envers lui, je l'ai même défendu bec et ongles jusqu'au bout. Je sais que Sarkozy a nommé Jean-François Copé à la tête de l'UMP pour s'éviter les emmerdes à l'Assemblée, il me l'avait clairement expliqué à l'époque – comme on l'a vu[1]. Mais en faisant le choix de Copé, Sarkozy a implicitement approuvé l'idée que ceux qui étaient nés du bon côté de la barrière, avec les codes et les réseaux, se voyaient garantir une place. Et j'ai eu le sentiment que ce n'était plus le travail qui permettait de faire la différence entre nous. Pourtant, quand on voit le résultat, on est en droit de se demander si le jeu en valait la chandelle. Mais bien mal acquis ne profite jamais, dit le proverbe…

« Tu m'as fait confiance en tant que ministre mais le premier à avoir cru en moi, c'est Chirac. Aujourd'hui,

1. Voir chapitre 4, « Le travail, c'est la Santé ».

j'ai une totale liberté et nous ne sommes plus dans la même relation. Je ne suis plus aligné avec toi, je ne veux plus rentrer dans des cases. »

Sarkozy m'écoute attentivement, revient sur les conditions de son échec à la présidentielle, et me confie aussi être encore sonné par la décision du Conseil constitutionnel, qu'il juge « ultra-violente ». Puis, il enchaîne sur ce fameux 8 juillet 2013, jour où il a remis les pieds à l'UMP pour le lancement du « Sarkothon ».

— Franchement, vous aviez tous des tronches tellement fermées, et toi le premier, Xavier !

— Peut-être, mais moi, au moins, je ne fais pas partie des hypocrites qui te font des grands sourires par-devant. Parce qu'une fois que tu as le dos tourné, la plupart d'entre eux se disent : "Pourvu que Sarkozy ne revienne pas."

Jamais abattu et toujours conquérant face à l'adversité, Nicolas me dévoile ses plans. Pour reprendre le pouvoir en 2017, il veut s'entourer de nouvelles têtes et de personnes plus expérimentées.

— Tu fais partie de ceux dont je vais avoir besoin. Tu as été un très bon ministre, le meilleur sans doute. Alors ne sois pas rigide, il faudra que tu reprennes une place au sein du futur gouvernement. Aujourd'hui, tu es député-maire, mais ça ne suffit pas pour être dans le jeu politique. Il faut que tu sois fort, il faut que tu changes.

Pierre Giacometti prendra très peu la parole au cours du déjeuner. Je n'ai été ni agressif ni vindicatif, mais j'ai vidé mon sac, et c'est peut-être ça qui a le plus surpris Nicolas Sarkozy. J'étais en train de tourner la page de cette relation durant laquelle il avait eu autorité sur moi. Symboliquement, ce jour-là, chez Sormani, j'ai rompu un lien de hiérarchie qui n'avait plus lieu d'être.

À la fin du repas, j'ai insisté pour payer l'addition. Ça peut sembler bravache, stupide ou dérisoire, mais c'était aussi une façon d'affirmer ma totale indépendance. Quoi qu'il en soit, tout avait été dit, je me sentais mieux. Soulagé, en vérité.

*

« Oui, je suis candidat. C'est un choix affectif, c'est le choix du cœur. Je fais le choix de Saint-Quentin. Ensemble, faisons le choix de Saint-Quentin ! » À un mois du scrutin municipal, le 20 février 2014, ce sont les mots que je choisis de publier sur ma page Facebook pour officialiser ma candidature à l'élection municipale. J'entends mener une campagne éclair, et je justifie cette stratégie auprès de mon équipe en expliquant qu'en étant le maire sortant, c'est le meilleur moyen de créer l'effet de surprise. Ce qui est faux. En réalité, je suis incapable, tant physiquement que psychologiquement, de mener une campagne plus longue. Car Emmanuelle et moi sommes alors en pleine tourmente conjugale. Je m'étais toujours juré de ne plus jamais divorcer, car jamais je n'avais autant souffert que durant les nuits passées loin de Caroline. Et pourtant, l'histoire allait se répéter avec Ambre et Malo. L'idée de ne plus dormir sous le même toit que mes enfants m'est insupportable. Hormis deux ou trois proches qui sont dans la confidence, personne n'est au courant de l'épreuve que je traverse. Dans les rues de Saint-Quentin, lorsque mes colistiers et moi distribuons des tracts, j'ai la hantise que quelqu'un remarque que je ne porte plus mon alliance. Douées d'un sixième sens, les femmes sont généralement plus sensibles que les hommes pour dénicher ce genre de détails. À la différence des élections cantonales de 1998, ma vie privée reste cette fois préservée[1]. Mon histoire et celle de Nicolas Sarkozy sont différentes, c'est évident. Mais je comprends beaucoup mieux ce que Nicolas avait dû endurer pendant la campagne présidentielle de 2007 alors qu'il se séparait de Cécilia. Donner le change, y croire, porter une équipe, alors que tout un pan de votre vie s'écroule, est une sensation de déséquilibre traumatisante.

Le dimanche 23 mars 2014, je suis réélu dès le premier tour face à la liste « Saint-Quentin fait front » du candidat Front national. Par conséquent, le parti d'extrême droite fait pour la première fois son entrée au conseil municipal. Un choc ? Non, plutôt une réalité. Mais à dire vrai, ce ne sont pas les quatre élus du FN qui m'ont donné le plus de mal. Non, je crois qu'à cette époque, le Parti communiste se montrait beaucoup plus pénible pour jouer les opposants.

⋆

Il y a d'abord l'« affaire Copé ». En février 2014, le magazine *Le Point* met en cause le patron de l'UMP et l'accuse d'avoir favorisé l'agence de communication

1. Voir chapitre 2, « Saint-Quentin : un territoire en étendard ».

Bygmalion durant la campagne présidentielle de 2012[1]. *Via* l'intermédiaire de cette société, Jean-François Copé est soupçonné d'avoir approvisionné une caisse noire pour financer sa future ambition élyséenne. Il ne sera jamais mis en examen pour quoi que ce soit. Et pour cause, les allégations lancées par l'hebdomadaire seront plus tard démenties, mais sur le coup, elles sont suffisamment « choc » pour le foudroyer sur place.

La machine médiatique et juridique s'emballe. Le parti serait-il maudit ? Alors que, collectivement, nous aurions dû tourner la page Sarkozy, notre famille se consume désormais au rythme effréné des scandales. Et ce nouvel épisode m'écœure au plus haut point. Révélée dans la presse en mai 2014, l'affaire Bygmalion jette un doute très grave sur la campagne présidentielle de 2012 et sur le mouvement. Dans l'intérêt de ma famille politique, mais aussi dans celui des électeurs et des sympathisants, je souhaite que tous ceux qui sont concernés de près ou de loin par l'instruction se tiennent à l'écart. Il faut restaurer la confiance. Et si Nicolas Sarkozy (qui ne pipe toujours pas mot sur le sujet) entend un jour revenir dans la vie politique, libre à lui, mais les règles ne sont plus les mêmes. Aussi, je ne prends personne en traître en juin 2014 quand je déclare à propos de sa politique dans le *JDD* « qu'elle n'a pas été à la hauteur de l'exercice de vérité et de résultat. Aujourd'hui, je suis un homme libre. Libre de ma parole, libre dans ma

1. *Le Point* du 27 février 2014 titre en une : « Sarkozy a-t-il été volé ? L'affaire Copé ».

façon d'agir et libre de proposer un autre projet pour la France[1] ».

★

Pendant ce temps, les articles sur l'affaire Bygmalion se multiplient. Et se focalisent sur plusieurs noms, dont celui de Jérôme Lavrilleux, homme de l'ombre, devenu l'un des plus fidèles collaborateurs de Jean-François Copé. Or, je connais Jérôme par cœur[2]. Sa façon de sourire lorsqu'il est sûr de lui, ses mains qu'il tente d'occuper pour se donner du courage, je les ai déjà vus. Aussi, quand je regarde l'interview qu'il accorde à BFMTV, le 26 mai 2014, je me demande ce que le directeur adjoint de la campagne va trouver à dire alors qu'il n'a pas encore parlé aux juges. Il dégage quelque chose de très poignant. Ruth Elkrief comprend sa fragilité et s'en saisit pour tenter de comprendre comment ces meetings ont été financés. « Il y a eu un engrenage irrésistible d'un train qui file à grande vitesse. Et les personnes qui auraient dû tirer sur le signal d'alarme ne l'ont pas fait. Je suis sans doute une de ces personnes, sans avoir été la seule dans le wagon », lâche-t-il fébrilement.

Je me mets un instant à sa place, en imaginant à quel point il a dû se sentir seul pris dans cet engrenage. Jérôme Lavrilleux, que beaucoup considèrent comme un pestiféré, est dans un tel état de détresse que j'éprouve ce jour-là de la compassion à son égard. Mais les faits

1. *JDD*, le 22 juin 2014.
2. Voir chapitre 2, « Saint-Quentin : un territoire en étendard ».

sont tenaces. De février à mai 2012, personne parmi ceux qui dirigeaient sa campagne n'a eu le courage de dire au président candidat : « Stop ! Nous sommes dans l'incapacité financière de faire un meeting de plus. »

Un sentiment particulier s'empare de moi à la fin de l'émission. Qui aurait pu imaginer un jour que Copé me rendrait un tel service ? Si en 2010, Jean-François n'avait pas fait des pieds et des mains pour prendre la tête de l'UMP, c'est moi qui aurais eu à gérer les comptes de campagne de Nicolas Sarkozy ! Oui, pour une fois, je pouvais dire merci Jean-François. Avoir été tenu à l'écart en 2012 n'était pas une punition, bien au contraire, c'était une bénédiction.

Au lendemain du passage de Lavrilleux sur BFMTV, un bureau politique exceptionnel est organisé au sous-sol de l'Assemblée nationale… Et comme par magie, aux aurores, ce matin-là, Copé me passe un coup de fil. Je ne décroche pas. Je n'ai l'envie ni de jouer au faux cul, ni de griller les cartouches que je lui réserve. La violence du huis clos est plus ou moins contenue. Certains s'écrient « Barre-toi ! » lors de cette réunion. Mais c'est Nathalie Kosciusko-Morizet qui se montre la plus dure en les traitant, lui et son équipe, de « pieds nickelés ». Face à trente personnalités du mouvement remontées à bloc, Jean-François comprend qu'il est terriblement isolé, et que cette fois, il ne parviendra pas à retourner la situation en sa faveur. La pression est forte. Rares sont ceux qui continuent à le défendre. Nous souhaitons tous sa démission. Vers la fin de la réunion, je prends la parole : « Ce n'est plus tenable, lui dis-je. On est censés faire quoi, après ? Reprendre nos petites habitudes en allant déjeuner au restaurant de l'Assemblée ? Cet après-midi, tous les parlementaires, ici présents, auront droit à une avalanche de questions. Des gens nous regardent, nous observent, et je vais même ajouter une chose : certains osent croire que le parti se remettra un jour au travail. Et ces gens-là ne comprendront pas pourquoi tu es encore le président. Alors je te le répète, pour moi, c'est terminé, tu dois partir. »

À l'issue du bureau politique, Jean-François Copé annonce sa démission. Elle sera officielle à partir du 15 juin 2014. En attendant que le parti désigne un nouveau chef dans les mois à venir, un triumvirat Juppé-Raffarin-Fillon se forme pour prendre la relève. Soit un pansement sur une jambe de bois. Car il n'y a plus d'*affectio societatis*. Nous ne faisons même plus semblant de nous aimer. Et j'éprouve l'étrange sensation que les liens qui m'unissent à cette famille politique depuis près de trois décennies sont progressivement en train de se distendre…

*

La paranoïa m'est venue avec la politique. Pas au sens pathologique du terme, mais plutôt comme une sorte d'état d'alerte permanent nécessaire pour bien réfléchir, agir et éviter les pièges. Il faut dire qu'à cette époque le terrain est miné par les rancunes et les frustrations de chacun. Ainsi, à quelques jours du bureau politique qui doit faire état de l'audit financier de l'UMP, rien ni personne n'est épargné. Le 6 juillet 2014, le *JDD* publie un article dénonçant, notamment, la rémunération de

Geoffroy Didier[1], ainsi que les dépenses supposément pharaoniques de deux billets d'avion financés par le parti pour Jean-François Copé et son épouse. L'hebdomadaire affirme aussi qu'en 2009, période où j'étais secrétaire général, l'UMP aurait payé un réveillon à Center Parcs pour ma famille et moi. Je démens en un tweet et précise que les frais incombant à l'UMP étaient ceux de la personne chargée de ma sécurité. Comme je conserve rigoureusement toutes mes factures, la moindre fiche repas, la moindre place de concert, je passe un après-midi entier à rechercher celle du Center Parcs afin de montrer que j'ai payé de ma poche. Je me souviens encore de Caroline, ma fille aînée, assise à même le sol dans mon bureau, avec des tonnes de papiers étalés autour d'elle. Au bout de quelques heures de recherche, elle s'est écriée, triomphante : « Papa, c'est bon ! Je l'ai retrouvée. »

Mardi 8 juillet, je suis invité sur France Info et j'apporte la preuve[2]. Je n'en tire aucune fierté, je trouve même absurde et navrant d'en être réduit à cela, mais je ne supporte pas l'idée d'être calomnié. D'autant que cette virée en famille m'avait valu les moqueries de Nicolas Sarkozy qui, à l'époque, m'avait lancé : « Tu aurais mieux fait d'aller à la Mamounia[3] avec ta femme plutôt que d'aller chez Center Parcs. » Or, non seulement je n'avais pas les moyens de m'offrir les prestations d'un cinq-étoiles, mais en plus, Center Parcs, c'est

---

1. Collaborateur à l'époque de Brice Hortefeux.
2. « L'Invité de 8 h 15 ».
3. Célèbre hôtel de luxe de Marrakech.

vraiment ce que j'aime. Le journaliste Olivier Auguste fera un tweet très drôle en résumant l'ineptie de la situation : « La politique ce monde merveilleux où tu gardes tes factures pendant des années, et tu fais bien. » C'était tellement bien vu.

★

L'été de 2014 a été marqué par des manifestations en soutien à la population de Gaza, qui ont dégénéré très rapidement dans les rues de Paris, aux abords de deux synagogues, aux cris de : « Mort aux Juifs ! Mort aux mécréants ! »

Dès le 21 juillet 2014, je dénonce la recrudescence de ce nouvel antisémitisme qui menace notre idéal républicain et appelle à la plus grande fermeté. La lutte contre l'antisémitisme est au cœur de mon engagement, car la République française ne peut se concevoir sans les Juifs de France. À travers son histoire, la République a progressé avec eux sur les chemins de la liberté, de l'égalité, de la fraternité. Elle a sombré lorsqu'elle a failli envers eux, comme l'a rappelé Jacques Chirac au Vel' d'Hiv' en 1995. J'ai toujours appelé à la plus grande fermeté contre ces antisémites qui se cachent souvent derrière le paravent de l'antisionisme, antisémitisme alimenté par l'extrême gauche qui souhaite importer le conflit israélo-palestinien au sein de la communauté nationale. Ceux qui ont perpétré les abominations du 7 octobre 2023 en Israël portaient la même haine et la même idéologie que ceux qui ont assassiné des Français de confession juive, d'Ilan Halimi en 2006 à Mireille Knoll en 2018, des enfants de l'école Ozar-Hatorah à Toulouse en 2012 aux clients de l'Hyper Cacher de la porte de Vincennes, à Paris, en 2015.

Dans de nombreuses interventions, j'ai aimé rappeler cette comparaison qui parle aux gens du Nord : les Juifs de France sont comme ces canaris que les mineurs emportaient avec eux pour leur signaler les coups de grisou. En cela, ils sont des sentinelles, à l'avant-garde des menaces qui pourraient nous frapper, et les premières victimes de ceux qui veulent détruire notre République et ce qu'elle incarne.

⋆

En septembre 2014, lorsque Nicolas Sarkozy annonce sur sa page Facebook son retour dans l'arène politique « pour construire une alternative crédible », je me montre très dubitatif. Son esprit de renouveau et ses promesses de changement me paraissent peu vraisemblables, et je ne crois pas au mythe du sauveur. L'homme providentiel n'existe pas. La longévité dans la vie publique valait pour les Giscard, les Mitterrand, les Chirac, mais nous avons changé d'ère, et quelque chose de différent est en train de s'écrire sous nos yeux.

Pourtant, Sarkozy continue d'impressionner. Même s'il a laissé des plumes dans la bataille de 2012, il reste le même, vif et spontané, attachant mais capable de saillies improbables. Qui plus est, en son absence, personne n'a été capable de trouver l'espace politique suffisant pour le remplacer et reconstruire le mouvement sur des bases solides. Fort de ce constat, les candidatures de témoignage de Bruno Le Maire et d'Hervé Mariton, eux aussi en campagne pour prendre la tête du parti, n'ont aucune chance d'aboutir. Le 29 novembre 2014, au congrès de l'UMP, il est donc réélu président avec 64,5 % des suffrages. Je ne suis pas surpris de cette victoire qui, *de facto*, le relance dans la course élyséenne. Mais cela n'entame en rien mon envie d'aller à la primaire pour faire valoir ma différence. D'ailleurs, le score très honorable de Bruno Le Maire me convainc que la donne a changé[1]. Sarkozy a beau revenir par la grande porte, il ne fait plus l'unanimité écrasante auprès des adhérents, son influence n'est plus la même.

*

En 2014, à l'Assemblée nationale, je vote avec Gérald Darmanin en faveur de la réforme territoriale voulue par le président François Hollande (aux termes de laquelle le nombre de régions en France métropolitaine passe de vingt-deux à quatorze). Je sais que cette réforme et la carte des régions ont été bricolées sur un coin de table à l'Élysée. Cependant, je crois aussi qu'elle peut représenter une chance pour la Picardie. Mais à cette époque-là, j'étais encore loin de me douter du nouvel épisode qui allait s'ouvrir…

On ne pousse pas un candidat à se présenter à une élection. En revanche, on a tous besoin d'un sparring-partner

1. Bruno Le Maire obtint 29,18 % des voix. Hervé Mariton : 6,32 %.

pour nous aider à accoucher de ce que l'on a en nous. En 2015, quatre hommes m'encouragent à affronter Marine Le Pen pour l'élection régionale dans le Nord-Pas-de-Calais-Picardie, région agrandie, depuis la loi portée par le gouvernement socialiste[1]. Le premier qui m'aidera à prendre cette décision c'est Gérald Darmanin, qui deviendra d'ailleurs mon directeur de campagne. Il y a ensuite le duo formé par Jean-Pierre Elkabbach et Ramzi Khiroun[2]. Durant des années, j'ai eu plaisir à les rencontrer régulièrement, eux qui fonctionnaient comme un vieux couple inséparable. Un matin, tout particulièrement, ce sont eux qui ont fini de me convaincre : il fallait combattre Marine Le Pen, quelle que soit l'issue du scrutin. « Tu dois prendre ce risque », m'a lancé Elkabbach. Enfin, quand je rencontre Nicolas Sarkozy dans son bureau à l'UMP, lui aussi évoque l'idée de cette investiture. Ce dernier a trois bonnes raisons de me voir briguer ce mandat. 1. Il a un sérieux candidat sous le coude. 2. Si je gagne l'élection, ça sera formidable pour lui, pour moi, et pour le parti. 3. En cas de défaite, ce serait bon débarras, il n'entendrait plus parler de moi pour la primaire de 2016.

Pour autant, la genèse de cette nouvelle candidature n'est pas simple. La région ne fait pas partie de mon projet initial, mais Marine Le Pen ayant de sérieuses chances de l'emporter, je refuse de rester les bras croisés en attendant le désastre. Saint-Quentin m'a donné ma

1. Les deux régions ont fusionné en 2015.

2. Ancien conseiller de Dominique Strauss-Kahn jusqu'à l'affaire du Sofitel en 2011, Ramzi Khiroun est devenu directeur des relations extérieures du groupe Lagardère.

chance en politique, c'est la ville qui m'a vu grandir. Autour de moi, certains commencent à murmurer : « Si tu échoues aux régionales, c'est fini, tu ne pourras plus être candidat à la primaire. En revanche, si tu gagnes, ça sera un formidable tremplin pour 2017. » Je décide de me lancer dans ce combat que beaucoup estiment perdu d'avance. Pas moi.

Avec la tripe républicaine chevillée au corps, le 1er février, j'annonce ma candidature dans *La Voix du Nord*. « Cette nouvelle grande région est l'occasion d'un nouveau départ, pour nos deux régions qui n'en forment plus qu'une. Je crois que c'est une chance historique de tourner le dos au déclin. Je pense qu'en matière de développement économique nous avons aujourd'hui l'occasion de changer de système, quasiment de changer d'époque. La première compétence de cette nouvelle région, ça sera le développement économique. Ma priorité, c'est l'emploi [...]. Moi, je combats le déclin. À la fois ceux qui sont responsables du déclin, le Parti socialiste, et ceux qui aggraveraient le déclin, le Front national. »

La fusion Nord-Pas-de-Calais-Picardie va me permettre de mener de grands projets pour l'avenir, j'en suis convaincu. J'ai d'ailleurs une idée singulière de la fonction lorsque j'explique vouloir devenir « maire de cette grande région ». J'entends par là m'occuper des préoccupations quotidiennes des gens, tout en proposant une transformation de la région au sens large. Exaspérée, Marine Le Pen me reprocha le terme de « maire de la grande région », qui manquerait d'ambition. C'est bien la première fois qu'on me dit ça...

*

Je partage ma vie entre Saint-Quentin et Paris. Mais c'est Saint-Quentin ma boussole. Jamais je n'ai imaginé quitter ma ville, je m'y sens bien, j'y suis vraiment chez moi. C'est là que j'ai grandi, que mon parcours politique s'est formé, et c'est là aussi que sont nés mes trois enfants. J'ai eu une chance formidable, en fait, que mes parents s'y soient installés. Être à Paris a toujours relevé pour moi de l'obligation. C'est la plus belle capitale du monde, mais je ne peux rien y faire d'autre que travailler ou dormir. Je reste un provincial. À la suite de mon second divorce, j'ai pris un nouvel appartement dans le 15e arrondissement, situé juste à côté de celui de mon ex-épouse. Comme je l'avais fait à l'époque pour Caroline, je voulais avoir chaque matin la chance d'amener moi-même les jumeaux à l'école. Ces moments précieux passés avec Ambre et Malo, ces quelques minutes volées à mon agenda, constituent la plus belle parenthèse de mes journées. Mais il y a une blague qui fait généralement rire toute ma famille, celle selon laquelle je ne suis jamais resté célibataire très longtemps.

En 2014, Vanessa Williot, qui deviendra par la suite mon épouse, vient de faire son entrée dans ma vie[1]. Gérald Darmanin nous a présentés l'un à l'autre, sans s'imaginer être à l'origine de notre histoire d'amour. Vanessa, vingt-sept ans à l'époque, est une jeune femme brillante dotée d'un vrai sens politique. Durant ses études à Paris, elle a milité quelque temps à l'UMP, et a ensuite

1. Vanessa Williot et Xavier Bertrand se marieront en 2018.

été élue dans l'opposition au conseil municipal à Saint-Amand-les-Eaux. En mars 2014, elle s'est aussi présentée aux cantonales dans le Nord. Beaucoup ont d'ailleurs pensé à elle pour être candidate sur la liste des régionales. Les deux régions ne formant désormais qu'une, elle n'aura pas l'occasion de briguer ce mandat, mais elle deviendra ma meilleure alliée dans cette bataille. N'en déplaisent aux détracteurs, Vanessa ne sera pas non plus ma colistière, puisque je refuse les vieilles pratiques de certains notables du Nord-Pas-de-Calais qui inscrivaient presque automatiquement femme ou compagne sur la liste. Le système politique doit changer en profondeur, il faut commencer dès maintenant.

*

Un soir d'hiver, Vanessa et moi organisons un dîner à la maison en présence de Gérald Darmanin, Michel Bettan et quelques piliers de la campagne. L'ambiance est chaleureuse, décontractée mais studieuse. Au cours du repas, correctement arrosé, jaillit le slogan : « La région au travail ». C'est en évoquant la série *House of Cards* que l'idée a germé dans nos esprits, et de fil en aiguille nous nous sommes inspirés de l'épisode 1, saison 3, dans lequel le héros présente un programme intitulé : « L'Amérique au travail ». Certes, dans le Nord, on est loin de la politique menée au sein du Bureau ovale et de la violence de Frank Underwood, mais la formule accrocheuse résume à merveille mon projet.

Le 18 juin, comme clin d'œil au général de Gaulle, se tient la première réunion publique à Bousbecque, au nord de Lille. Ce jour-là, des observateurs notent que je me suis délesté de quelques kilos superflus. D'autres rient sous cape, voire se demandent si je ne suis pas tombé malade. « Il a peut-être un cancer », avancent certains. Rien à voir. J'ai tout simplement perdu du poids depuis mon divorce. Mais je suis physiquement très en forme et plein d'énergies nouvelles pour entrer dans la bataille.

Gérald Darmanin, qui connaît bien le Nord[1], part du principe qu'il faut nous démarquer du PS et du FN, en ne négligeant aucune ville, aucun village, aucun lieu-dit. « Vous êtes connu, ça sera un peu comme "Au théâtre ce soir[2]" », me dit-il. J'ai compris l'image, sauf qu'à mes yeux, la politique, ce n'est pas du théâtre. Gérald planifie ainsi des déplacements dans les communes plus isolées, celles qui sont délaissées par la politique, celles où l'on organise généralement une réunion tous les six ans à l'occasion des municipales ou des cantonales. Son organisation est aussi millimétrée qu'efficace. La preuve : midi et soir, nous parvenons à attirer beaucoup de monde. Dans l'entre-deux-tours, nous avons même ajouté une cinquième réunion à l'agenda. Soit près de trois cent quatre-vingts déplacements effectués sept jours sur sept en l'espace de dix mois.

Un rythme de stakhanoviste et un leitmotiv qui me revient chaque jour comme un boomerang : le vote Front national est solidement ancré dans les esprits. Ce qui signifie que nous croisons sur la route des gens qui

1. Gérald Darmanin est natif de Valenciennes.

2. Émission de télévision, qui entre 1966 à 1986, diffusait des pièces de théâtre enregistrées.

refusent d'entamer le dialogue, qui me font la gueule, qui tournent les talons en nous voyant débarquer. Parce que pour eux, je suis l'incarnation des années Sarko, le cliché ambulant de l'apparatchik politique qui ne croit pas en ce qu'il dit. C'est dur à entendre quand on est sur le terrain. Si je n'ai aucun problème à répondre de mes actes en tant qu'ancien ministre, en revanche, pas question de payer les factures des autres.

Mais au-delà des clivages et de l'enracinement de l'extrême droite, je découvre pour la première fois dans la population un désenchantement que je n'ai jamais ressenti aussi fort. Il y a un désamour croissant pour la chose politique, et un rejet terrible de l'ensemble de cette classe à laquelle j'appartiens. En réalité, je détecte là les premiers signes d'une colère qui, trois ans plus tard, s'exprimera à travers le mouvement des Gilets jaunes.

⋆

Le 25 août 2015, à Roye, dans la Somme, un homme, ivre, ouvre le feu sur une aire occupée par des gens du voyage. La fusillade fait quatre victimes : une femme, un bébé de six mois, un homme et un gendarme, décédé de ses blessures à la suite de l'intervention des forces de l'ordre. Trois jours plus tard, le 28 août, une partie de l'autoroute A1 est bloquée par des gens du voyage qui réclament que le fils d'une des victimes, incarcéré à la prison d'Amiens, puisse assister aux obsèques de son père. Les manifestants brûlent des pneus, des palettes, empêchant la circulation de milliers d'automobilistes pendant presque vingt-quatre heures. Certains sont équipés de tronçonneuses pour couper et brûler les arbres des alentours.

Si je peux comprendre l'émotion suscitée par ce drame, j'entre dans une colère noire contre le gouvernement qui a laissé le barrage s'installer. La situation, très dangereuse, peut dégénérer à tout moment si un automobiliste est pris d'un coup de sang. Dans les médias, j'interpelle alors Manuel Valls, le Premier ministre, et Bernard Cazeneuve, ministre de l'Intérieur, et les somme d'agir. Il est temps de désarmer certains groupes de gens du voyage et d'appliquer les mêmes mesures en banlieue. Tous les élus savent qu'une partie de ces populations détiennent des armes lourdes. Mais rien n'est fait pour aller dans ce sens, parce qu'en réalité, tout le monde a peur. Pour ne pas verser dans la polémique, Bernard Cazeneuve me passe un coup de fil et m'invite à le rencontrer dans les plus brefs délais.

Quelques jours plus tard, dans son bureau, place Beauvau, le ministre de l'Intérieur m'explique que l'État n'a pas eu les moyens suffisants pour lever au plus vite le blocage de l'A1. On en est donc arrivés là ! Un grand pays comme la France, empêché d'agir pour protéger les citoyens. Si j'apprécie la franchise de Bernard Cazeneuve, qui n'a pas cherché à enjoliver les faits, ce constat me laisse songeur quant à l'avenir. Au fil de la rencontre, la conversation bifurque et le ministre m'interroge sur la campagne. « C'est sans doute la plus dure de toute ma carrière, mais je pense que je suis le seul à pouvoir battre Marine Le Pen au second tour », ai-je lancé. Et j'ajoute : « Mais ôte-moi d'un doute, que fera François Hollande en cas de triangulaire ? Il compte la jouer républicain ou politicard ? » Très proche du président de la République, Cazeneuve m'assure que le mot d'ordre est le même pour tous jusqu'au plus haut sommet de l'État. La gauche appellera à faire barrage au Front national.

J'acquiers donc la conviction que, si j'arrive à me positionner au second tour, Pierre de Saintignon, le candidat PS, se retirera pour m'aider à battre Marine Le Pen. Mais pas question pour autant de créer une alliance contre-nature avec la gauche. La seule façon pour moi de l'emporter est de maintenir une politique forte et indépendante. Je garde donc ma ligne de conduite, celle d'un ancien ministre expérimenté qui défend les valeurs d'une droite sociale et qui place l'intérêt général au-dessus de tout. Autant dire que, sur le terrain, loin de Paris, je m'éloigne chaque jour un peu plus des consignes des états-majors, dont je n'ai que faire.

★

La région est suffisamment grande pour que je n'aie pas à croiser Marine Le Pen, elle aussi en campagne. En revanche, quand on se rencontre sur les plateaux de télé, on ne s'ignore pas, on cogne. Notre premier débat, en présence de Pierre de Saintignon, est diffusé le 27 octobre 2015 sur I-Télé, en direct du siège de *La Voix du Nord* à Lille. Quelques heures avant de prendre l'antenne, je décide de faire de cette rencontre un vrai moment de télévision en m'attaquant frontalement à la patronne de l'extrême droite.

Je n'ai pas peaufiné de scénario ni écrit de grandes tirades, mais juste couché sur le papier quelques mots-clés pour asseoir le fil de ma pensée. Et le moins que l'on puisse dire, c'est que je n'y vais pas de main morte. « Vous êtes le pire du système, vous êtes l'incarnation du système, lui dis-je ainsi. Les gens qui sont en colère dans cette région doivent savoir que lorsqu'ils votent pour vous, à chaque fois, ce sont quelques euros donnés au financement d'une famille, qui, depuis des années, tel un vampire, profite du système [...]. Vous n'avez jamais bossé autrement. Si, en étant avocate à l'époque des sans-papiers, vous l'oubliez. Alors, s'il vous plaît, arrêtez de nous bassiner et de nous donner des leçons. Vous n'êtes pas de la région, vous ne serez pas le visage de cette région, vous ne serez jamais la région, Madame. Cette région qui a du cœur, elle ne veut pas de vous. Parce que ce soir encore, vous avez zéro solution, vous vous en moquez royalement de la région. Moi, j'aurai la même liste, et le même projet au premier et au deuxième tour. Et votre sourire ne changera rien parce que les gens ont vu clair : vous êtes le système que vous dénoncez. Vous en profitez matin, midi et soir. Et même avec M. Philippot[1], vous avez fait les poches de votre père pour lui prendre le magot. Et vous allez nous donner des leçons ? Ça va, les leçons de la famille Le Pen ! »

Elle fronce les sourcils, s'agite sur sa chaise, feignant très moyennement l'indignation. En réalité, Marine Le Pen est surprise par ma charge, et tente de se défendre en expliquant que je m'attaque à sa vie privée. À la fin de l'émission, en sortant du studio, je découvre les visages

1. Vice-président du parti frontiste (2012-2017).

horrifiés de mes colistiers. Tous me reprochent d'avoir été trop violent avec la patronne du FN[1], persuadés que cette attaque au vitriol me desservira. Pourtant, avec le recul, je crois que c'est ce jour-là que je gagne l'élection. Parce que les gens de gauche ont compris que le véritable rempart contre le Front national, c'était moi, et personne d'autre.

*

L'actualité nationale et internationale est inhérente à l'évolution d'une campagne. Et il y a des événements qui balayent tout sur leur passage. À l'été de 2015, la photo de Aylan Kurdi, un petit garçon syrien retrouvé sans vie sur une plage en Turquie, fait le tour du monde. Ce nouveau drame en Méditerranée me meurtrit et me révolte. La mort de cet enfant innocent symbolise le constat d'échec de nos politiques. Inspiré par le modèle australien, j'avais eu l'occasion d'expliquer, le 24 avril 2015 sur RTL, qu'il fallait imposer un blocus maritime au large des côtes libyennes. J'ai trop conscience des problèmes qui existent sur nos côtes françaises, et je ne lâcherai rien tant que nous n'aurons pas trouvé une solution.

En réaction à la mort du petit Aylan, Marine Le Pen a trouvé l'occasion de faire fructifier sa démagogie en matière d'immigration. Et ça semble fonctionner : le FN progresse tous azimuts. Le 13 novembre 2015, les attentats de Paris et de Saint-Denis propulseront même l'extrême droite encore plus haut dans les sondages.

1. En 2011, Marine Le Pen succéda à son père à la tête du parti.

À contre-courant de certains sarkozystes, je salue le travail de François Hollande, de Manuel Valls et de Bernard Cazeneuve qui ont su faire face, malgré la difficulté et l'horreur des événements. À mon sens, le discours prononcé par François Hollande au congrès de Versailles a été à la hauteur du deuil national que nous portons dans notre chair. J'attends désormais des actes du président de la République et de son gouvernement.

Aussi, le 20 novembre 2015, sur Europe 1, je dénonce ce que j'ai appelé « l'imam Google ». Parce qu'avant même d'aller dans les mosquées, un certain nombre de jeunes trouvent sur Internet le moyen de se radicaliser et de véhiculer le terrorisme. Google, Facebook, Twitter, les géants du numérique doivent se sentir concernés et se mobiliser dans la lutte contre la propagande djihadiste. Et j'ajoute : « Dans des moments comme ceux que nous traversons ce ne sont pas les agitateurs de peur qui apporteront les solutions. Quand il faut protéger les Français, qui est là ? Et qui renforce la protection des Français ? Le Front national n'a pas voté la loi sur le renseignement. Le Front national est contre le PNR, ce programme européen qui permet de traquer les terroristes qui utilisent l'avion. Sur tous ces sujets, on voit que le Front national est vraiment un parti d'extrême droite qui refuse le rôle de l'État, et qui, en définitive, au-delà des grands discours, ne sait pas répondre aux besoins de protection. Dans des situations extrêmes, on ne répond pas par les extrêmes. » Au vu des circonstances, je mets la campagne des régionales quelques jours sur pause… Elle ne reprendra plus jamais dans les mêmes conditions.

⋆

Mardi 8 décembre, tard dans la soirée, je roule en direction de Paris pour être présent le lendemain matin dans les studios d'Europe 1. Sur la route, j'apprends que Nicolas Sarkozy était en meeting à Rochefort pour apporter son soutien à Virginie Calmels[1]. Soit. Il est dans son rôle de chef de parti. Mais l'ancien chef de l'État n'a pas fait que cela, il s'est aussi adressé aux millions de Français qui ont voté FN en expliquant : « Le vote pour le Front national n'est pas un vote contre la République [...]. Il n'est pas immoral. » Mon sang ne fait qu'un tour. Au-delà de cette déclaration, je vois bien que Sarkozy cherche déjà à se positionner pour la primaire qui s'annonce et surtout pour la prochaine présidentielle. Et nous, les candidats aux régionales, dans tout cela ? Et moi, qui combats férocement le Front national ? Est-ce que sa sortie va m'aider, ou, au contraire, rendre les choses encore plus difficiles sur le terrain ? Durant la nuit, je ne cesse de ruminer ses mots.

Le lendemain, je succède à Marine Le Pen au micro de Jean-Pierre Elkabbach, sans même physiquement la croiser. La direction de la radio a fait en sorte de nous faire emprunter un itinéraire différent pour rentrer et sortir du studio. Mais ce matin-là, ma colère de la veille n'est pas redescendue. Et j'interpelle le président des Républicains : « Si c'est pour dire que ceux qui votent Front national se servent du Front national pour exprimer leur colère, leur sentiment d'abandon, c'est une

1. Tête de liste LR en Aquitaine-Limousin-Poitou-Charentes.

chose. Mais il a un devoir, Nicolas Sarkozy, c'est dans la même phrase de dire que les dirigeants du Front national, que Mme Le Pen, elle a un comportement immoral. Il doit dire aussitôt qu'il n'y a rien de morale républicaine dans l'attitude d'une dirigeante qui ment aux gens, qui va les plonger dans davantage de malheur, qui passe son temps à les dresser les uns contre les autres [...]. Il doit le dire ! Mais, mon Dieu, je ne sais même pas ce qu'il cherche. Et je passe mon temps à commenter les déclarations des uns et des autres. Mais qu'ils se taisent ! Ils n'ont que quelques jours encore à patienter, alors je leur dis une chose : si on ne peut pas vous enfermer, taisez-vous ! »

Ce moment est déterminant dans mon cheminement personnel. Non seulement, je me suis totalement libéré des états-majors et de leurs consignes, mais aussi entièrement affranchi de Nicolas Sarkozy, à qui je ne crains plus de déplaire, même si certains l'imaginent encore accéder aux plus hautes fonctions.

Quelque temps plus tard, Sarko me reprochera cette sortie brutale. Il m'explique que s'il n'a pas renchéri, c'était pour ne pas entraver mes chances de réussite au premier tour des régionales. « Tu n'aurais pas dû te gêner. Parce que moi, je ne me serais pas empêché de te répondre à nouveau », lui ai-je retorqué, bravache. Puis, arrivera cette période durant laquelle je n'ai plus du tout envie de le prendre au téléphone. C'est peut-être mesquin ou impoli, mais il avait été particulièrement compliqué dans cette campagne, et moi, j'avais besoin de prendre mes distances. Autant dire que j'étais en train de désapprendre les codes, de me libérer des automatismes et des discours stéréotypés. Ce qui avait changé, c'était que j'étais plus que jamais en train de redevenir moi-même.

★

Le 6 décembre 2015, au premier tour des régionales, Marine Le Pen arrive largement en tête avec 40,64 % des suffrages en Nord-Pas-de-Calais-Picardie. Entouré de mes colistiers à la mairie de Tourcoing (ma liste a recueilli 24,97 % des voix), j'apprends, comme je l'ai toujours pensé, que le socialiste Pierre de Saintignon se désiste au second tour pour faire barrage au Front national[1]. La fédération du Nord du PS n'a pas hésité une seconde. Et deux jours plus tard, sur France 3 Pas-de-Calais, le candidat éliminé déclare : « Dimanche, je n'aurai pas la main qui tremble [...]. Nos concitoyens doivent regarder les choses en face : Mme Le Pen peut arriver à la tête de la région, ce serait un drame pour eux[2]. »

Un débat de l'entre-deux-tours est organisé le 9 décembre 2015 sur RTL et LCI. Marine Le Pen se montre particulièrement agressive et tente de remettre en question le gaullisme social qui a toujours été le mien. Je ne lâche rien, reste calme, et défends avec force mon programme électoral sur le travail, la culture, le social, la gestion de la jungle de Calais, les subventions dans les

1. Pierre de Saintignon (PS) a obtenu 18,12 % des voix et Fabien Roussel (PC), 5,32 %.

2. JT du « 19/20 », France 3 Nord-Pas-de-Calais.

lycées… En cas de victoire, j'affirme aussi mon intention de rester à la présidence de la région pendant six ans.

★

Quatre jours plus tard, le 13 décembre 2015, après un combat extrêmement rude et douloureux, je remporte l'élection pour la présidence de la région Nord-Pas-de-Calais-Picardie[1]. Cette victoire, je la dois en bonne partie à la gauche et à ses électeurs qui ont placé les intérêts de notre territoire au-delà des contingences politiques. Bien sûr, je ne suis dupe de rien : si les gens du PS ne m'aiment pas, ils détestent encore plus l'idée que Marine Le Pen puisse diriger la région. Alors, ce soir-là, quand je vais prendre la parole, c'est aussi eux que je compte remercier.

Le dimanche après-midi, je suis dans mon bureau de l'hôtel de ville de Saint-Quentin, où, stylo en main, j'entame les grandes lignes de mon discours. Lorsque j'explique à mon équipe de campagne l'idée que je souhaite exprimer, je m'entends dire à l'unisson : « Tu n'as pas besoin de remercier la gauche, chacun comprendra. Inutile d'en faire trop ! » Tous essaient de me convaincre jusqu'au moment où, furax, j'explose : « Attendez, des gens qui ne partagent généralement pas mes idées se sont cassé le cul à voter pour un mec comme moi ! Et si je vous écoute, ça devrait m'écorcher la gueule de les remercier ? Je le ferai, un point c'est tout. »

À 20 heures, au palais de Fervaques, bondé comme rarement, j'entame mon discours devant un parterre

1. Xavier Bertrand : 55,77 % des voix ; Marine Le Pen : 42,23 %.

de militants et de journalistes. « Ce soir, ce n'est pas la victoire des partis politiques, ce soir, ce n'est même pas ma victoire, ce soir, c'est la victoire des gens du Nord, la victoire des hommes et des femmes du Nord-Pas-de-Calais-Picardie. Je remercie les électeurs d'avoir protégé notre belle région, je remercie ceux qui m'ont fait confiance dès le premier tour, je remercie aussi les électeurs de gauche qui ont clairement voté pour faire rempart, ainsi que ceux qui s'étaient abstenus. Je pense aussi à ceux qui se sont abstenus au premier tour, comme à ceux qui ont préféré témoigner leur attachement à la région, plutôt que la colère du premier tour. Je les remercie tous d'avoir affirmé, dans un grand rassemblement si conforme à l'esprit et au cœur des gens d'ici, leur attachement à une certaine idée de notre région et d'honneur aux dirigeants politiques. L'histoire retiendra que c'est ici que nous avons stoppé la progression du Front national. Mais le résultat de ce soir nous oblige à rester humbles. Je ne pourrai jamais oublier ce que j'ai vécu durant cette campagne, cela changera à jamais ma façon de faire de la politique. Et je n'oublie pas, non plus, les résultats du premier tour, ils ont claqué comme un coup de tonnerre, sans doute comme le dernier coup de tonnerre avant qu'un jour, peut-être, le Front national n'accède au pouvoir. Ce soir, nul ne peut dire qu'il a gagné, nul ne peut se prévaloir de ce résultat, car cela fait trente ans, trente années que l'ensemble de la classe politique, dont je fais partie, explique qu'elle a reçu le message, qu'elle a tout compris, que plus rien ne sera comme avant, et pourtant, qu'a-t-elle fait cette classe politique ? Alors, ce soir, je lance un appel à l'ensemble des dirigeants politiques, au président de la République et au gouvernement : mettez en œuvre tout de suite, sans perdre une minute, les véritables réformes qui redresseront notre pays, qui permettront aux Français de vivre mieux, de reprendre confiance et espoir en l'avenir. C'est notre dernière chance. »

Ce soir-là, j'ai été stupéfait du nombre de messages reçus à droite comme à gauche. Obnubilé par la responsabilité qui était désormais la mienne, je n'ai pas réellement mesuré l'impact de cette déclaration. Mais pour beaucoup, ce discours incarnait celui que j'étais, celui que je suis : un homme de rassemblement au-dessus des partis qui place l'intérêt général au-dessus de tout. D'ailleurs, un ami m'a confié juste après ma victoire : « On dirait le Xavier que j'ai connu il y a vingt ans ! »

Personnellement, j'ai vécu cette campagne de 2015 comme un coup de poing. Et jour après jour, tout au long de ces dix derniers mois, j'ai effectué une sorte de mue, loin des éléments de langage, des pros de la com, des cadres de LR et de l'entre-soi politique.

⋆

« Rien ne résiste à quatorze heures de travail par jour. » Cette devise, qui était celle de Michel Ramery[1], je la fais mienne aujourd'hui encore. Au lendemain de l'élection, le 14 décembre 2015, à 5 heures du matin, je suis sur le site de production de Toyota à Valenciennes

1. Entrepreneur du Nord, fondateur du groupe Ramery.

auprès des travailleurs. Je veux montrer à tous que je suis dans l'action, et que les gens ne regretteront pas de m'avoir fait confiance.

Autre preuve de mon engagement, quand le soir même, au JT de France 2, j'annonce quitter mes fonctions de député et de maire[1], et renoncer aussi à la primaire de la droite en vue de la présidentielle de 2017. S'il est vrai que je ne pars pas favori dans les sondages, ma décision est prise, ce scrutin se fera sans moi. Désormais, je veux me consacrer à 100 % à la région. Mon implication sera totale, ma gestion impartiale. Y compris pour des villes comme celles d'Hénin-Beaumont. Car si les électeurs ont choisi d'élire un maire FN, il n'y a pas de raison que leur commune et leurs habitants en payent le prix fort.

Peu avant l'investiture par les conseillers régionaux, je demande à rencontrer Claude Gewerc[2] et Daniel Percheron[3]. Gérald Darmanin m'accompagne pour cette visite républicaine qui se tient dans le bureau de M. Percheron, à Lille.

— Alors Daniel, comment se porte la région ?

— Elle va bien. Le Nord-Pas-de-Calais est passé du côté de la modernité. Économiquement, j'ai même tendance à dire que la région est tirée d'affaire.

— Compte tenu de la situation dans laquelle se trouve le bassin minier, ça reste tout de même très compliqué, tu ne crois pas ?

---

1. La loi l'obligeait à quitter ses responsabilités de maire, pas celles de député.
2. Dernier président du conseil régional de Picardie.
3. Dernier président du conseil régional du Nord-Pas-de-Calais.

— Non, ça va aller, la croissance bleue va porter ses fruits.

— Et ici, au conseil régional, ça se passe comment ?

— Ici ? Tu vas voir, c'est le paradis ! Tu es loin des électeurs, et loin des problèmes. Tout le monde va s'occuper de toi de façon remarquable. Les gens qui travaillent au conseil sont extrêmement loyaux et efficaces.

Cette phrase de Daniel Percheron, je la reçois comme un vrai coup de massue. Je crois d'ailleurs que cet entretien me marquera à jamais. Je comprends en un instant pourquoi les socialistes, qui détenaient tous les postes, ont quasiment tout perdu.

J'enchaîne sur une réunion avec mes colistiers où je débarque avec un air sombre pour évoquer l'organisation des prochains jours. Parmi eux Franck Dhersin[1] me lance :

— Quelque chose ne va pas, Xavier ?

— Est-ce que vous avez lu ce qui est écrit à l'entrée juste en dessous de la plaque "Conseil régional" ?

— Oui, "Nord-Pas-de-Calais" !

— Non, c'est marqué "piège". Vu toutes les épreuves que nous avons traversées durant la campagne, ici, vous allez immédiatement vous sentir à l'aise. Trop même. Et dans ces conditions, il va nous arriver la même chose qu'à la gauche : on va y laisser notre peau, on va se faire bouffer par le confort du siège de région ! Alors comme pendant la campagne, vous allez occuper le terrain,

1. Vice-président de la communauté urbaine de Dunkerque, vice-président du conseil régional des Hauts-de-France (2017-2023), devenu député, puis sénateur du Nord.

vous vous barrez ! À l'exception des sessions, je ne veux voir personne ici.

Cette règle instaurée pour l'ensemble de mes conseillers sera également valable pour moi. Voilà pourquoi je ne serai quasiment jamais dans mon bureau au siège du conseil régional de Lille. Mon bureau, le vrai, sera ma voiture. Car si je n'occupais pas le terrain en permanence, je courrais à ma perte. Comme il n'est pas question de me notabiliser dans cette nouvelle fonction de président de région, pour ne pas perdre pied avec la réalité, je roule !

⋆

À ce poste, le vrai luxe, c'est de n'avoir aucun patron au-dessus de soi. En revanche, avec la fusion du Nord-Pas-de-Calais et de la Picardie, c'est à 6 millions d'habitants que je dois rendre des comptes au quotidien.

Dès janvier 2016, je mets en place Proch'Emploi et un numéro d'appel gratuit dédié à ce service pour aider les gens à retrouver un emploi grâce à la région. Contrairement à ce que certains ont pu dire, écrire ou penser, il ne s'agit pas de se substituer ou de concurrencer Pôle Emploi, mais de faciliter localement et concrètement les relations entre les demandeurs d'emploi et les employeurs. D'ailleurs, en l'espace d'un an, plus de 44 000 personnes ont retrouvé un travail avec l'aide du conseil régional. Soit une première bataille remportée face au chômage et à la misère galopante, même si je n'ai pas atteint le chiffre des 60 000 emplois que j'avais avancé durant la campagne électorale. Parfois, on se pense plus fort qu'on ne le croit. Mais je ne compte pas en rester là.

J'ai souvent comparé la région à une entreprise B2B[1], comprendre « *Baron to Baron* », puisque les grands politiques locaux ont toujours eu l'habitude de régler les dossiers importants entre eux. C'est peut-être injuste, mais c'est ainsi que se sont opérés beaucoup de choix dans le passé, notamment pour les subventions en Picardie. Par conséquent, je décide de casser le moule et de faire de la région une entreprise B2C[2] pour établir un lien direct avec les citoyens. Ce qui n'était pas dans les habitudes du conseil régional. Désormais, les mesures mises en place vont directement bénéficier aux gens, comme l'aide aux transports, ou celle accordée à la garde des enfants. Oui, pour agir efficacement, je supprime les intermédiaires. Parce qu'en mariant le Nord-Pas-de-Calais et la Picardie, la région devient si vaste qu'il faut lui donner une dimension nouvelle en la rendant plus proche de ses habitants. Aussi, nous déployons seize antennes régionales qui s'adressent directement aux entreprises, aux collectivités locales, aux particuliers et aux associations.

Et qui dit fusion, dit nouveau nom ! Mais rebaptiser une région n'est pas une mince affaire. Pour nous aider, je lance une grande consultation auprès des lycéens dans plusieurs établissements du Nord-Pas-de-Calais-Picardie. Je sonde aussi les habitants par un vote sur le site du

1. Abréviation de « *Business to Business* », expression qui renvoie aux relations commerciales inter-entreprises.

2. Abréviation de « *Business to Consumer* », soit l'échange commercial entre les entreprises et les consommateurs.

conseil régional. Il fallait choisir entre « Nord-de-France », « Hauts-de-France » et « Terre-du-Nord ». Alors que Gérald Darmanin essaie de me convaincre qu'il faut choisir « Nord-de-France », ma préférence va aux « Hauts-de-France », nom que je trouve particulièrement valorisant. Le 14 mars 2016, la majorité me suit et adopte ce nom. Je m'en réjouis… Mais ma joie s'estompe quand j'apprends par la presse régionale que c'est aussi, depuis vingt ans, le nom d'un groupement d'associations naturistes. Pas de bol ! Même si la coïncidence prête à sourire, je me serais bien passé de cet amalgame. Qu'importe. Quelque temps plus tard, un matin, en écoutant la météo, j'entends un journaliste parler de « nuages bas dans les Hauts-de-France ». Cette fois, je me dis qu'un changement est en train de s'opérer dans la tête des gens et le pari en passe d'être gagné. Mais s'il y a quelqu'un que je dois remercier plus particulièrement pour son coup de pouce, c'est Dany Boon. Pour fêter ses vingt-cinq ans de scène, le plus célèbre des acteurs français a créé un tout nouveau spectacle intitulé « Dany de Boon des Hauts-de-France ». Je me fais un peu étriller dans son show, mais c'est pour le bien de la région. De toute évidence, c'est le coup de pub le plus génial et le plus inattendu du moment, puisque l'affiche de son spectacle a été placardée aux quatre coins du pays !

Si le logo en forme de cœur de la région a été dessiné par l'École supérieure d'art et de design d'Amiens, on attendait aussi de moi que je trouve un gentilé qui désigne les habitants de la nouvelle entité. Et là, je suis comme un joueur de casino qui gagne en début de soirée mais décide de rentrer sagement à la maison, car je ne veux pas en changer. Pour la simple et bonne raison que le nom renvoie à l'identité. Voilà comment de Dunkerque à Compiègne, de Lille à Beauvais, nous sommes tout simplement restés des Ch'tis, des Picards, des Flamands, des Boyaux rouges[1], des gens du Nord.

★

Je travaille d'arrache-pied pour la région, sans véritablement me préoccuper des manœuvres qui s'opèrent chez LR, à Paris. D'ailleurs, en 2016, je ne soutiens officiellement aucun des sept candidats pour la primaire de la droite et du centre en vue de la présidentielle[2]. C'est drôle, mais c'est à croire que ma récente élection m'a rendu soudainement très influent et bankable auprès de certains. Et notamment auprès d'Alain Juppé et de Nicolas Sarkozy qui, chacun leur tour, vont m'approcher en *off* pour avoir mon soutien.

Nicolas m'invite un dimanche à lui rendre visite chez lui dans le 16e arrondissement. Fidèle à lui-même, Sarkozy déroule son plan sans fioritures : s'il parvient à se faire réélire en 2017, il ne répétera pas l'erreur de son premier mandat, et prendra deux Premiers ministres au cours du quinquennat. Le premier nommé sera François Baroin. Rien d'étonnant, puisque ç'a toujours été lui le vrai chouchou. « Pendant les premières années, tu seras ministre de l'Intérieur et tu pourras conserver ta région. À mi-mandat, on change, et c'est à ce moment-là que

---

1. Nom donné aux habitants du Pas-de-Calais.

2. Jean-François Copé, François Fillon, Alain Juppé, Nathalie Kosciusko-Morizet, Bruno Le Maire, Jean-Frédéric Poisson et Nicolas Sarkozy.

tu deviens Premier ministre ! » m'explique-t-il. La proposition est alléchante, c'est vrai. Lorsque je lui demande qui il envisagerait place Vendôme tandis que je serais à Beauvau, il répond qu'il songe à René Ricol[1]. Ce choix me ravirait. Et pourtant... À la suite de ce tête-à-tête, Nicolas espérait sans doute que j'annonce publiquement mon ralliement. Mais je ne donnerai pas suite au rendez-vous, car je n'ai aucune envie de renoncer à cette indépendance si difficilement gagnée auprès des 6 millions d'habitants des Hauts-de-France.

Chez Les Républicains, ils sont de plus en plus nombreux à penser que je vais en fait apporter mon soutien à Alain Juppé. Certains sont même convaincus que le maire de Bordeaux me proposera de faire un ticket. À l'automne, à l'occasion d'un déjeuner, Juppé se lance et tente de m'embarquer avec lui : « Le 18 novembre, je serai chez toi, en meeting, à Lille. Ça serait bien que tu annonces ton ralliement à cette occasion. Le timing est parfait. — Ça s'étudie, ai-je répondu. Mais il faut d'abord qu'on parle du fond. » La conversation n'ira pas plus loin. Car, peu de temps après, j'ai la désagréable surprise d'entendre dire par Jean-Pierre Raffarin que je soutiens Alain Juppé. Or, rien n'était fait. Ayant le sentiment d'avoir été instrumentalisé, j'annonce à Juppé et son équipe que je ne le soutiendrai pas à la primaire, et qu'en plus je ne me rendrai pas à Lille pour assister à sa grand-messe. Je déteste qu'on me force la main.

1. Ancien commissaire général aux investissements nommé par Nicolas Sarkozy.

Le 9 novembre 2016, onze jours avant le premier tour de la primaire, c'est François Fillon que je vais finalement voir en meeting à Lille. Enfin, pour être précis, je suis surtout là pour accompagner Vanessa, qui tient absolument à entendre les arguments et les projets du candidat. Pour l'heure, je ne m'engage à rien. Mais c'est véritablement ce jour-là que je me décide à voter pour lui pour l'investiture du parti.

*

Le 20 novembre 2016, j'observe une file d'attente anormalement longue se former devant le bureau de vote de Saint-Quentin. Et très honnêtement, je ne vois pas le dégagisme venir. Il faut dire que Gérald Darmanin, coordinateur de la campagne de Sarkozy, me rabâche depuis des semaines que son champion est sur le point de triompher une nouvelle fois. C'est ce qui s'appelle avoir du flair… Car le verdict des urnes est sans appel : Nicolas Sarkozy se classe troisième derrière Alain Juppé et François Fillon ! Mais force est de reconnaître qu'il prononcera une nouvelle fois un discours extrêmement digne dans sa déclaration de défaite.

Néanmoins, l'ancien chef de l'État paie les erreurs du passé. Et celles aussi faites durant la campagne interne, avec sa « double ration de frites[1] » pour les élèves qui ne mangent pas de porc à la cantine, ou encore sa sortie douteuse sur le changement climatique quand il a

1. Phrase prononcée dans le cadre d'un meeting à Neuilly le 7 novembre 2016.

déclaré qu'il « a eu des conséquences : on a maintenant une jungle à Calais[1] ».

Quoi qu'il en soit, je crois qu'au sortir de cette bataille interne, nous avons été naïfs sur le mode opératoire d'une primaire ouverte à tous. Il suffisait de 2 euros et d'une signature validant le fait de « partager les valeurs républicaines de la droite et du centre » pour s'inscrire et voter. Combien d'électeurs de gauche qui ne rêvaient que de dégager Sarkozy de l'élection présidentielle à venir se sont inscrits ?

★

Le 27 novembre 2016, François Fillon triomphe et remporte la primaire de la droite et du centre face à un Alain Juppé à la peine. À 22 h 59, je lui envoie le message suivant : « Tu dois ressentir mille émotions, avoir mille choses à faire ou à préparer, mais quand même, chapeau ! » Une minute plus tard, il répond : « Merci Xavier, j'aimerais bien parler avec toi cette semaine. Amitié. »

Le déjeuner se tient le 3 décembre 2016, au Violon d'Ingres, le restaurant tenu par le célèbre chef Christian Constant à Paris. François Fillon ne perd pas de temps et m'interroge sur le nom éventuel de son futur Premier ministre. « Tu as le choix ! François Baroin, Bruno Retailleau, Gérard Larcher… À présent, tout le monde est persuadé que tu vas gagner l'élection présidentielle ! » ai-je affirmé. « Et pourquoi pas toi ? » me lâche-t-il. Je suis interloqué. Fillon et moi ne sommes pas sur la même ligne

1. Le 4 novembre en meeting à Belfort.

politique. Entre sa droite tradi, son sens aigu du conservatisme et le programme austère qu'il compte incarner, je pose d'emblée un certain nombre de questions. Je veux avant tout m'assurer d'une marge de manœuvre, et de pouvoir faire preuve de bon sens et de justice dans les choix politiques à venir. Et pour cela, François doit s'engager à plus d'équilibre. Alors, s'il envisage un départ à la retraite à soixante-cinq ans, la pilule sera difficile à faire passer, mais je ne veux personne en dessous de 1 000 euros de pension par mois à la fin du quinquennat, et je demande des mesures supplémentaires pour les femmes. À l'hôpital, si sa politique est d'avoir moins de personnes dans les bureaux, je suis d'accord, mais on ne touchera pas un cheveu de la tête des soignants. Quant à la suppression de l'ISF[1], qui figure aussi dans son programme, j'exige une baisse importante sur les deux premières tranches d'impôts sur le revenu pour les catégories populaires et pour les classes moyennes. « Ça va coûter cher ! » m'oppose-t-il systématiquement. Peut-être. Mais son programme est si difficile que c'est, selon moi, la seule manière de pouvoir faire passer ses réformes.

« On ne sort de l'ambiguïté qu'à son détriment, alors n'y rentrons pas », lancé-je à Fillon. Je ne suis pas à la recherche d'un poste et, quelle que soit la fonction qu'on me propose, je n'entends pas renier mes convictions. Mais j'assure au candidat des Républicains qu'il peut compter sur mon engagement à ses côtés tout au long de la campagne. Une fois l'élection présidentielle passée, je retournerai à la tête des Hauts-de-France. La

1. Impôt sur la fortune.

seule chose qui compte pour moi, c'est le retour de la droite au pouvoir, les idées de ma famille politique, et la façon dont le futur gouvernement pourra réformer le pays en prenant en compte la classe moyenne.

Avant de quitter la table du déjeuner, je conseille au candidat de faire une dernière chose d'ici la fin de l'année. « François, tu vas être le sujet de toutes les conversations des Français pendant les fêtes de Noël, mais il y a un truc qui n'est pas clair dans ton programme, c'est la confusion qu'il y a entre l'Assurance maladie et la santé. Il faut que tu donnes une grande interview à ce sujet, tu dois à tout prix faire preuve de pédagogie », ai-je affirmé. Il n'en parlera jamais franchement. Ce qui vaudra à Jérôme Chartier, son porte-parole, sa très confuse explication sur les types de maladies que couvrirait la Sécurité sociale : « Le rhume, ça dépend de quel rhume. Il faut entrer dans les détails[1]. » Dès lors, François Fillon commença à dévisser dans les sondages…

★

Un chef de l'État qui renonce à se représenter à l'Élysée ? Du jamais-vu dans l'histoire de la Ve République. Le 1er décembre 2016, François Hollande ne fait que tomber dans son propre piège. À dire vrai, je ne comprends même pas comment il aurait pu accepter de s'engouffrer dans la primaire de la gauche, comme certains le suggèrent alors qu'il est si impopulaire dans l'opinion et dans son propre camp. Le fin tacticien qu'a toujours été

1. Jérôme Chartier sur France Inter, le 12 décembre 2016.

Hollande a perdu la main, fragilisé à l'Assemblée nationale par ses frondeurs. Mais son abdication ne fait que confirmer ma conviction : un président ne doit se consacrer qu'à un seul mandat. De façon à ne plus avoir dans ses veines le poison du souci de la réélection.

Beaucoup plus stratège, Emmanuel Macron, lui, se lance dans la course élyséenne sans avoir attendu le feu vert de quiconque. Je l'ai déjà croisé quand il était encore ministre de l'Économie et des Finances[1]. Un jour, à Bercy, à la fin d'une réunion, le protégé de Jean-Pierre Jouyet[2] a demandé à me voir en aparté. Il voulait avoir mon avis, et me tendre une perche, que je n'ai pas voulu saisir, en me demandant s'il était possible d'être élu président de la République sans avoir de parti derrière soi. Si, à droite comme à gauche, les mouvements politiques ont perdu de leur influence, le tour de passe-passe d'une candidature hors-sol me paraissait alors infaisable. Force est de constater que son histoire prouvera le contraire.

*

Le 19 février, à Compiègne, dans l'Oise, je m'affiche pour la première fois aux côtés de François Fillon. Ce soir-là, la répartition des rôles est simple : il se charge de cogner sur la candidature d'Emmanuel Macron, moi, sur celle de Marine Le Pen. Je tourne en moyenne à trois réunions publiques par semaine, et j'entends çà et là, dans l'équipe de Fillon, la rumeur selon laquelle j'aurais le

1. De 2014 à 2016 sous le gouvernement Valls II.
2. Secrétaire général de l'Élysée (2014-2017).

profil idéal pour être son Premier ministre. Je ne suis pas dupe du petit jeu de rôles qui s'installe, mais ce n'est pas ma campagne, ce n'est pas mon projet. D'autant que je lui ai dit non lors de notre déjeuner. Je mène ce combat à ses côtés en allant chercher les mesures sur les heures supplémentaires ou sur le travail avec une pince à épiler. Cela me permet de construire mon discours et d'être en cohérence, car moi aussi je veux restaurer les comptes du pays. Mais au lieu d'aller chercher 100 milliards d'économies comme François Fillon le demande, je propose d'en obtenir entre 80 et 90. Je pioche dans son projet ce qui est raccord avec mes idées. Quoi qu'il en soit, je suis persuadé qu'il vaut mieux François Fillon à l'Élysée que l'aventure proposée par Emmanuel Macron. Il n'y a pas de débat, à mes yeux, une campagne c'est un concours, et dans ce concours, je n'hésite pas, c'est François. Mais dès fin janvier 2017, l'affaire Penelope vient torpiller la campagne[1]. La chute va s'accélérer.

François Fillon est-il un homme d'argent ? Je n'en sais rien. En privé, il disait souvent que la politique n'était pas suffisamment rémunérée pour les sacrifices qu'elle demandait. À l'exception de son manoir de Beaucé, dans la Sarthe, il n'avait pas l'air d'avoir un train de vie dispendieux. Quant à Penelope, je ne peux rien en dire, on la croisait très peu, je ne la connaissais pas.

★

1. *Le Canard enchaîné* révèle le 25 janvier 2017 que Penelope Fillon aurait bénéficié d'un emploi fictif d'assistante parlementaire pendant plusieurs années, mais aussi d'un deuxième emploi fictif comme collaboratrice dans la *Revue des deux mondes*.

« Je suis absolument sceptique sur cette affaire, et quand je dis sceptique, c'est le mot le plus modéré que je puisse choisir. » C'est ce que déclarait François Bayrou, le 7 septembre 2016 sur BFMTV, à propos de la candidature d'Emmanuel Macron. « Ça ne marchera pas, parce que les Français vont voir ce que cette démarche signifie, ce qu'il y a derrière tout ça, derrière cet hologramme. » Son positionnement étant pour une fois assez clair, je vais, à la demande de François Fillon, rencontrer le maire de Pau pour tenter de le rallier à notre cause. Le rendez-vous a lieu très tôt, un matin, dans un café de la rue Saint-Dominique, à Paris. Pas facile de le convaincre. Bayrou est persuadé que le programme de Fillon est beaucoup trop raide, et qu'il ne correspond pas à l'équilibre du pays. À l'issue de la rencontre et d'un copieux petit déjeuner, le patron du MoDem ne répond ni oui ni non… Alors j'en déduis que ça sera non. Et le 22 février 2017, au cours d'une conférence de presse, le Palois annonce deux décisions majeures dans cette campagne : il renonce à sa propre ambition élyséenne et décide de faire alliance avec Emmanuel Macron. Les cartes sont redistribuées. Et Bayrou entame une sorte de bouche-à-bouche électoral avec le candidat d'En marche, qui est en mauvaise posture depuis ses déclarations récentes sur l'Algérie[1].

★

1. En visite à Alger, le 15 février 2017, le candidat Macron déclare que la « colonisation fait partie de l'histoire française […] c'est un crime contre l'humanité ».

Le 28 février 2017, je démarre la journée dans les allées du Salon de l'agriculture, quand je reçois un appel. Fillon sait déjà qu'il sera bientôt mis en examen, et on me demande de me rapatrier dare-dare à son QG rue Firmin-Gillot. Les réunions de crise vont s'enchaîner. François fait défiler les cadres dans son bureau pour s'entretenir avec eux. Ce qu'il cherche ? Ce qu'il attend de nous ? Impossible à dire. Je crois qu'il espérait surtout qu'on le réconforte. « Qu'est-ce que tu as au fond de toi ? Comment vas-tu continuer ? Quels sont tes plans ? » ai-je commencé par lui dire. Puis, je lui conseille rapidement de tout arrêter et de jeter l'éponge. À ce niveau d'emmerdes, je ne vois pas comment il pourrait faire autrement. Mais ce n'est pas la réponse que François aurait aimé entendre. L'homme prétendument vertueux de l'été de 2016, qui avait juré de ne pas être candidat s'il était mis en examen, était en train de piétiner ses promesses. Comment, dans ce contexte, accorder plus de crédit à ses engagements ?

Les doutes ont alors commencé à ronger toute l'équipe de campagne. Gérald Darmanin, Sébastien Lecornu, Bruno Le Maire, s'en ouvrent à moi. Même sentiment d'exaspération pour les deux juppéistes, Édouard Philippe et Gilles Boyer, qui ont, un temps, rejoint le camp Fillon pour afficher l'unité de la droite après la primaire. Tout est en train de s'effondrer.

L'ambiance est irrespirable, la campagne est à l'agonie. Elle se vide de son sang, de ses forces vives qui vont finir par rejoindre l'écurie d'En marche. Début mars, Bruno Le Maire est l'un des premiers à annoncer sa démission *via* un communiqué de presse. Bientôt,

Gérald Darmanin et Sébastien Lecornu vont, eux aussi, claquer la porte et tenter de m'attirer dans leur élan en me disant : « Vous ne pouvez pas rester. » C'est pourtant ce que je vais m'obstiner à faire, par fidélité pour les électeurs et pour les députés qui, derrière, vont devoir enchaîner avec les législatives. Je me sens tenu par un esprit de solidarité envers eux. Rien à voir avec Fillon ! Et c'est précisément là que je repique dans la logique de parti alors que je vis moi-même cette campagne comme un véritable enfer. Chaque matin, je me lève en me demandant ce qui va nous tomber aujourd'hui sur le coin de la gueule. Des emplois fictifs jusqu'à l'affaire des costumes parue un dimanche du mois de mars dans le *JDD*, tout est cataclysmique[1].

Alors que François Fillon s'accroche comme un forcené en dégainant des discours ultra-offensifs, LR tente de pousser son candidat vers la sortie, et un plan B commence à circuler en coulisses pour le remplacer. Alain Juppé a fait savoir qu'il était « disponible » au cas où le scénario viendrait à changer. Il tricote un éventuel retour, et parle chaque jour à Nicolas Sarkozy. Et puis, il y a le plan B comme Baroin, et B comme Bertrand.

Alors quoi ? Est-ce que je veux vraiment prendre le relais de Fillon ? Bien sûr que non ! Une campagne présidentielle, c'est de la préparation, pas de l'improvisation. Et puis, comment redresser une situation si désastreuse, comment faire émerger une nouvelle dynamique ?

1. Le 12 mars 2017, le *JDD* révèle que François Fillon s'est fait offrir des costumes sur mesure provenant de la boutique Arnys d'une valeur de 35 500 euros.

Et avec quel programme ? Le sien ? Impossible ! J'ai cherché à joindre François Baroin dont le nom revenait constamment dans la presse. Je lui ai expliqué en un message que s'il était décidé à relever le défi pour remplacer Fillon dans la dernière ligne droite, il aurait mon soutien. Baroin ne donnera pas suite à mon appel. Il a sans doute, lui aussi, de bonnes raisons pour ne pas croire à un plan B.

Le 4 mars 2017, aux Docks d'Aubervilliers, en région parisienne, Pierre Danon anime les Comités de la société civile constitués durant la primaire, quand Bruno Retailleau pousse la salle à siffler les magistrats. Inadmissible ! Ma décision est prise, et je l'annonce en un tweet : « En République, on ne fait pas siffler la justice. Et non, je ne serai pas au rassemblement du Trocadéro demain. » Je ne peux pas participer à un meeting qui virerait aux règlements de comptes.

Le parti est aux abois. Depuis plusieurs jours, il se murmure que Patrick Stefanini, directeur de campagne, serait lui aussi sur le point de démissionner. Personne ne sait ce que Fillon a en tête, personne ne sait ce qu'il dira précisément au Trocadéro. Mais d'après ce qu'on me rapporte, un homme joue un rôle décisif dans le maintien acharné de sa candidature : c'est Bruno Retailleau, président du groupe LR au Sénat.

Nous nous sommes donné rendez-vous le dimanche 5 avril en toute fin de journée avec Christian Estrosi[1] et Valérie Pécresse[2] dans l'appartement d'un des collaborateurs de cette dernière. Si le rassemblement du

1. Président du conseil régional de Provence-Alpes-Côte d'Azur.
2. Présidente du conseil régional d'Île-de-France.

Trocadéro pouvait être interprété de plusieurs façons, ce n'est que ce soir-là, au JT de France 2, que François annoncera ou pas son intention d'aller jusqu'au bout. « Personne n'a le pouvoir de m'obliger à retirer ma candidature. Ça ne veut pas dire que je ne discute pas, que je n'écoute pas, que je ne suis pas prêt à dialoguer. C'est ma décision. Et cette décision, elle a été aujourd'hui confortée par ce rassemblement populaire dont tout le monde pensait qu'il serait un échec et qui a été une réussite », explique-t-il. Cette fois, c'est clair. Il continue. Nous sommes tous les trois effarés devant la télévision. Nous avons conscience que son maintien s'apparente à de la pure folie et que l'échec, forcément, sera au rendez-vous. Ce qui ne nous empêche pas de publier dans la foulée un communiqué à la noix, complètement illisible et décalé, annonçant que nous restons nous aussi à bord du *Titanic*. Je n'ai pas la flamme, je n'ai pas la foi, mais pour moi, à cinquante jours de la présidentielle, il n'est pas question de déserter ou de changer de camp. Je continue à tenir des réunions publiques aux quatre coins de la France mais, très sincèrement, j'ai hâte que toute cette mascarade se termine. Boire le calice jusqu'à la lie est un calvaire.

*

Un dernier grand meeting doit avoir lieu le 9 avril 2017, à Paris. Pour tenter d'impulser un élan à quinze jours du premier tour, pourquoi ne pas demander à Nicolas Sarkozy et Alain Juppé de nous filer un coup de main en étant personnellement présents ? On atteint le moment où l'on n'a pas le droit de se diviser, ni de s'économiser.

Ni avant la présidentielle, ni avant les législatives. Ce n'est qu'en affichant notre unité derrière François Fillon que les électeurs de droite pourront peut-être comprendre que l'envie de gagner est plus forte que tout. Je prends alors mon téléphone, j'appelle Nicolas, qui est en train de dîner au restaurant. Sa première réaction est de me dire : « C'est une idée de Fillon ? » Je lui dis que non, que cette initiative est la mienne, et je tente de le convaincre d'être parmi nous pour restaurer l'image de la droite. Sarkozy accepte, mais il insiste sur un point : Fillon doit l'appeler. Je fais la même chose auprès d'Alain Juppé, qui certes bougonne un peu, mais me donne rapidement son accord. Ne reste plus qu'à joindre François Fillon.

Nous sommes dimanche soir, le candidat vient d'atterrir à Paris après un meeting, il est en voiture avec Bruno Retailleau à ses côtés quand il décroche. Je lui explique mon plan et lui dis que Sarkozy et Juppé seront là pour l'épauler au meeting parisien du 9 avril prochain. La réponse de Fillon prend d'abord la forme d'un silence. Puis, il lâche un « Ah bon ? » et achève la conversation par : « OK, je vais les appeler. » On peut difficilement faire plus laconique.

Le lundi matin, Sarkozy me téléphone en me demandant si j'ai finalement parlé à Fillon. « Oui, bien sûr ! ai-je confirmé. Pourquoi, il ne t'a pas appelé ? » En effet, le prétendant à l'Élysée ne passera jamais de coup de fil à Nicolas Sarkozy et à Alain Juppé. On appelle ça un péché d'orgueil.

*

Le 23 avril 2017, pour la première fois dans l'histoire de la Ve République, la droite française n'atteint pas le second tour d'une élection présidentielle. L'échec était couru d'avance, mais compte tenu de la campagne épouvantable à laquelle nous avons eu droit, je suis tout de même surpris par le score de 20,01 % que parvient à faire François Fillon. C'est dire si le peuple de droite voulait tourner la page du quinquennat de François Hollande.

Je communique aussitôt sur ma page Facebook pour appeler à faire barrage au Front national : « Voter pour M. Macron pour rejeter l'extrémisme incarné par Marine Le Pen. C'est ma responsabilité de Républicain. Je n'adhère pas plus aujourd'hui qu'hier au projet de M. Macron, mais il s'agit bel et bien de barrer la route à l'extrême droite et à ses dirigeants. » À droite, François Fillon, Alain Juppé, Christian Estrosi, Jean-Pierre Raffarin, François Baroin, Rachida Dati, Nathalie Kosciusko-Morizet, Jean-François Copé, Luc Chatel, Jean-Louis Borloo, etc., appellent clairement à voter au second tour en faveur d'Emmanuel Macron. En revanche, Laurent Wauquiez et Bruno Retailleau se sont bien gardés de le faire explicitement.

Le 24 avril, à l'issue d'un bureau politique, LR fait savoir que : « Face au FN l'abstention ne peut être un choix. Nous appelons à voter contre Marine Le Pen pour la faire battre au second tour de l'élection présidentielle, et nous engagerons dès demain la campagne des législatives avec notre projet d'alternance, le seul capable de redresser la situation en France [...]. » Seule l'abstention est exclue dans ce texte, qui suggère donc soit de voter blanc, soit de voter pour le candidat d'En marche. Il est choquant de constater que le nom d'Emmanuel Macron n'est mentionné nulle part. Ce texte constitue à mes yeux une rupture…

*

Les tractations commencent. Bruno Le Maire est l'un des premiers à tenter de me convaincre de le rejoindre dans l'équipe d'Emmanuel Macron. « Ils sont peu nombreux, pas suffisamment expérimentés, tu as une sacrée carte à jouer dans le futur gouvernement », plaide-t-il. Le 28 avril, à dix jours du second tour, Alexis Kohler, futur secrétaire général de l'Élysée, m'envoie un SMS, il souhaite s'entretenir avec moi. Le soir même, par téléphone, il veut savoir si je suis ouvert à la discussion pour rejoindre Emmanuel Macron. La réponse est non. Je ne suis pas à la recherche d'un poste, et je ne partage toujours pas les convictions d'Emmanuel Macron. Si toute la classe politique sait que Marine Le Pen n'a aucune chance de l'emporter au second tour, je conseille tout de même à Alexis Kohler de muscler son candidat sur deux points faibles : la sécurité et l'immigration.

Ça ne loupera pas. Le 3 mai 2017, lors du débat de l'entre-deux-tours, la patronne du FN a beau, médiatiquement et politiquement, se suicider en direct avec sa tirade surréaliste sur les extraterrestres, il y a tout de même un moment où elle parvient à prendre l'avantage sur Macron en abordant le thème de l'insécurité, marqueur fort de son programme.

*

Le 14 mai 2017, au soir de l'investiture du président Emmanuel Macron, Gérald Darmanin m'appelle. « Je peux vous parler ? » me dit-il. Oui, malgré nos liens d'amitié, Gérald m'a toujours vouvoyé. « Vous êtes la deuxième personne que j'appelle après Nicolas Sarkozy. Je voulais vous dire que le président de la République m'a fait la proposition de devenir ministre des Comptes publics, je souhaiterais avoir votre avis. » J'encourage vivement Gérald à accepter ce ministère. Il est jeune, talentueux, et je sais pertinemment qu'il n'aura pas l'espace politique suffisant pour s'épanouir au sein des Républicains dominés par Laurent Wauquiez.

Mon nom a fonctionné comme un leurre pour permettre à Emmanuel Macron d'entretenir le doute et de négocier avec d'autres. Je me dis alors que quelqu'un profite de ce contre-feu, tapi, quelque part dans l'ombre… Jusqu'au 15 mai 2017, quand on apprend la nomination d'Édouard Philippe au poste de Premier ministre.

En rembobinant le film, je me souviens de cette scène qui s'est déroulée dans les couloirs de l'Assemblée nationale, juste après la victoire de François Fillon à la primaire. Je croise Édouard qui me salue et me lance d'un air amusé : « Alors, ça sera toi le prochain Premier ministre ? » Je grimace en répondant : « Ah, non, vu qu'on n'est pas sur la même ligne, je ne pense pas… Mais pourquoi pas toi ? » On se met à rire. Mais à cette époque, nous étions tous les deux à mille lieues de penser qu'il deviendrait, un jour, le chef du gouvernement d'Emmanuel Macron.

6

« Je ne suis pas un politique déconnecté »

Xavier Bertrand raconte les premiers combats qu'il a menés dans la région, déroule la période des Gilets jaunes, se souvient de son coup de folie pour obtenir 6 millions de masques à la fin du confinement, et se rappelle les élections régionales de 2021 dans les Hauts-de-France, quand LREM se déploie en force pour lui barrer le chemin vers la présidentielle…

Pour la première fois depuis le congrès des Républicains de 2021, il revient sur cette primaire dont il ne voulait pas et analyse les raisons de son échec. « Ce congrès a fonctionné comme un piège dans lequel je me suis enfermé. Avec cet épisode, je me suis abîmé, et je pense qu'il me manquait une certaine philosophie », confie-t-il avec le recul. Défait mais pas déchu, « XB » s'est aussitôt remobilisé pour soutenir Valérie Pécresse à la présidentielle de 2022. Une catastrophe électorale de plus, qui plonge la droite vers l'inconnu. Lorsque je demande à Xavier Bertrand si la candidate a été victime de comportements machistes durant la campagne et au sein de son propre camp, sa réponse est nette : « Valérie a un CV long comme le bras, elle est présidente de région depuis 2015, et croyez-moi, elle n'a jamais eu froid aux yeux. »

Pour les besoins de ce livre, j'ai accompagné Xavier Bertrand à plusieurs reprises sur le terrain. Et notamment le 15 mai 2025, où nous avons pris le train de 6 h 52 gare du Nord à Paris. Réveillé aux aurores, comme chaque matin, il dit avoir seulement besoin de cinq heures de sommeil par nuit. Des cycles courts qu'il a appris à caler à l'armée. « Ma petite dernière dort mal en ce moment, je termine mon courrier, et j'envoie un texto à une ancienne collaboratrice, c'est son anniversaire aujourd'hui. Je voudrais en profiter ensuite pour faire une micro-sieste de quinze minutes. Vous n'allez tout de même pas me mitrailler de questions dès maintenant, si ? » me lance-t-il dans le wagon.

Il fermera les yeux pour se réveiller un quart d'heure plus tard. Ce matin, Xavier Bertrand et des élus des Hauts-de-France ont rendez-vous avec l'intersyndicale de chez ArcelorMittal. « Je connais tous les dossiers en cours, mais à chaque fois que j'assiste à une réunion avec les syndicats, je ne prépare rien à l'avance, ça fausse le jeu. J'ai d'abord besoin d'écouter ce qu'ils ont à nous dire. »

Trente ans qu'on parle du canal Seine-Nord Europe. Trente ans de déclarations d'intentions, de faux départs et de désillusions. Trente ans qu'il ne se passe rien. Lorsque j'ai démarré comme assistant parlementaire aux côtés de Jacques Braconnier, tout le monde s'accordait déjà à dire que relier Compiègne à Cambrai était une idée formidable. Ce méga-projet de 107 kilomètres, qui fait le lien entre le bassin de la Seine et les grands ports du Nord, est en réalité devenu une véritable arlésienne.

En 2011, Nicolas Sarkozy s'enthousiasme, lance le premier coup de pioche, mais à partir du moment où il quitte l'Élysée, la technostructure fait en sorte que le projet s'enlise. En 2015, François Hollande veut relancer le chantier, qui ne redémarre jamais vraiment. Connaissant le dossier sur le bout des doigts, je suis intimement convaincu que le canal, avec les dizaines de milliers d'emplois qu'il est susceptible de générer, promet un grand avenir économique à la région.

Pendant la campagne présidentielle de 2017, Emmanuel Macron reprend lui aussi l'idée à son compte. Mais dans certaines hautes instances, les obstacles sont nombreux. À commencer par celui d'Édouard Philippe, Premier ministre qui a officiellement envie de serrer la ceinture de l'État au nom des économies à faire. Mais n'oublions pas qu'il est aussi l'ancien maire du Havre, et que par conséquent il ne voit pas forcément le canal Seine-Nord Europe d'un bon œil. Pour éviter toute forme de concurrence entre sa ville et Dunkerque, Matignon pourrait bien nous préparer un enterrement de première classe. Le 6 juillet 2017, l'intervention de Nicolas Hulot ratatine encore plus les espoirs. Le ministre de la Transition écologique annonce, dans le cadre d'un plan climat, mettre tous les grands projets de transports en pause afin de les réétudier au cas par cas. La catastrophe ? Pas si sûr.

En moins d'une semaine, à la va-vite, je décide d'embarquer l'ensemble des acteurs économiques, les élus de la région, tous bords politiques confondus, ainsi que les représentants du milieu portuaire et agricole. Objectif : porter ce projet ensemble.

Le 15 septembre 2017, dans le cadre de l'opération baptisée l'« appel de Péronne », je réunis dans la salle des fêtes de cette commune de la Somme pas moins de cinq cents protagonistes. De quoi montrer à Emmanuel Macron notre absolue détermination. La preuve ? Face au flottement du gouvernement, et alors que l'Union européenne est notre premier partenaire financier[1], la région des Hauts-de-France et quatre de ses départements (l'Oise, la Somme, le Nord, le Pas-de-Calais) proposent de mettre sur la table 1 milliard d'euros. « À la mi-octobre, le gouvernement doit nous dire si c'est oui ou si c'est non. Je n'imagine pas une autre réponse que oui, sinon, ce

1. La Commission européenne est engagée dans ce projet depuis juin 2019 et le soutient à hauteur de 2,1 milliards d'euros.

serait une déclaration de guerre à la région des Hauts-de-France », ai-je lancé devant tous.

Jean-Louis Borloo, lui aussi ardent défenseur du canal, m'assure en *off* que le président de la République est prêt à valider notre proposition. Méfiant, je reste sur mes gardes, et prends soin d'enfoncer le clou. Le 3 octobre 2017, le chef de l'État est attendu pour une visite officielle à Amiens. Macron veut jouer la montre ? Pas de problème, nous serons là pour lui dire qu'ici le temps presse. Voilà comment s'organise devant l'antenne du conseil régional d'Amiens une grande manifestation d'élus vêtus de leurs écharpes tricolores. Sur une idée de Marine Charpentier, conseillère communication à la région, et de Xavier Taquet, directeur de cabinet, nous nous offrons aussi une page dans *Le Courrier picard*[1]. La lettre ouverte au président de la République réclame des « engagements clairs et précis ». Et ça fonctionne. Le 3 octobre 2017, Gérald Darmanin, ministre des Comptes publics, et Élisabeth Borne, ministre chargée des Transports, déclarent qu'un compromis a été trouvé. On est encore loin d'une validation définitive, mais les lignes bougent.

Un an plus tard, le 22 novembre 2019, lors du comité stratégique du canal Seine-Nord Europe à Nesle, dans la Somme, Emmanuel Macron signe une convention de financement et engage la participation de l'État à hauteur de 1,1 milliard d'euros. Enfin, le projet du siècle va pouvoir démarrer. Il est synonyme de transformation, de modernité, et d'emplois. Près de 5 000 d'entre eux

1. *Le Courrier picard*, le 3 octobre 2017.

seront créés pendant la durée des travaux, et près de 20 000 par la suite.

Le gigantesque chantier, commencé en 2022, répond à une conception rigoureuse et veille au respect de l'environnement. Il va donner naissance à un canal qui permettra l'acheminement de marchandises entre le Bassin parisien, les Hauts-de-France, le port de Dunkerque, Le Havre, Rouen et le nord de l'Europe. J'ai pris des risques importants en tant que président de région, mais je suis rentré dans chaque détail. Ça sert d'avoir été assureur, parce que, pour une fois, c'est nous qui avons rédigé les petites lignes du contrat qui nous lie avec l'État. Après trente ans d'immobilisme, et grâce au rassemblement de l'ensemble des acteurs politico-économiques des Hauts-de-France, les choses ont évolué. La mise en service du canal Seine-Nord Europe est prévue à l'horizon 2032. C'est une immense fierté.

⋆

À l'exception de Vanessa et de deux de mes amis qui sont dans la confidence, les ténors de la droite ignorent tout de l'annonce que je m'apprête à faire. Ce soir du 11 décembre 2017, ce qui compte, c'est de dire la vérité aux Français. Ce sont eux qui doivent être les premiers informés de ma décision. Invité au 20 heures de France 2, j'annonce quitter définitivement Les Républicains. « C'est une décision qui n'est pas facile mais qui, d'une certaine façon, s'est imposée à moi. Je m'étais déjà mis en retrait depuis le soir du premier tour de l'élection présidentielle quand j'ai vu que ma famille politique ne voulait pas dire clairement qu'il fallait voter Emmanuel Macron pour faire barrage à l'extrême droite. Tout mon engagement politique, depuis la première fois où j'ai été candidat, ça a été contre le Front national, contre l'extrême droite, contre ce qu'ils représentent. »

Voilà, je claque la porte au nez de Laurent Wauquiez qui, la veille, vient d'être élu président des LR, et qui s'exprime en même temps que moi, en direct sur TF1. De quoi brouiller son message et casser l'élan triomphant qu'il veut mettre en avant, puisqu'une dépêche AFP l'oblige à réagir à mon départ au micro de Gilles Bouleau. Et, petit plaisir symbolique, France 2 m'annonce le lendemain que les audiences de la chaîne ont été meilleures que celles réalisées par Wauquiez sur TF1.

Il était temps de regarder les choses en face. En dix ans, Les Républicains ont perdu deux élections présidentielles, sans même réussir à être au second tour en 2017 avec la candidature de François Fillon. Déboussolée, la droite a perdu le nord, sa raison d'être et ses convictions. Nous sommes sclérosés et incapables de rebondir puisque notre formation s'est coupée de ses agriculteurs, de ses artisans, de ses commerçants, de ses soignants, de ses jeunes, de ses professeurs… J'arrête. La liste est longue, trop longue. Je le dis et le répète, les maux de notre échec collectif remontent à 2012. Depuis, le logiciel est cassé. Les Républicains cèdent à la dérive identitaire, et oublient que leur mission est de s'occuper de tous les Français, des classes populaires comme des plus fragiles. Ces divergences, je ne peux plus les accepter. Et ce sont les déclarations insupportables de Laurent Wauquiez sur les migrants qui me poussent à franchir ce pas. Quand un dirigeant de ma famille politique se met à parler comme un cadre du FN, je suis désolé, mais impossible de rester. Et si même Marion Maréchal se montre intéressée à l'idée de travailler avec lui, qu'elle le fasse.

L'ambitieux Laurent Wauquiez a semble-t-il effacé de son esprit qu'en entrant en politique au début des années 2000, il appartenait à une droite sociale, modérée et centriste. S'en souvient-il encore ? Moi, je n'ai rien oublié des idées initiales du jeune protégé de Jacques Barrot[1]. Au fil du temps, nous avions d'ailleurs sympathisé, allant même jusqu'à dîner deux ou trois fois ensemble, en compagnie de nos épouses. Autant dire que tout cela appartient au passé. Si rester LR revient à me lever chaque matin pour dire mon désaccord avec le président du parti, ça ne sert à rien. Je n'ai plus envie de perdre mon temps dans des débats stériles et de rester dans une formation politique dont le fonctionnement est basé sur l'intimidation.

Certains se sont-ils émus de me voir partir ? D'autres ont-ils tenté de me rattraper par le col ? Oui, j'ai reçu des appels. Mais tous mes interlocuteurs m'ont trouvé en cohérence avec moi-même et ont compris qu'il était impossible de me faire changer d'avis. Car je ne pars pas sur un coup de tête. Car je ne suis pas, non plus, en train de me jeter dans le vide pour rejoindre les bancs d'une autre formation. Car je n'entends pas dissoudre mes idées dans le macronisme en me mettant au service du gouvernement d'Édouard Philippe.

1. Alors ministre du Travail et des Affaires sociales (1995-1997).

Cette décision m'appartient, je la prends en totale indépendance, et dans les Hauts-de-France, je n'incite personne à quitter Les Républicains. Après avoir partagé bon nombre d'émotions au rythme des mandats, des victoires, et parfois aussi des défaites, j'éprouve un sentiment de tristesse envers les militants. Même si, d'une façon ou d'une autre, je m'efforce de continuer à les voir et à leur parler, je sais que certains ne comprennent pas et me reprocheront ce départ.

⋆

Il y a des combats plus épiques que d'autres. Celui mené par les ouvriers d'Ascoval symbolise l'espoir et la réussite du collectif. Le 19 janvier 2018, l'entreprise de Saint-Saulve est placée en redressement judiciaire, menaçant Ascoval d'une fermeture rapide. Dans la région, le choc est immense pour les deux cent quatre-vingts salariés et leurs familles. On parle ici du fleuron de la métallurgie française, d'un savoir-faire unique, et d'une multinationale qui règne en maître dans ce secteur depuis quarante ans. Le groupe français Vallourec, propriétaire de l'aciérie de Saint-Saulve, agit néanmoins selon ses propres intérêts, et se délocalise à l'autre bout du monde pour multiplier les profits. Comment ne pas comprendre le désarroi des ouvriers qui, du jour au lendemain, vont se retrouver sur le carreau ?

J'avais déjà rencontré les syndicats d'Ascoval en 2015, mais, à cette époque, leur usine n'était pas à deux doigts de la fermeture. Dès l'annonce du mois de janvier 2018, je leur fixe un rendez-vous, durant lequel j'écoute leurs craintes, leurs revendications, leurs attentes, et m'engage à ne pas les lâcher. De nombreux élus locaux entrent dans la bataille et s'alignent aux côtés du directeur, Cédric Orban, qui prend fait et cause pour ses salariés. Il propose, sur douze mois, de modifier les méthodes de travail afin d'améliorer la compétitivité et d'attirer les faveurs d'un futur repreneur. Le risque est grand. Les deux cent quatre-vingts ouvriers n'ont ni certitude ni contrepartie à la clé. Mais pour sauver leurs emplois, ils acceptent ce plan.

Le 2 février 2018, à l'issue d'une première réunion à Bercy, Bruno Le Maire, ministre de l'Économie et des Finances, assure que l'État, qui détient 16,22 % de Vallourec, injectera 5 millions d'euros en vue de soutenir l'activité du site sur un an. Et s'engage à trouver un repreneur afin d'assurer la pérennité de l'entreprise. Ascoval, sauvée ? Il faut le dire vite. Car l'affaire est beaucoup plus périlleuse, complexe et cynique qu'on ne le pense.

N'étant pas un perdreau de l'année, je connais les codes, et les règles du jeu quand elles se jouent au plus haut sommet. Philippe Crouzet, président du groupe Vallourec, symbolise à lui seul l'interdépendance entre certains milieux économiques et la technostructure française. Ses connexions et ses amitiés sont si riches qu'il a tout pour mener la danse comme il l'entend. Car l'objectif de Vallourec est assez simple : flinguer le projet de reprise en sapant systématiquement la confiance d'un éventuel repreneur, dont celle du groupe franco-belge Altifort. Et cette stratégie, le groupe compte la développer avec la complicité de l'État.

Au fil des mois, malgré tous les efforts déployés par les salariés pour redorer le blason de l'entreprise, la situation se crispe, s'enlise, se paralyse. À l'automne de 2018, au cours d'une réunion à Bercy en présence de Bruno Le Maire et de Philippe Crouzet, je demande à ce dernier de fournir un réel effort de soutien au projet de reprise soumis par Altifort. « Il faut que je voie avec mes actionnaires », balaie-t-il d'un revers de main. « Vous m'emmerdez avec vos actionnaires, ai-je lâché. Vos actionnaires, on en a besoin. Mais ce sont vos ouvriers qui vont sortir de l'acier, et si lundi ils ne reprennent pas le boulot, c'est terminé pour tout le monde ! »

Bart Gruyaert, président d'Altifort, reçoit le 8 octobre 2018 un appel du commissariat interministériel à la réindustrialisation dont le rôle est pourtant de prévenir les risques de fermetures d'usines et d'accompagner les industries, qui lui demande ni plus ni moins de retirer son offre de rachat. À ce niveau-là, ça n'est plus du cynisme, c'est à mes yeux un scandale d'État. Mais Barth Gruyaert tient bon et ne renonce à rien… Même quand les contrôles fiscaux de Bercy lui tombent soudainement sur le dos. Le 18 octobre 2018, au cours d'une conférence de presse donnée à l'hôtel de région, à Lille, je mets un énorme coup de pression : « Y'en a marre de se faire balader ! dis-je. On n'a pas envie d'être pris pour des cons. Il faut arrêter le sale jeu qui consiste à préparer l'assassinat d'une entreprise qui tourne. Il faut que l'État arrête de flinguer la solution du repreneur. »

Le lendemain, le 19 octobre 2018, je suis invité par Emmanuel Macron au palais de l'Élysée. À l'occasion du centenaire de la fin de la Grande Guerre, l'itinérance mémorielle du président de la République est à l'ordre du jour[1]… Mais le dossier Ascoval s'impose dans la conversation ; et notre échange se déroule à couteaux tirés. Le chef de l'État m'accuse de souffler sur les braises de la colère et de faire monter les extrêmes avec mes déclarations de la veille. « C'est votre gouvernement qui fait grimper le RN en abandonnant les gens, ai-je lancé. C'est à cause de cette politique que les Français ne croient plus en rien. Moi je comprends la colère, je la saisis, mais je sais que j'ai l'obligation de trouver des solutions. Et je ne vais pas changer. »

Le 23 octobre 2018, une nouvelle table ronde est organisée à Valenciennes Métropole. Le contexte est tendu, le bras de fer s'annonce difficile. L'intersyndicale d'Ascoval dilue son désespoir en une colère sombre. Bruno Le Maire ne vient pas. Il envoie à sa place Agnès Pannier-Runacher, secrétaire d'État à l'Économie, nommée depuis une semaine. Sa feuille de route est simple : elle doit annoncer la fermeture de l'usine mais présenter les mesures d'accompagnement. En pleine réunion, alors que nous n'arrivons pas à la convaincre de revenir sur la position du pouvoir, une idée me vient et je demande au dirigeant de Valourec quel a été le vote de la BPI[2] lors du conseil d'administration. C'est le coup de théâtre: il répond que la BPI a d'emblée voté en faveur de la cessation des activités. L'État a donc joué double

1. Itinérance effectuée du 4 au 11 novembre 2018 dans les Hauts-de-France et la région Est.

2. Banque publique d'investissement française qui a la mission de financer et de développer les entreprises.

jeu depuis le début. Agnès Pannier-Runacher, décontenancée et mal à l'aise, prend conscience que l'annonce d'une fermeture n'est plus possible. Elle fait machine arrière, s'engage à revoir le dossier et charge un cabinet d'expertise indépendant d'étudier la piste d'un rachat.

Fin décembre 2018, le tribunal de grande instance de Strasbourg autorise finalement le rachat d'Ascoval par le groupe Altifort. Ouvriers et élus ont eu raison d'y croire. Le sort va néanmoins s'acharner sur eux puisque l'entreprise connaîtra quatre repreneurs en l'espace de trois ans. En 2025, l'aciérie de Saint-Saulve, désormais propriété du groupe allemand Saarstahl Rail, semble arrivée au terme d'une situation délicate. Il y a des combats plus épiques que les autres. Il y a des combats qu'il ne faut jamais lâcher. Mais il y a surtout des ouvriers pour lesquels il faut se battre. Ils font leur boulot, mais ils font la France aussi.

*

Malgré les promesses de l'État, le projet 2×2 voies de la RN2, qui relie Paris à Bruxelles en irriguant trois départements des Hauts-de-France, est au ralenti depuis presque quarante ans. Chaque jour, pourtant, plus de 20 000 véhicules empruntent cette route qui se révèle extrêmement accidentogène. En octobre 2017, le maire de la commune de Fourmies, dans le Nord, interpelle le président de la République en lançant une nouvelle pétition sur Internet. Il récolte des milliers de signatures, dont la mienne. Je ne vais pas en rester là.

Depuis son arrivée à l'Élysée en mai 2017, Emmanuel Macron entend bâtir un « pacte de confiance » favorisant la contractualisation entre l'État et les collectivités. C'est dans ce cadre que doit être scellé celui de la réussite du territoire Sambre-Avesnois-Thiérache (SAT). À cheval entre les départements de l'Aisne et du Nord, la Sambre-Avesnois-Thiérache est un territoire compliqué, ignoré depuis longtemps par l'État. Ici, quelque trois cent onze communes sont confrontées à de grandes difficultés socio-économiques. La démographie est en net recul, et la pauvreté une réalité, en particulier chez les familles monoparentales et chez les jeunes. Je vois dans ce pacte l'opportunité d'un nouvel élan pour ce territoire. S'il a pour objectif d'améliorer le quotidien, pourquoi ne pas demander la réouverture du dossier de la RN2 ? Ça fait partie d'un tout, d'une dynamique, c'est donc l'occasion parfaite d'inscrire dans la version 1 du pacte SAT le financement de la 2×2 voies.

Mon souhait est entendu au plus haut sommet. Les discussions sont menées avec le préfet Michel Lalande[1], le projet est chiffré, les coûts des travaux sont répartis entre l'État, la région et les départements du Nord et de l'Aisne. La signature a toutes les chances d'aboutir. Mais dans la dernière ligne droite, à l'automne de 2018, des sources bien informées m'apprennent qu'à Matignon et à Bercy les projets ont changé au dernier moment, sans aucune concertation. Pour faire des économies, la RN2 n'est plus en 2×2 voies sur toute sa longueur, elle a été rabotée sur de grandes portions. Je vois rouge. En

1. Préfet des Hauts-de-France.

clair, on concède aux manants, aux ploucs de province que nous sommes, des créneaux de dépassement par endroits. Mais une 2×2 voies, c'est certainement trop bien pour nous. Or la RN2 mérite une 2×2 voies, c'était un engagement, une nécessité, et c'est aussi une question de sécurité.

Le 7 novembre 2018 en fin d'après-midi, je suis en voiture en direction de Sars-Poteries où doit être signé le pacte, et j'informe Michel Lalande que je ne parapherai aucun contrat. Le préfet comprend tout de suite que je vais mettre cette menace à exécution, et me dit que c'est impossible : Emmanuel Macron est déjà sur place, tout est prêt pour une signature en grande pompe. « Ce n'est pas mon problème. Si ce n'est pas 2×2 voies, je ne signerai pas. Tenez-le-vous pour dit, et faites passer le message », ai-je lancé sur un ton que certains me connaissent. L'information se diffuse comme une traînée de poudre : « Bertrand refuse de signer. » Branle-bas de combat dans tous les cabinets, dont celui de l'Élysée. Par téléphone, on m'indique que la situation est finalement sous contrôle.

J'ai le visage fermé lorsque je débarque sur le site du MusVerre[1]. Je serre la main d'Emmanuel Macron, qui a, lui aussi, la mine des mauvais jours. La presse, conviée à l'événement, a été décommandée à la dernière minute, tant les organisateurs redoutent un esclandre. Mais ce que tout le monde ignore, c'est que j'ai pris une copie du contrat initial sur lequel nous avions travaillé pendant des mois.

1. Le musée de Sars-Poteries est consacré à l'art verrier, son nouveau bâtiment design a été inauguré en septembre 2016.

Disposés sur la table, les parapheurs attendent de recevoir une floppée de signatures pour donner vie à l'avenant du pacte Sambre-Avesnois-Thiérache. Le président de la République se met à l'écart, et laisse Jacqueline Gourault, ministre de la Cohésion des territoires, s'installer. C'est à ce moment-là que je constate qu'il est effectivement inscrit la mention 2×1 voie. Je fais semblant de m'intéresser au document, et je glisse à madame la ministre : « Ça tombe bien, j'ai ici la bonne version du contrat. Si nous ne signons pas le mien, c'est simple, je refuse tout en bloc. » La tension, d'un coup énorme, se lit sur tous les visages. Les conseillers de Matignon et de l'Élysée me regardent de travers, les élus locaux me fixent en se demandant ce que je suis en train de faire. Tout le monde craint le pire.

Mais je ne veux rien savoir. Même si je dois expliquer à chacun pendant des heures pourquoi je refuse de signer, je ne compte pas pour autant négocier. Alors oui, c'est au culot et à l'arraché que j'ai obtenu cette signature officielle. Elle est historique et définitive, puisqu'elle valide les travaux de la 2×2 voies de la RN2 du nord jusqu'au sud de l'Aisne. « Quand elle est menée dans le sens de l'intérêt général, la politique peut amener des résultats concrets », ai-je conclu. Autant dire qu'à partir du moment où j'ai obtenu ce que je voulais, je n'ai pas bronché de la soirée. Mais cet épisode en dit long sur le pouvoir pris par les technocrates. Parce que ce sont eux, les comptables de Bercy, qui ont estimé que nous accorder quelques zones de dépassements sur la RN2 était suffisant. Sans être nostalgique du Plan ou de la DATAR[1], cet exemple montre que nous avons besoin d'un État stratège qui investisse dans les territoires. Aujourd'hui, la fracture territoriale et le vote pour les extrêmes se nourrissent de cet abandon. Combien de temps met-on pour construire l'A69 ou une ligne à grande vitesse ? La France périphérique et l'archipélisation de notre société sont les fruits de ce manque d'investissement dû à une vision comptable.

Le soir même, à l'occasion du dîner, le chef de l'État est interpellé par les maires de communes rurales au sujet de la taxe carbone. « Ici, la voiture, c'est notre métro. Les gens ne peuvent pas faire autrement pour se déplacer. Si le prix à la pompe augmente, ils seront entraînés dans de graves difficultés », lui explique l'un d'eux. Le président de la République écoute mais ne semble pas entendre. Le lendemain, 8 novembre 2018, à Maubeuge, au cinquième jour de son itinérance mémorielle, il est une nouvelle fois interpellé, cette fois-ci par les ouvriers de l'usine Renault, sur l'augmentation du prix des carburants. En définitive, Emmanuel Macron et les ministres présents ont été régulièrement alertés sur la crise qui couvait, mais ils n'en ont pas tenu compte. Les déplacements présidentiels sont, de toute façon, si formatés qu'ils ne permettent jamais de comprendre la réalité de ce que vivent les Français.

Neuf jours plus tard, le samedi 17 novembre 2018, les premiers Gilets jaunes bloquent les axes routiers et investissent les ronds-points du pays. La France silencieuse exprime sa grogne et réclame des comptes.

1. Délégation interministérielle à l'Aménagement du territoire et à l'attractivité des régions.

★

Ce mouvement est hors-norme. Au-delà des cortèges de violence qui se déroulent les week-ends à Paris, il fallait avant tout prendre la mesure de ce qui se passait en France. L'abandon, la solitude, les femmes seules qui élèvent leurs enfants, la fin du mois qui commence le 10, même pour ceux qui travaillent. Tout ceci était en train d'exploser. Les Gilets jaunes sont pour moi la confirmation de ce que je sentais monter dans l'Hexagone. Le 26 septembre 2018, dans l'émission matinale « Les Quatre Vérités » sur France 2, j'avais d'ailleurs expliqué les raisons de cette colère qui devenait de plus en plus palpable chez un grand nombre de citoyens.

Le 1er décembre au matin, j'annule le déplacement que je devais effectuer le lendemain dans la région de Marrakech-Safi pour un jumelage. Je ne suis ni préfet ni commissaire de police ni même ministre, cependant, je ne sais pas ce qui peut se passer au conseil régional durant ce nouveau week-end de protestation. N'y voyez pas là le syndrome de Mattei[1]. Quand l'actualité l'exige, il n'existe aucune contrainte d'agenda. Et ce nouveau samedi de violence dans la capitale confirmera mes craintes. Paris brûle, des affrontements éclatent, l'Arc de triomphe est vandalisé. Je ne veux pas voir le pays sombrer dans le chaos.

---

1. En août 2003, alors que la France suffoque en pleine canicule, Jean-François Mattei, ministre de la Santé, ne mesure pas le problème, minimise les conséquences et donne une interview au 20 heures de TF1 en duplex depuis sa maison de vacances dans le Var.

Lundi 3 décembre 2018, je finalise un projet par écrit, et je passe un coup de fil à Raymond Soubie[1], avec qui je suis toujours resté en contact, pour tester une idée avec lui. Le lendemain, au micro de Jean-Jacques Bourdin, sur RMC, je fais des propositions concrètes, dont la fameuse prime sur le pouvoir d'achat, « en plus des salaires, en plus du treizième mois » ; c'est-à-dire que cette prime, qui sera versée aux salariés par les entreprises, n'entraînera ni impôt ni charge[2]. La force de cette idée réside dans sa simplicité. Et elle séduit immédiatement Emmanuel Macron, qui m'envoie le SMS suivant : « Merci pour l'attitude depuis le début, j'ai poussé le PM[3] à reprendre ta proposition de prime. » Message auquel je réponds : « Merci du SMS, il faut sortir de cette situation, pour le pays. »

Le 11 décembre 2018, au cours d'une allocution télévisée, toute aussi inédite que la crise que nous sommes en train de traverser, le chef de l'État reprend l'idée à son compte. La « prime Macron » est née. Ce n'est pas la première fois que le gouvernement d'Édouard Philippe s'inspire de mon action. Le chèque transport de 20 euros par mois pour tous les travailleurs parcourant 30 kilomètres par jour est une mesure que j'ai appliquée dans les Hauts-de-France. Comme s'il voulait se démarquer de son Premier ministre, Emmanuel Macron me confiera un jour : « Les décisions technos, ce n'est pas

1. Conseiller du président Sarkozy de 2007 à 2010. Voir chapitre 4, « Le travail, c'est la Santé ».

2. « Bourdin Direct », émission diffusée simultanément sur RMC et sur BFMTV.

3. Abréviation de « Premier ministre ».

de mon fait. C'est à Matignon qu'elles sont prises. » Je le crois en partie sincère. En attendant, à mes yeux, son premier mandat présidentiel a pris brutalement fin avec la crise des Gilets jaunes.

Aujourd'hui, je m'étonne d'apprendre qu'Édouard Philippe nous parle de sa colère[1]. Il aurait dû la manifester lorsqu'il était Premier ministre. Moi aussi, j'étais en colère lorsqu'on a fermé la centrale de Fessenheim, lorsqu'on a ignoré le référendum de Notre-Dame-des-Landes, lorsqu'on a fait passer la limitation de vitesse à 80 kilomètres-heure. Et je ne crains pas de dire qu'Édouard Philippe est l'un des principaux responsables de la crise des Gilets jaunes.

*

Sans dynamique de parti derrière moi, je crois avoir été l'un des politiques les plus audibles durant cette période incertaine. Le 20 décembre 2018, selon une étude BVA, 33 % des personnes interrogées souhaitent que j'aie davantage d'influence dans la vie politique française[2]. Les sondages ? Forcément, ils font plaisir quand ils sont bons, car ils ont le mérite de rasséréner vos soutiens. Il faut néanmoins garder la tête froide et ne pas se tromper : les seuls qui comptent vraiment sont ceux des intentions de vote lorsqu'on s'engage dans une campagne.

1. Édouard Philippe, *Le Prix de nos mensonges*, Paris, JC Lattes, 2025.
2. Sondage réalisé pour Orange, RTL et *La Tribune* sur un échantillon représentatif de 1 000 personnes.

Je ne fais pas partie de cette catégorie d'hommes politiques que l'on dit « déconnectés ». J'ai toujours eu besoin de prendre ma part dans les tâches domestiques du quotidien. Et, pour rien au monde je n'abandonnerai cela. Ç'a l'air basique, mais faire les courses au supermarché ou au marché est la condition indispensable pour comprendre les problèmes de pouvoir d'achat. Au moment du passage en caisse, je vois bien, et cela depuis des années, que les caddies sont moins remplis. Quand je fais le plein d'essence à la station-service, j'ai toujours la curiosité de regarder combien a payé l'automobiliste précédent. J'ai en mémoire cette dame à Dechy, dans le Nord, qui pendant la crise du carburant, n'avait mis que pour 10 euros d'essence dans son réservoir. J'ai également été frappé du témoignage de ce commerçant ambulant du marché de Saint-Quentin qui m'expliquait avoir trouvé, avec son fils, une station-service très éloignée de chez eux mais nettement moins chère. Avec 50 euros, ils avaient droit à 1 litre de plus. Oui, trop de Français qui travaillent sont obligés de tout compter.

⋆

Aujourd'hui, ma fonction à la tête de la région n'est pas seulement de gérer l'économie, les lycées, les transports, qui sont des compétences obligatoires. Mon enjeu est bel et bien de transformer les Hauts-de-France, de porter le changement, de redonner espoir et foi en l'avenir. Et je n'ai que deux limites à mon action : ce que la loi m'interdit de faire, et ce que mon budget ne me permet pas de faire.

L'Union européenne prévoyant la fin des véhicules thermiques en 2035, j'ai fait le pari des « gigafactories » de batteries électriques. En l'espace de quelques années, les Hauts-de-France vont se transformer en vallée de la batterie électrique : Douvrin (avec l'arrivée d'ACC), Douai (avec Envision), Dunkerque (Verkor). Au total, on attend 13 000 emplois d'ici 2035, et aujourd'hui, nous en sommes à plus de 2 000. C'est ça, l'avenir de l'industrie automobile !

Chacune de ces « gigafactories » a été le fruit d'un long travail. Chacune d'entre elles a son histoire. En 2019, quand je fais savoir au groupe PSA que les Hauts-de-France se portent candidats pour accueillir la première usine de batteries électriques, on me répond que la région Grand-Est se montre, elle aussi, très intéressée. D'ailleurs, le 23 septembre 2019, Bruno Le Maire, ministre de l'Économie, annonce lors d'un déplacement sur le site de PSA Trémery-Metz son souhait de voir cette future usine s'installer dans l'Est de la France. Il est évident que, à trois ans de la présidentielle, le gouvernement d'Édouard Philippe n'a pas l'intention de me faire de cadeau. Alors, je prends aussitôt contact avec le directeur des relations institutionnelles de PSA Peugeot Citroën, pour lui dire : « Si les dés sont pipés et que vous faites un choix en fonction de décisions politiques, je m'invite au JT de 20 heures pour dénoncer une magouille d'État. En revanche, si la compétition est ouverte, que le meilleur gagne. Mais je préfère vous le dire tout de suite, c'est nous qui allons décrocher cette implantation parce que mon offre sera la meilleure. »

La région des Hauts-de-France décidera de mettre 121 millions d'euros sur la table pour accueillir cette usine de batteries électriques (80 millions pour la région, 40 millions pour les deux communautés de communes). L'investissement est énorme, mais à la clé, c'est la création garantie de plus de 2 000 emplois. Pour officialiser l'offre, j'écris à Carlos Tavares, président-directeur général du groupe PSA. Mais le *board* de l'entreprise et son grand patron attendent un peu plus qu'un simple courrier pour sceller l'engagement. Voilà pourquoi je convoque une session extraordinaire du conseil régional, et que nous prenons une délibération officielle en présence des deux présidents d'intercommunalités. Sur ce dossier, le conseil régional a joué l'union sacrée. Même le Rassemblement national, qui ne sait pas comment s'opposer à ce projet, ne pipe mot et vote pour le « Oui ».

Certains vous diront que, pour arriver à mes fins, je suis capable de me montrer extrêmement dur, et c'est vrai. Mais si je me bats, c'est pour ma région et pour ses habitants. Je préfère plus volontiers me souvenir des mots de Carlos Tavares, épaté de constater que certains politiques étaient capables de travailler en équipe et de prendre rapidement des décisions.

Le lancement des grands chantiers illustre le fait que nous n'avions pas tout essayé pour lutter contre le fléau du chômage. Preuve qu'il ne faut jamais baisser les bras, en travaillant main dans la main avec le monde économique et les entrepreneurs, le chômage n'a jamais été aussi bas depuis quarante ans dans les Hauts-de-France, selon France Travail. Mais la bataille n'est pas terminée, il reste tant à faire. Mon combat permanent en faveur de la réindustrialisation, pour l'industrie d'aujourd'hui et celle de demain, s'inscrit au-delà d'un plan économique ; c'est un projet politique de cohésion nationale, d'indépendance et de souveraineté. Et sans doute aussi l'un des meilleurs antidotes pour lutter contre les extrêmes. Car c'est une chance de recréer de la valeur et d'offrir un avenir à ceux qui veulent vivre et travailler là où ils ont choisi d'habiter. Ces entreprises et ces usines, installées dans cette France périphérique, et non au cœur des métropoles, sont le lieu de promotion et de l'élévation par le travail pour les classes moyennes.

*

Le 16 avril 2020, dans un pays encore confiné, je m'engage auprès des habitants des Hauts-de-France à fournir gratuitement un masque en tissu réutilisable et fabriqué dans l'Hexagone pour préparer le déconfinement et limiter la propagation du Covid-19. L'opération « Un masque pour chacun » est lancée. En plus des 6 millions de masques en tissu, la région mettra aussi à disposition 10 millions de masques à usage unique.

Je vais faire le maximum, parce que je ne supporte pas les atermoiements du gouvernement qui, durant des semaines, nous expliquait que le port du masque ne servirait à rien. D'autant que lorsque va naître la polémique liée à la pénurie de masques dans le pays, certains vont tenter de me faire passer pour responsable. J'ai vu rouge et remis les pendules à l'heure dans les médias, et je m'en suis aussi expliqué le 2 juillet 2020 devant la commission d'enquête sur le Covid-19 à l'Assemblée. Mais restons factuels. En 2012, lorsque j'ai quitté mes fonctions de ministre de la Santé sous la présidence de Nicolas Sarkozy, la France avait 1,4 milliard de masques en stock. En 2020, trois ans après l'élection d'Emmanuel Macron, le pays était passé à seulement 100 millions. Comment pouvais-je être comptable de la politique menée ces huit dernières années alors que je n'étais plus au gouvernement ?

Quoi qu'il en soit, durant le confinement, et en dépit des difficultés, j'obtiens rapidement un contrat écrit de plusieurs entreprises locales, porté par Thibaut Guilluy, haut-commissaire à l'Emploi. Ces PME s'engagent à nous fournir la totalité des masques en tissu dans les délais impartis. La proposition, ferme, semble sérieuse. Mais rien ne va se passer comme prévu. Les matières premières viennent à manquer et la commande est revue à la baisse. Ces entreprises se sont-elles vu plus fortes qu'elles ne l'étaient ? Ou bien a-t-on voulu me faire échouer ? Je n'en sais rien. Toujours est-il qu'un long cauchemar débute. Par tous les moyens, je recherche, nuit et jour, une solution pour tenir mes promesses. Je ne dors plus, je ne mange plus, et je mets tellement la pression sur mon équipe qu'elle aussi s'arrache les cheveux. J'active mes réseaux dans tous les sens, j'appelle tout le monde pour trouver des fournisseurs dans les Hauts-de-France ou en région parisienne. Et voilà comment je me mets à coordonner des opérations « commandos » afin d'aller récupérer nos commandes au fur et à mesure de la production. Chaque jour, Laurent Peirs, mon chauffeur, et Éric Gavoille, chef de cabinet à la région, partent en camion charger le précieux butin. À l'époque, les masques valent de l'or, et comme nous avons très peur de nous les faire voler, nous les stockons en lieu sûr. À partir du 11 mai 2020, les premiers sont distribués aux habitants de l'Oise et de l'Aisne, où le virus est encore très actif, puis, le même jour, dans les trois autres départements de la région. Par ailleurs, une centrale d'achat est constituée avec l'ensemble des communes pour en proposer à prix coûtants. Sans l'aide des intercommunalités, des communes, des conseils départementaux et des associations de maires, nous n'y serions jamais arrivés.

C'est sans doute l'un des épisodes les plus difficiles de ma carrière politique. Si c'était à refaire, j'hésiterais à accorder ma confiance à ceux qui m'avaient promis les livraisons en temps et en heure, mais surtout, je m'y prendrais autrement. Et pourtant, d'un autre côté, j'ai reçu tant de témoignages de maires qui m'ont remercié de les avoir aidés face à la pénurie nationale. Et je me rappelle aussi le témoignage de cette dame âgée qui, un samedi matin, lors de la distribution gratuite au Cateau-Cambrésis, est venue me dire : « Merci pour ces masques, parce qu'avec ma fille, on a vu sur Internet que nous aurions dû débourser 20 euros pour en avoir un. »

⋆

À l'été de 2020, j'accorde une interview à *Corse matin*, car c'est ici, en Balagne, que je passe comme chaque année mes vacances en famille. Alors, oui, l'élection présidentielle de 2022, je le dis sans réserve, je m'y prépare. Mais avant la présidentielle, l'échéance la plus proche et la plus importante, « c'est la présidence des Hauts-de-France lors des prochaines régionales ». Et je considère que cette candidature sera ma primaire, puisque je n'entends plus me soumettre aux règles fixées par mon ancien parti politique.

Près d'un an plus tard, le 17 mai 2021, Stanislas Guerini[1] déclare dans les colonnes du *Monde* que je nourrirais une « obsession anti-Macron ». J'ai envie de dire que l'inverse est vrai. Car pour la bataille des régionales et des départementales dans les Hauts-de-France, le chef de l'État sort l'artillerie lourde et missionne pas moins de cinq ministres dans mon fief.

Laurent Pietraszewski, candidat LREM et secrétaire d'État chargé des Retraites, compte sur sa liste : Agnès Pannier-Runacher (ministre déléguée chargée de l'Industrie), Alain Griset (ministre délégué aux PME), Éric Dupond-Moretti (ministre de la Justice, natif de Maubeuge) et Gérald Darmanin (ministre de l'Intérieur). « Ils sont si nombreux qu'ils vont pouvoir tenir le Conseil des ministres à Lille », ai-je ironisé quelques jours plus tard dans les colonnes du *JDD*. Pour tout dire, j'ai plutôt ri jaune en apprenant que Gérald, mon ancien bras droit à la région[2], se présentait face à moi. Mais il ne m'a pas pris en traître. Un dimanche matin, alors que je passe le week-end à Merlimont chez Jean-François Rapin[3], ami et parrain de mon fils Lucas, je reçois un message de Gérald Darmanin, qui souhaite me parler.

1. Délégué général de La République en marche.

2. À la suite de la victoire de Xavier Bertrand à la région en 2016, Gérald Darmanin est son vice-président jusqu'en mai 2017, date à laquelle il rejoint le camp présidentiel.

3. Sénateur du Pas-de-Calais et président de la commission aux Affaires européennes.

— Je vais avoir le président de la République en ligne dans quelques instants, il insiste pour que je sois candidat sur la liste.

— Gérald, tu peux refuser. Tu es un ministre important aujourd'hui, tu es même devenu invirable.

— C'est compliqué de lui dire non.

— Tu fais comme tu veux mais, président ou pas, c'est ta liberté. À toi de voir.

La pression jupitérienne était plus forte que tout. Gérald est entré dans la bataille. J'ai toujours pensé qu'amitié et politique étaient conciliables, sauf quand vous êtes candidat à la même élection, le même jour. Mais les liens qui m'unissent à Gérald Darmanin n'ont pas cédé. Il faut dire aussi que, tout au long de la campagne, les coups bas et les petites phrases assassines ont surtout été distribués par Éric Dupond-Moretti. Gérald, lui, restera extrêmement fair-play. Voire trop, selon les dires du ministre de la Justice.

⋆

La tactique élyséenne est simple : me neutraliser dans l'optique de 2022. Le calcul est le suivant : si les cinq ministres parviennent à faire un score supérieur à 10 %, ils peuvent prétendre à se maintenir au second tour et m'obliger à trouver un accord avec eux. Ce qui signifie que, si je m'arrange avec la macronie, je serai pieds et poings liés à elle, et donc dans l'incapacité de me présenter face au chef de l'État à la présidentielle. Au premier tour comme au second, je refuse donc tout accord avec La République en marche.

Marine Le Pen s'était cette fois-ci dérobée en préférant se présenter aux cantonales à Hénin-Beaumont, avec l'assurance d'un risque électoral zéro. En revanche, en plus de la majorité présidentielle, sont sur les rangs une liste commune portée par la gauche, l'extrême gauche et les écologistes, et celle de Sébastien Chenu, ex-cadre de l'UMP devenu porte-parole et super star médiatique du RN. Je connais bien Sébastien. Il y a des années de cela, il me savait fan de Mylène Farmer et m'avait présenté la chanteuse lors d'un dîner. Une époque bel et bien révolue.

★

« Se battre pour vous ! » C'est l'essence même de ma philosophie. En 2021, j'en fais mon slogan de campagne. D'un point de vue économique, mon premier mandat a offert à la région quelques victoires, le deuxième me permettra d'aller plus loin en accélérant la transformation des Hauts-de-France. Et je dévoile aussi toute une série de nouvelles mesures, allant du financement des équipements des polices municipales à la vidéo-protection dans les communes, en passant par la prise en charge du permis de conduire par la région à hauteur de 90 % pour les jeunes proches de l'emploi.

À la différence de la campagne de 2015, si les électeurs décident de me confier un second mandat, j'annonce maintenir ma candidature à l'élection présidentielle de 2022. Mes colistiers pensent que je commets une erreur magistrale et répètent en boucle : « Sérieusement, Xavier, qui va voter pour quelqu'un qui dit déjà vouloir se barrer ailleurs ? » J'ai pourtant la conviction que ça ne sera pas un handicap. Non seulement, je pense pouvoir être le seul à droite à battre Emmanuel Macron à la présidentielle, mais en plus, je suis issu de la région la plus anti-macroniste de France. Ce qui n'est pas négligeable. En revanche, en cas d'échec aux régionales, ma vie politique s'arrêtera là. C'est une question de légitimité. Si je ne suis pas capable d'être élu par 6 millions d'habitants, comment arriverai-je à l'être par l'ensemble de la population française ?

★

Le 20 juin 2021, la surprise est immense. Au soir du premier tour, je fais mentir les oracles qui annonçaient soit la liste de Sébastien Chenu largement devant la mienne, soit le retour triomphant de la gauche unie à nouveau. Le taux d'abstention est élevé, c'est vrai, mais j'obtiens 41,42 % des voix contre 24,37 % pour le RN. En l'espace de six ans, l'extrême droite a donc reculé de 16 points. Du jamais-vu !

La gauche représentée par la députée européenne écologiste Karima Delli arrive en troisième position (18,97 %). Quant à Laurent Pietraszewski, c'est la sortie de route ! Avec 9,13 % des suffrages, le candidat LREM est automatiquement privé d'un second tour. Sans triomphalisme, mais déterminé à vaincre Sébastien Chenu et le RN, je prononce un discours dans l'enceinte du théâtre Jean-Vilar de Saint-Quentin. « Depuis 2016, nous avons fait notre devoir, et nous nous sommes battus tous les jours pour les femmes et les hommes des Hauts-de-France, sans sectarisme et avec pour seule boussole l'intérêt régional, l'intérêt général. Ici, en Hauts-de-France, le FN a reculé parce que nous avons montré que, par le travail, l'engagement et la cohérence, la politique n'était pas morte, qu'elle avait encore un sens, celui de servir, pour rendre la vie moins difficile, pour rendre la vie meilleure. Ici, nous avons desserré, pour les briser, les mâchoires du Front national, leur démagogie, leurs propositions stériles, leur intolérance. Tout ce qui divise et ce qu'est le Front national. Nous avons redonné fierté aux habitants des Hauts-de-France et nous continuerons à nous battre pour leur travail, leur pouvoir d'achat, leur sécurité, leur santé, leur environnement. »

Je sais que cette phrase sur les « mâchoires du FN » est restée en travers de la gorge de Marine Le Pen. Et que même François Bayrou, devenu Premier ministre, s'en servira comme prétexte afin d'expliquer pourquoi il renonce, en décembre 2024, à me nommer ministre de la Justice[1]. Mais aujourd'hui encore, je ne changerai pas une seule ligne de ce discours, parce que je fais parfaitement la différence entre les dirigeants sans vergogne du RN et leurs électeurs, que je connais bien.

Une semaine plus tard, le 27 juin 2021, les électeurs me renouvellent leur confiance à la présidence de la région. Même une ville comme Villers-Cotterêts, où le RN a gagné les municipales, a vu ma liste passer devant la leur[2]. Ce qui prouve que je suis capable de convaincre

1. Voir chapitre 7, « Le gaullisme, une alchimie française ».

2. Xavier Bertrand obtient 49,45 % des suffrages face à 34,97 % des voix pour Sébastien Chenu.

cette frange de l'électorat populaire tombée depuis trop longtemps entre les mains de l'extrême droite. Alors, ce soir-là plus que jamais, mon parti, c'est la région ! Et cette victoire me donne l'envie d'aller à la rencontre de tous les Français.

★

J'ai quitté Les Républicains en décembre 2017 pour ne plus m'inscrire dans une logique de parti. Se sentant abandonnés, beaucoup de militants ont été déçus, et nombreux sont ceux qui nourrissent aujourd'hui une défiance à mon égard. Pourtant, je n'ai pas trahi les miens, je n'ai pas changé de camp, je n'ai pas non plus rallié un autre parti. Je voulais être libre dans ma façon de faire de la politique, libre aussi d'anticiper les événements comme je l'entends. En mars 2021, j'explique dans *Le Point* ma détermination à me présenter seul à la présidentielle, et je précise qu'il n'est pas question pour moi de participer à une supposée primaire qui s'organiserait chez LR. Ce que je souhaite, c'est précisément « une nouvelle façon de conduire l'action publique au service d'une nouvelle façon de vivre, de travailler ».

Le vent en poupe dans les sondages, premier opposant au RN, et le mieux placé pour battre Emmanuel Macron au second tour, je veux convaincre les ténors de la droite de se rassembler derrière ma candidature. Non pas au-delà de l'intérêt général, la phrase serait galvaudée, mais au nom de l'envie de gagner. C'est là que je me mets le doigt dans l'œil. Car les haines, les divisions et les rancunes sont tenaces. D'ailleurs, Laurent Wauquiez et Brice Hortefeux passent leur temps à répéter aux cadres de la droite : « Surtout, ne rejoignez pas Bertrand, il n'a pas le parti pour lui. »

⋆

Pour être très honnête, il y a un moment où j'ai su passer pour un con. La scène se déroule le 30 septembre au JT de 20 heures sur France 2, présenté par Anne-Sophie Lapix. Et je martèle : « Les électeurs de la droite et du centre, comme une majorité des Français, veulent que ça change. Je suis celui qui peut porter ce changement. Vous pensez sérieusement que si aujourd'hui, je n'étais pas le mieux placé, je serais devant vous pour vous expliquer mon projet ? » La journaliste répond du tac au tac : « Enfin, pour l'instant, vous n'êtes même pas au second tour dans les sondages. » Je laisse s'écouler un long silence qui fait place à un échange de regards appuyés entre Mme Lapix et moi. Cueilli par sa remarque, je préfère ne pas répondre tout ce qui me passe par la tête, de crainte de paraître un mufle. Puis, je finis par lancer : « Vous savez pertinemment aujourd'hui que je suis le seul qui peut me qualifier pour le second tour et le seul à même de l'emporter. » La séquence fera le miel de mes adversaires politiques et entraînera des millions de vues sur Internet. Ce JT de 20 heures était ma dernière opportunité de convaincre mes concurrents de LR de me rallier. Une occasion manquée.

*

Les ambitions dévorantes des uns et des autres m'obligent bientôt à revoir ma position. Et je vais lentement céder à la petite musique ambiante entonnée par Laurent Wauquiez, Hervé Morin, Valérie Pécresse, Bruno Retailleau, qui préconisent de « la jouer collectif ». Car si deux candidats de droite sont présents au premier tour, aucun ne sera qualifié pour le second. Je revois donc ma stratégie, je ne veux pas être responsable d'un tel scénario catastrophe. La pression est forte, le danger trop grand. Alors, je vais accepter de me plier aux règles du congrès des LR qui se tiendra le 4 décembre 2021. Mais pour le moment, personne n'est encore au courant de ma décision.

Mi-octobre 2021, je suis l'invité d'honneur de la fête donnée à Tinchebray par le député Jérôme Nury[1], qui chaque année réunit des amis et des sympathisants. Je prononce un discours assez bref dans lequel je parle de la ruralité, des catégories populaires et des classes moyennes. Les gens sont enthousiastes. Alors que je m'approche de la buvette, une personne m'interpelle : « Ce que vous avez dit est formidable, je suis certain que vous serez bientôt à l'Élysée. D'ailleurs, je serai content de vous inviter chez moi lorsque vous serez président. Mais j'ai une question, monsieur Bertrand, comment va-t-on faire au premier tour s'il y a deux candidats LR ? » J'explique ma stratégie, mais je comprends que mes arguments ne parviennent pas à la convaincre.

1. Député de la 3e circonscription de l'Orne.

Pour les sympathisants, l'idée qu'il puisse y avoir deux candidats issus de la même famille politique était impensable.

Dimanche après-midi, aux côtés de Michel Bettan, Vincent Chriqui et Vanessa, je peaufine l'annonce que je compte faire au 20 heures de TF1. Et le 11 octobre 2021, en loge maquillage, à quelques instants du direct, je passe un coup de fil à Nicolas Sarkozy et Christian Jacob, pour leur confier que je participerai au congrès. Le président des LR est particulièrement soulagé d'apprendre ma décision. Cela valide son projet de primaire, qui, en 2017, en avait traumatisé plus d'un dans le parti. Pour Christian Jacob, « orphelin » depuis le renoncement de François Baroin à la présidentielle, c'est aussi une façon de se dire qu'il y aura peut-être un candidat pour créer une dynamique et rassembler. Ce n'est pas une histoire d'amour entre lui et moi, mais plutôt des fiançailles de raison. Rien de plus.

Face à Gilles Bouleau, j'officialise ainsi : « Divisés, on est sûrs de perdre, rassemblés, on peut gagner, et je veux gagner. Je veux gagner pour le peuple de la droite et du centre mais aussi pour l'ensemble des Français. Parce que j'ai la conviction que ce sont les solutions de la droite et du centre qui permettront de remettre notre pays sur pied. »

Juste après, dans le plus grand secret, je file rejoindre Valérie Pécresse, avec laquelle j'ai prévu de dîner. Elle venait de voir le 20 heures et me lance : « Ta décision est forte. — Je sais que c'est compliqué, que je pars avec du retard, mais c'est la seule façon de préserver l'unité », lui dis-je. Au cours de cette soirée, je lui explique mon programme pour la primaire et mon projet pour la campagne présidentielle à venir. Et ensemble, nous actons que celui ou celle qui sera en tête de l'élection LR bénéficiera du soutien de l'autre pour affronter la suite.

★

Je reprends ainsi ma carte d'adhérent et je réembrasse ma famille politique. Et avec du recul, je sais que c'est précisément là que j'écorne mon indépendance. Elle en prend même un sacré coup. Car pour les gens de gauche, les indépendants ou tous ceux qui étaient en rupture avec la politique d'Emmanuel Macron, mon retour chez LR allait se transformer en marquage au fer rouge. Je reconnais aujourd'hui que ma précampagne n'était pas suffisamment bonne, que je n'étais pas assez préparé, que j'ai commis de graves erreurs. Par ailleurs, je n'ai pas lancé des appels de fonds très importants. La Manufacture n'était pas structurée comme un parti, et parce que je pensais que LR, le moment venu, serait à mes côtés, je n'ai pas constitué une force de frappe suffisante. J'ai des donateurs, des financements importants, mais pas assez pour mener seul une campagne. Je compte trop sur LR.

★

Fin octobre, j'obtiens le parrainage de près de cinq cents élus LR, soit le double des signatures exigées pour ce scrutin. Nous serons cinq candidats en lice : Valérie

Pécresse, Éric Ciotti, Michel Barnier, Philippe Juvin et moi. Mon programme s'appuie sur trois axes essentiels : l'autorité, le pouvoir d'achat, la France des territoires. Comme à la grande époque, je reprends mon bâton de pèlerin pour aller à la rencontre de chaque département, de chaque fédération, de chaque sympathisant. C'est le député de l'Aisne, Julien Dive, qui est chargé de mes déplacements. Et ils vont se faire au pas de course, puisqu'en l'espace d'un mois et demi il me faut couvrir l'ensemble du territoire. Les réunions attirent beaucoup de monde, mais l'ambiance a quelque peu changé. Et je retrouve systématiquement face à moi trois catégories de gens. Il y a ceux qui se réjouissent de mon retour, les curieux qui veulent entendre ce que j'ai à dire, et les récalcitrants, avec qui ce n'est pas du tout gagné. En un regard, en une poignée de main, je devine celles et ceux qui m'en veulent toujours d'avoir quitté le parti. Mais leur doute est légitime compte tenu de l'enjeu électoral qui s'ouvrira l'an prochain. Alors, je joue cartes sur table, je leur donne des explications et, pour la première fois, je raconte l'histoire de ma propre famille qui explique pourquoi mon combat en faveur des classes moyennes est si profond. Je parviens à soulever de l'enthousiasme, j'arrive à retourner des salles.

Le 21 novembre 2021, à Marseille, à quelques jours du premier tour, je découvre une salle noire de monde. « Si vous êtes si nombreux aujourd'hui, c'est parce que vous avez compris que ce qui se joue le 4 décembre, ce n'est pas de désigner le candidat des Républicains seulement, c'est de désigner le prochain président de la République pour tourner la page Macron, voilà ce que vous savez ! [...] Ce sont les solutions de la droite républicaine qui permettront de redresser le pays, de rassembler les Français et de redonner de l'espoir. Le laxisme de Macron ne réglera pas quoi que ce soit, les mensonges des extrêmes non plus [...]. Alors c'est vrai, j'ai fait ce choix du congrès parce que c'est celui du rassemblement et de l'unité. Je veux rassembler les Français, mais avant, je dois rassembler ma famille politique. » C'est typiquement le genre de réunion publique qui donne de la force, du courage et de l'élan pour affronter la suite.

⋆

Le 8 novembre 2021, LCI organise un premier débat avec tous les acteurs de la primaire. Arrivé en loge, l'intégralité du café que j'ai demandé est renversé sur mes notes, ça démarre mal. La suite sera à l'image de cette maladresse. Je me sens mal à l'aise dans les fauteuils sur lesquels on nous a installés, et j'ai beaucoup de mal à trouver mon registre. Faut-il être offensif, agressif envers mes adversaires ? Je n'en ai aucune idée. Alors, je m'attelle à critiquer le bilan d'Emmanuel Macron, persuadé que cet angle d'attaque fera la différence auprès des militants. Valérie Pécresse trouve tout de suite son rythme et sa cible en se mettant à taper sur Michel Barnier, grand favori de cette primaire. Mais ce soir-là, Éric Ciotti est la vraie révélation. Le député des Alpes-Maritimes se montre à l'aise comme s'il était déjà convaincu que sa stratégie ultra-droitière le mènerait très loin. Il faut dire que l'extrême droite est devenue protéiforme et que l'arrivée d'Éric Zemmour dans le jeu de la présidentielle lui ouvre un boulevard.

Ils sont plusieurs à s'affairer autour de moi pour préparer ces interventions télé. Michel Bettan, conseiller de toujours et ami précieux, Vincent Chriqui, directeur de la campagne, mais aussi, Bernard Deflesselles[1], Jean-Paul Mulot[2] ou encore Jean Spiri[3]. Ensemble, ils planchent sur les argumentaires, les points forts et les failles politiques de chacun. Ils me nourrissent aussi de sujets d'actualité qui peuvent éventuellement servir de levier lors des débats. Mais vous avez beau vous préparer en amont avec une équipe rodée, face caméra, c'est à vous seul de mener la barque.

Le 14 novembre 2021, à l'occasion d'un deuxième débat organisé sur BFMTV, je trouve mes repères et muscle mon niveau de jeu. Je critique les ambitions d'Éric Zemmour, je développe l'idée de mettre en place des peines minimales obligatoires, pousse la thématique du pouvoir d'achat, et réaffirme que mon principal adversaire dans cette campagne s'appelle Emmanuel Macron. Dans cette primaire, j'ai été le premier des candidats à annoncer la relance du nucléaire, à dénoncer les accords de 1968 avec l'Algérie, à mettre en avant la République des territoires, la prime au travail, et à vouloir reprendre le contrôle sur l'immigration.

Huit jours plus tard, sur CNews, je me détache enfin du peloton lorsqu'on nous demande, en toute

1. Député des Bouches-du-Rhône.
2. Journaliste natif de Saint-Quentin.
3. Conseiller de Xavier Bertrand au ministère de la Santé (2005-2007) et délégué national de La Manufacture.

fin d'émission, d'annoncer la mesure phare que l'on pourrait emprunter aux uns et aux autres. J'ai épluché tous les programmes de mes concurrents. Pas sûr que l'inverse soit vrai. Je suis donc capable de répondre que, chez Valérie Pécresse, je m'inspirerais de la réserve éducative ; que j'instaurerais, comme Éric Ciotti, le retour de la loi sur la suspension des allocations familiales en cas d'absentéisme scolaire. Que dans le programme de Philippe Juvin, je serais favorable à la débureaucratisation de l'hôpital. Quant à Michel Barnier, je partagerais sa proposition sur la taxe carbone aux frontières.

*

Un discours avec le cœur et les tripes, formule que j'aime particulièrement. C'est le ton que j'ai souhaité donner au mien, le samedi 20 novembre 2021, lorsque nous sommes réunis au palais des congrès d'Issy-les-Moulineaux dans les Hauts-de-Seine. Ce jour-là, les cinq candidats sont appelés à prendre la parole pour défendre leur programme devant les sept cents membres du conseil national[1]. Pourtant, en arrivant sur place, l'ambiance est assez glaciale. Sans doute parce que la plupart des conseillers nationaux ont été élus sous la présidence de Laurent Wauquiez. Spontanément, je vais vers eux, leur tends la main pour les saluer, mais je sens que la poignée de main est mécanique et que le regard qu'ils me lancent n'a rien d'engageant.

1. Le parlement du parti.

Façon grand oral, un tirage au sort détermine l'ordre de passage, et nous avons chacun une heure pour convaincre. Dans un style princier, Michel Barnier ouvre le bal… Autant dire que je peux réveiller toute la salle en passant juste derrière lui. Équipé d'un micro, je vais rapidement dépasser la zone géographique du pupitre pour bientôt m'emparer de l'ensemble de la scène. J'évoque avec énergie, l'autorité, les territoires et le travail, je remets sur la table le pouvoir d'achat des Français, parce qu'à mes yeux cette thématique passe sous les radars de la campagne. Je fustige les cinq années de politique dévastatrice menée par Emmanuel Macron, sans oublier de citer Marine Le Pen et son armée de vautours qui, eux, sont incapables de proposer la moindre solution viable aux Français. Et puis, je vais chercher les élus, un par un, en évoquant mon parcours au sein de cette famille politique. « J'étais appelé le secrétaire général des militants, vous vous souvenez ? Je suis comme vous, j'ai gravi les échelons […]. Je sais qui je suis. » Rachida Dati monte sur scène pour prendre la parole juste après moi. « Ça ne vous rappelle rien cet enthousiasme ? On n'a pas vu ça depuis Nicolas Sarkozy ! » lance la très populaire maire du 7e arrondissement de Paris.

Mon discours soulève de l'engouement, même chez Annie Genevard, vice-présidente déléguée des Républicains, qui se veut plutôt neutre dans cette investiture. Du côté de Christian Jacob et de Gérard Larcher, je sais qu'ils ne me soutiennent pas, mais ils ont la franchise de reconnaître que ma façon de faire est dynamique et totalement libérée. Reste qu'on peut faire une excellente campagne et se planter en toute fin de course…

⋆

Jeudi 2 décembre 2021. À quelques heures des résultats du premier tour, je déjeune avec mon équipe de campagne à La Lorraine, célèbre brasserie parisienne de la place des Ternes, située à côté de mon QG. L'ambiance est chaleureuse et studieuse. Nous évoquons l'organisation future, les déplacements prévus pendant les vacances de Noël, et mon premier grand meeting pour la présidentielle qui se tiendra en janvier 2022. Malgré les apparences, je ne suis pas en train de me projeter. Trop expérimenté pour être naïf, je sais que cette élection en interne va se jouer sur un fil. Et dans ma tête, je ne néglige aucun scénario. À la fin du repas, pour prendre l'air, je fais quelques pas, boulevard de Courcelles, en compagnie d'Éric Gavoille. « Peut-être que, dans une heure, on apprendra que je suis battu, dis-je. — Vous êtes sérieux ? » Vu la tête qu'il a faite, Éric n'envisage pas une seconde la défaite. Il y a pourtant trois cas de figure possibles : soit je dégage dès aujourd'hui, soit je suis en tête du scrutin, soit je me classe deuxième.

Aux alentours de 14 h 30, alors que nous sommes réunis dans mon bureau, Christian Jacob me passe un coup de fil et me donne les résultats. Ma réponse est brève : « OK, merci. » Je crois qu'il a ensuite enchaîné avec une phrase comme : « Je suis désolé. » Je me prends un 38 tonnes sur la tronche. Je raccroche et annonce : « Bon, les amis, on est quatrièmes. » C'est la stupéfaction générale. Michel Bettan, Jean Spiri, Thiphaine Mercier, conseillère presse, Julien Dive et Pierre-Henri Dumont[1] n'arrivent pas à y croire. Pendant une minute, je ressens au plus profond de moi un douloureux mélange de tristesse et d'abattement. Puis, je reprends mes esprits et tout s'enchaîne à la vitesse de la lumière. Je reçois un appel de ma femme. Elle est en larmes, je m'isole quelques instants pour lui parler. Vu l'entrain que j'ai réussi à soulever chez les militants tout au long des dernières semaines, Vanessa trouve cet échec profondément injuste. Elle est inconsolable. Ses pleurs me touchent. Elle est contrainte de passer la soirée loin de Paris, à Monchy-Saint-Éloi, dans l'Oise, pour les besoins de son travail. Avec une infinie douceur dans sa voix, elle me propose de chambouler son agenda : « Tu veux que je vienne ? Tu veux que je te rejoigne ce soir à Paris ? — Non, reste, lui dis-je. Je ne veux pas que tu changes tes plans pour moi. » J'appelle ensuite mes enfants pour les réconforter. Puis, je téléphone à Valérie Pécresse pour la féliciter et lui apporter mon soutien face à Éric Ciotti. La candidate me remercie, me dit qu'elle va avoir besoin de moi dans cette bataille, et me demande de la rejoindre aussitôt à sa permanence pour un point presse aux côtés de Philippe Juvin et de Michel Barnier. J'apprendrai un peu plus tard que, lorsque Christian Jacob lui a annoncé les résultats, Valérie a lâché un « Non, non, ce n'est pas possible ? ». Son équipe a immédiatement pensé que tout était terminé pour elle, alors qu'en réalité c'était de moi qu'elle parlait.

1. Député du Pas-de-Calais.

En sortant de mon QG, il y a des militants, des bénévoles qui m'ont suivi pendant la campagne, je leur adresse quelques mots en leur disant qu'on savait tous, depuis le début, que la mission serait difficile. Et devant une nuée de caméras, je remercie tous ceux qui ont cru en moi, les porte-parole, les élus, les adhérents, les bénévoles, et j'annonce dans la foulée mon ralliement à la candidate. « Je pense que c'est son projet et sa personnalité qui peuvent nous permettre de l'emporter. » Et là, j'ajoute aussi que la politique nationale, c'est fini pour moi. Je suis encore sonné par les résultats, c'est vrai, mais dans mon esprit, Valérie va gagner, donc mon aventure présidentielle s'arrêtera le jour de sa victoire. Voilà, c'est aussi ça, la politique. En un claquement de doigts, des années de travail et de préparation à la présidentielle s'envolent. Ce congrès aura fonctionné comme un piège dans lequel je me suis laissé enfermer. Je n'ai pas réussi à convaincre le noyau dur du parti, même si près de 10 000 personnes sont venues assister à mes réunions durant la campagne. Sur une base de presque 140 000 sympathisants, c'est énorme ; pourtant, ça n'est pas suffisant. Mais au-delà des chiffres, il y a surtout l'enthousiasme que j'ai ressenti, et c'est là que je me suis mis à y croire, en oubliant que j'avais beaucoup trop de retard dans les pointages internes, et que je n'étais pas le favori du congrès. À présent, il ne me reste plus qu'à en accepter les règles du jeu. C'est ainsi.

Par la suite, bien des gens se sont étonnés de ma capacité à rebondir aussi vite auprès de Valérie après une telle débâcle. Alors quoi ? Eh bien, quand on tombe du vélo sur lequel on pédale très vite depuis des années, que faut-il faire : appeler les secours et gémir ? Non, moi, j'ai mal mais je me relève. Et je vois que mon vélo est abîmé, mais au moins qu'il roule. Et j'essaie de remonter dessus – c'est douloureux pourtant, mais j'avance. Me projeter immédiatement dans la suite est une façon de me refaire. Un moyen aussi d'éviter de se poser trop longtemps des questions existentielles.

*

Parmi les dizaines de textos et d'appels que je reçois ce soir-là, il y a aussi ceux de Nicolas Sarkozy. L'ancien chef de l'État, chaleureux, m'assure au téléphone qu'il m'a trouvé très digne dans la défaite. « Tu m'as fait penser à moi au soir des Européennes en 1999 », lâche-t-il. La soirée s'annonce longue. Sénateurs, députés et soutiens de vieille date sont profondément déçus de devoir stopper brutalement la campagne. « Je suis désolé, les amis, je n'ai pas réussi à nous amener au second tour », lancé-je. Histoire de se changer les idées et de passer à autre chose, un dîner s'improvise chez Charly, un restaurant de la porte Maillot. Mais l'ambiance n'y est pas.

Après avoir partagé un moment privilégié avec chacun pour les remercier de leur travail et de leur confiance, je prends la route, direction Monchy-Saint-Éloi afin de rejoindre Vanessa. Une heure et demie plus tard, j'arrive sur place et découvre un hôtel sans âme qui n'est pas fait pour remonter le moral. Dans quelques heures, Vanessa sera déjà repartie travailler, mais je souhaite passer le reste de la nuit à ses côtés.

Au petit matin, comme une deuxième déflagration, je réalise à 100 %, seul devant le miroir d'une salle de bains défraîchie, combien tout est terminé. Je me mets à penser aux femmes et aux hommes que je voulais aider, notamment avec ma prime pour le pouvoir d'achat, en comprenant que je ne pourrai pas le faire. Mes espoirs pour la présidentielle sont derrière moi, je concentrerai donc mon énergie sur les gens de la région. Mais il n'empêche, les larmes me montent aux yeux et une profonde tristesse s'empare de moi…

*

Si nous avons été des adversaires pour ce scrutin, j'entretiens, depuis de longues années, des rapports solides avec Valérie Pécresse. Et elle a eu raison de croire en son destin, puisque, le 4 décembre 2021, plutôt qu'Éric Ciotti, c'est elle que les adhérents désignent comme la candidate LR à l'élection présidentielle. À dire vrai, Valérie, la chalengeuse, n'avait pas prévu ce scénario. Puisque j'avais toujours été le favori de la droite pour la présidentielle, elle pensait que j'arriverais en tête du congrès, et qu'on ferait équipe dans la bataille à venir. Les rôles se sont inversés. Elle est désormais la candidate légitime, mieux, elle est la première femme de l'histoire de la droite française à se présenter devant 49 millions d'électeurs.

La présidente de la région Île-de-France n'est pas du genre à avoir froid aux yeux. Sa brillante carrière et son CV ministériel en attestent. Début janvier 2022, elle officialise le lancement de sa campagne en inaugurant un

QG dans le 17e arrondissement de Paris. Et elle transforme ses anciens rivaux en « ambassadeurs de terrain » afin d'exploiter au mieux les forces de chacun. L'ultra-droitier Éric Ciotti incarne la question de l'autorité, Philippe Juvin, la santé, Michel Barnier se focalise sur le dossier européen. Moi, j'hérite du travail et des territoires. Mais le sens de l'organisation de notre candidate ne fait pas tout. Valérie manque de confiance en elle, et éprouve le plus grand mal à véritablement associer les gens autour d'elle. Pire, je comprends qu'elle n'est pas assez préparée. Et dès lors, je m'interroge : « Est-ce qu'elle est faite pour une bataille présidentielle ? »

★

Rien n'est joué, mais la chiraquienne a du mal à faire décoller sa campagne. La dynamique se tasse, elle n'arrive pas à imposer ses thèmes dans le débat. Le mois de janvier a été en demi-teinte. Officiellement, Nicolas Sarkozy ne se prononce pas. Mais à l'abri des regards, l'ancien chef de l'État la reçoit et distille ses conseils dans son bureau de la rue de Miromesnil. D'ailleurs, le vendredi 11 février 2022, à deux jours du premier grand meeting du Zénith à Paris, Valérie se rend dans le 8e arrondissement. Où Sarkozy lui propose un plan pour relancer cette candidature mal embarquée : faire un ticket gagnant. Elle à l'Élysée, moi à Matignon, afin de reprendre le leadership dans la campagne et de battre Emmanuel Macron au second tour.

Le samedi matin, je suis à La Grande-Motte, où, la veille, j'ai donné une réunion publique pour porter la parole de la candidate. C'est là que Sarkozy m'appelle et me met au courant de sa stratégie. « Il faut que Valérie annonce le plus vite possible que tu seras son Premier ministre, m'explique-t-il. À partir de ce moment-là, vous allez faire la campagne à deux. Dans un premier temps, la focalisation des médias et des adversaires va se reporter sur toi, ce qui permettra à Valérie de reprendre son souffle dans la dernière ligne droite. » L'idée est maligne.

Un peu plus tard dans la journée, Nicolas me téléphone pour me dire que Valérie a accepté ce scénario. « Je vous laisse voir ensemble pour les détails, elle t'appellera en fin de journée. » Et c'est vrai. En toute fin d'après-midi, Valérie me téléphone. Je suis à l'hôtel avec mon épouse, et je marche tranquillement au bord de la piscine pour entamer la conversation. La candidate fait le point en me demandant comment s'est déroulée ma réunion de la veille. Mais elle n'évoque pas une seule fois le plan du ticket gagnant, n'y fait même pas une allusion. N'étant pas certain qu'elle soit au courant des échanges entre Sarkozy et moi, je préfère m'abstenir de tout commentaire pour ne pas griller l'ancien président. « Elle t'a raconté quoi ? Elle a parlé du ticket ? » me demande Vanessa. « Bien sûr que non ! »

Que s'est-il passé dans sa tête ? Difficile à dire. Tout le monde sait que Nicolas Sarkozy et Valérie Pécresse n'ont jamais été sur la même longueur d'onde. Mais une chose est sûre, la candidate ne veut pas se lier à l'un d'entre nous. Alors, elle oscille constamment entre la ligne ultra-sécuritaire d'Éric Ciotti et la mienne. Le drame de toute cette histoire, c'est qu'elle ne tranchera jamais.

★

Tout va se jouer le 13 février 2022, au Zénith de Paris, devant un parterre de 7 500 sympathisants LR. Michel Barnier, Éric Ciotti, Philippe Juvin et moi sommes installés au premier rang. Et si nous sommes, tour à tour, invités à prendre la parole pour chauffer la salle, c'est au pied de l'estrade que ça se passe. Étonnamment, la scène est exclusivement réservée à la candidate, que l'on dit aujourd'hui « stressée ». Il faut dire que Valérie a toujours été plus à l'aise sur un plateau télé que seule derrière un pupitre. Mais pour ce premier grand oral, la candidate a tout prévu. Elle a été coachée par l'acteur Benoît Solès et par Francis Szpiner[1], ténor du barreau de Paris. Les militants sont à bloc, la salle s'impatiente. Vers 15 h 30, on lance la musique, les gens se lèvent, les drapeaux tricolores s'agitent. Valérie se fraye un chemin à travers la foule, monte sur scène et entame son discours.

Ce qui m'est donné à voir depuis le premier rang ne me paraît pas si mauvais. Mais dès l'instant où mon téléphone se met à vibrer toutes les trente secondes, je comprends qu'il y a un malaise. Mes amis, qui suivent le meeting en direct à la télé, sont effarés par le spectacle, et qualifient la prestation de désastreuse. Mais au-delà de la forme, il y a surtout le fond. Et certains d'entre eux sont choqués d'entendre la candidate user à deux reprises de l'expression « grand remplacement », théorie qui sied beaucoup plus à l'extrême droite d'Éric Zemmour. « Dans ce cas, on votera Macron », m'écrivent des gens

1. Avocat et maire du 16e arrondissement de Paris.

par SMS. Autour de moi, les ténors du parti ont les yeux rivés sur leur portable. Visiblement, la prestation de Valérie fait beaucoup parler.

À la fin de son discours, la candidate convie l'équipe à la rejoindre sur scène pour la photo de famille, puis, visages planqués derrière les masques chirurgicaux, nous entamons *La Marseillaise*. Aussitôt après, je suis sur BFMTV, en direct du Zénith. Une fois de plus, j'ai eu la brillante idée d'accepter un duplex sitôt le discours fini. Même si je ne mesure pas encore l'onde de choc de ce rassemblement, j'avoue que je me livre à un grand numéro de langue de bois. L'interview terminée, je m'engouffre dans ma voiture quand, cinq minutes plus tard, Valérie m'appelle. La candidate est au fond du seau. Persuadée d'avoir totalement raté cette première grande étape, elle se lamente, perd confiance, s'en veut. Un brin désarmé par à ses aveux, je fais mon maximum pour lui remonter le moral, et je lui assure que tous ceux qui étaient à l'intérieur du Zénith ne repartent pas avec une si mauvaise impression. Les téléspectateurs et la presse, eux, sont unanimes : le discours sonnait faux, le plantage est total.

Le lendemain, au QG, l'ambiance est à la sinistrose. Les gens tirent la tronche, soupirent, l'énergie est au plus bas, et, pire que tout, la candidate paraît mal à l'aise et oppressée. Je lui donne alors ce conseil : « Valérie, c'est ta campagne. Tu ne peux pas être une candidate de synthèse. Il faut dès à présent que tu te libères de toutes les influences. La seule chose que tu dois faire, ici, mieux que les autres, c'est d'être toi-même. » Observant la scène de l'autre bout de la pièce, Brice Hortefeux se met à me mitrailler du regard. Et il se fera un malin plaisir de la rapporter en déformant mes propos auprès d'Éric Ciotti, qui, ce jour-là, est déjà mis aux abonnés absents. Le meeting du Zénith n'a pas été un tremplin, il a servi de toboggan. Dès lors, les soutiens vont progressivement déserter le QG de campagne. À cinquante jours du premier tour de l'élection présidentielle, Éric Zemmour repasse devant Valérie Pécresse dans un sondage Harris Interactive[1]. Marine Le Pen, elle, progresse. On l'annonce d'ailleurs au second tour face à Emmanuel Macron, qui, lui, n'a toujours pas officialisé sa candidature.

Vient ensuite la dernière accélération dans la glissade vers la défaite. Le 8 avril 2002, deux jours, avant le premier tour, Valérie Pécresse est l'invitée politique au micro de Nicolas Demorand et de Yaël Goosz. Si la candidate martèle qu'« au premier tour on choisit selon ses convictions », elle précise aussi : « Si je ne suis pas au second tour, je ne donnerai pas de consigne de vote[2]. »

Au même moment, dans la matinale de Sud Radio, Patrick Roger a lui aussi tenté de me cuisiner en me demandant quel conseil de vote nous donnerions au second tour en cas d'un duel Macron/Le Pen. Je n'ai rien lâché. « Je me bats jusqu'au bout », ai-je conclu. À peine sorti du studio, je recevais de nouveaux SMS me disant que Pécresse n'avait pas joué le jeu face à la menace du Rassemblement national. C'est ce qui explique, à mon avis, que nous tomberons en dessous de la barre des 5 %.

1. Pour *Challenges*, le 15 février 2022.
2. Dans l'émission matinale « Le Grand Entretien » de France Inter.

Le dimanche 10 avril 2022, Valérie Pécresse atteint 4,78 % des voix… La droite prend une nouvelle claque. Magistrale. Le soir, en prononçant son discours, la candidate LR appellera à voter Emmanuel Macron au second tour pour faire barrage à Marine Le Pen. Je ferai évidemment la même chose le lendemain sur RTL : « Il y a urgence […]. Ni le vote blanc ni l'abstention ne pourront empêcher Le Pen d'arriver à la tête du pays. »

⋆

Il est important pour moi de tirer les leçons du passé et d'apprendre de mes erreurs. Mon idée pour 2022 était d'être au-dessus des partis et de rassembler l'ensemble de ma famille politique. Comme je l'ai déjà expliqué, j'ai été contraint de revenir dans la primaire de LR, et je suis ressorti abîmé de cet épisode. J'étais sans doute le candidat le mieux préparé, mais je ne l'étais pas suffisamment pour imposer mes choix dans cette campagne présidentielle. En septembre 2021, un sondage Ifop pour le *JDD* me classait comme étant le meilleur candidat capable de battre Emmanuel Macron et Marine Le Pen[1]. Mais par la suite, la percée d'Éric Zemmour dans la course élyséenne a affolé les compteurs et l'audimat des chaînes info. Au mois d'octobre, il est passé juste devant moi dans les intentions de vote[2]. Un point de plus, c'est peu, mais suffisant pour ne plus me faire figurer au second

1. *JDD*, le 25 septembre 2021.

2. Sondage Ipsos réalisé pour *Le Parisien* (octobre 2021). Éric Zemmour récolte 15 % d'intentions de vote, Xavier Bertrand, 14 %, Marine Le Pen, 16 %.

tour de la présidentielle. Voilà comment les thèmes que je portais jusqu'ici n'ont plus tout à fait trouvé le même écho. La République des territoires pour en finir avec le centralisme politique et technocratique français, la prime pour le pouvoir d'achat qui apportait une nette amélioration de vie pour les classes moyennes, la relance du nucléaire, les peines minimum, l'extrême fermeté sur les questions migratoires… C'est un peu comme si, dans un examen, tous ces sujets avaient un coef. 1 alors que l'immigration était passée coef. 10.

Éric Ciotti, quant à lui, était carrément hors concours avec sa proposition d'un Guantanamo à la française ! Je tiens à préciser que j'ai longtemps entretenu de bons rapports avec Ciotti. Au cours de l'été de 2021, j'ai même été invité avec Vanessa à dîner chez lui, en famille, dans le Sud. Si la primaire LR a changé la nature de nos rapports, la relation était restée cordiale. En revanche, nos chemins se sont séparés durant la campagne présidentielle de Valérie Pécresse. Car à ce moment-là, j'ai compris qu'il avait entamé une autre croisade. Quant à mon soutien à la candidate du parti, je ne le regrette en rien. Il était jusqu'au bout franc et sincère. Au lendemain du premier tour, lorsque Valérie a lancé d'urgence un appel à dons pour rembourser ses frais de campagne, j'ai tout suite dit oui pour participer.

*

« Pédophiles, chômeurs, consanguins… bienvenue chez les Ch'tis. » Cette banderole de la honte déployée dans les tribunes du Stade de France en mars 2008 m'avait profondément marqué. De l'eau a coulé sous les ponts, depuis. Aujourd'hui, l'image des Hauts-de-France, c'est *Baron noir*, *En fanfare*, *L'Amour ouf*, *Rien à déclarer*, *Les Tuche*, mais aussi, le Louvre-Lens, le futur Institut pour la photographie[1] ou le festival Séries Mania à Lille. La richesse de cette région, ce sont ses habitants, ce sont ses talents, tous ceux que nous souhaitons mettre chaque jour en avant. Faire de la politique, c'est avoir une vision, une ambition, des idées pour eux, mais aussi composer avec des partitions qui ont été écrites par d'autres, parfois d'un autre bord. Et quand leur musique est bonne, je ne vois pas pourquoi on chercherait à s'en passer. À ce propos, je pense au travail remarquable mené par Martine Aubry pour développer, choyer et protéger la culture. Au cours de ses mandats successifs, la maire socialiste de Lille a su faire rayonner sa ville sur le plan national et européen. Une vraie fierté pour l'ensemble des habitants de la région.

Je crois avoir lu quelque part que ma passion pour la culture serait récente. C'est faux. Et digne du cliché selon lequel la culture serait le domaine politiquement réservé à des élus de gauche. Le sujet me passionne depuis que, dans les années 1990, j'ai commencé ma carrière avec Jacques Braconnier. Son adjointe à la Culture s'appelait Colette Dimarco, et elle aussi était assez exceptionnelle dans son genre. Pour mener de grands projets, il faut trouver les bonnes personnes. Quand en

1. L'Institut de la photographie de Lille est actuellement en travaux pour rénovation et agrandissement de son bâtiment. En attendant la réouverture (prévue pour 2027), il continue de proposer des expositions en dehors de ses murs.

2015 Romaric Daurier, directeur général du Phénix[1], et Gilbert Fillinger, directeur de la maison de la culture d'Amiens, sont venus à ma rencontre avec l'envie viscérale de barrer la route à Marine Le Pen, ils m'ont fait partager leurs univers et m'ont convaincu d'augmenter le budget de la culture. En l'espace de dix ans, il sera accru de près de 60 % dans les Hauts-de-France. Mais je le répète, il est beaucoup plus facile de réussir dans ce domaine quand on ne part pas d'une page blanche. C'est en créant une osmose entre les acteurs culturels et les responsables politiques qu'on parvient à relever les plus beaux défis. Patrice Chéreau et la ville de Nanterre n'auraient pas pu avancer sans le talent des uns, et la volonté politique des autres.

Aujourd'hui, je refuse de faire du budget de la culture une variable d'ajustement. Je cite souvent Churchill, qui disait : « Si ce n'est pas pour la culture, pourquoi nous battons-nous, alors ? » Aussi, partout et contre le RN qui rêve de censure, je continue à lutter pour la liberté de création, pour l'égalité d'accès à la culture. Et je continuerai inlassablement à porter l'idée que l'éducation culturelle et artistique doit être un des piliers du socle éducatif français.

★

Je suis à la tête de la région qui s'est le plus transformée au cours des dernières années : le canal Seine-Nord Europe, les travaux de la ligne TGV

1. Scène nationale de Valenciennes.

Roissy-Picardie, les « gigafactories », et bientôt le virage digital et numérique qu'il nous faudra prendre avec l'intelligence artificielle. Je veux que les Hauts-de-France deviennent la vallée des data centers, l'une des premières régions européennes en matière d'IA. L'installation des premiers data centers sera d'ailleurs signée prochainement, et j'espère qu'à la fin de cette décennie la région deviendra une référence pour tout le pays. Avec tous les déboires économiques que nous avons connus dans le passé, cette terre de travailleurs ne démérite pas. Mieux, elle se met à surperformer à nouveau.

★

Quand le budget de 2025 a autorisé les régions à prélever une taxe sur les entreprises de plus de onze salariés pour financer les transports en commun, j'ai décidé de ne pas l'appliquer dans les Hauts-de-France. Ce qui a déclenché la colère des écologistes. Pourquoi ne pas saisir ce que certains ont vu comme une opportunité ? Parce que je considère que si l'État français a décidé de faire les poches des régions, les régions n'ont pas à faire celles des entreprises. Agir ainsi leur mettrait la tête sous l'eau, elles qui n'ont pas besoin de ça en ce moment. Alors oui, nous sommes passés à côté de 81 millions d'euros de recettes, mais c'est ailleurs qu'il faut agir. J'ai ainsi baissé les dépenses de 127 millions d'euros. En ne remplaçant pas tous les départs à la retraite, en serrant les dépenses dans quasiment tous les domaines comme le ferait n'importe quel dirigeant d'entreprise ou chef de famille. Et ça fonctionne ! Si l'État peut voter ses budgets en déficit, les régions, elles, n'en ont pas le droit. Vu l'instabilité financière et économique du pays, il serait temps d'appliquer les recettes de certaines collectivités locales au niveau national.

⋆

Je crois qu'il est essentiel de rapprocher régions et départements. J'avais déjà exposé ce projet durant la primaire LR de 2021, mais aujourd'hui encore, je reste le seul président de région à mettre cette idée en avant. Il existe 4 000 conseillers régionaux et 2 000 conseillers départementaux sur l'ensemble du territoire. Je propose de n'en garder que 4 000 en faisant siéger le même élu au conseil régional et au conseil départemental. C'est l'un des meilleurs moyens pour simplifier le millefeuille politico-administratif qui nous pèse, tout en nous permettant de réaliser des économies.

⋆

Le réchauffement climatique n'a rien d'une fable. Dès le début de mon deuxième mandat dans les Hauts-de-France, j'ai accéléré sur la question de la biodiversité et de l'écologie. En mars 2025, en l'espace de cinq ans, 1 million d'arbres ont été plantés grâce au Plan Arbres. Collectivités, associations, lycées et habitants des Hauts-de-France ont tous contribué à faire de ce projet une réussite collective afin d'améliorer le cadre de vie de chacun. Je crois profondément en une écologie populaire qui n'oppose pas l'homme et la nature. En 2020, la région s'était portée candidate pour l'installation d'un nouvel EPR en France après Flamanville, parce que le nucléaire est une énergie décarbonée, et que c'est aussi l'assurance de notre indépendance énergétique – avec, bien sûr, la création d'emplois à la clé.

Les Hauts-de-France représentent à elles seules le quart du parc national éolien. C'est beaucoup trop ! Il faut se mettre à la place de ceux qui vivent encerclés par ces éoliennes, et penser à ces communes à qui l'on propose des sommes astronomiques pour massacrer leurs paysages. Quelle aberration ! La France, c'est une histoire, une culture, et aussi des paysages que l'on doit absolument préserver.

Si les écologistes ont fait beaucoup de mal à la cause en pointant du doigt l'empreinte carbone du Tour de France ou en enchaînant les polémiques absurdes à l'approche des fêtes de Noël, je pense que l'erreur commise par l'ensemble des partis politiques français a été de ne pas s'emparer sérieusement du sujet de l'écologie.

*

C'est à l'automne de 2022 que naît Nous France. Le 1er octobre, sur la scène du théâtre Jean-Vilar de Saint-Quentin, nous inaugurons aux côtés de Bernard Deflesselles[1] cette formation que d'aucuns qualifieront

1. Devenu secrétaire général de Nous France.

de centre-droit. Je préfère qu'on la voie comme un rassemblement populaire, car même s'il y a beaucoup de militants venant de LR, Nous France rassemble des électeurs de l'UDI, de gauche, voire des abstentionnistes endurcis. Durant tout un week-end, près de 1 000 personnes, parlementaires, maires, adjoints, citoyens, se réunissent autour de plusieurs ateliers afin de mettre en commun leurs forces, leurs domaines de compétences et leurs idées. Je sens de l'enthousiasme, comme une sorte de bouillonnement qui me donne envie d'y croire. Et je reste persuadé que si la politique est bien menée, pensée, travaillée, elle arrive à changer la vie des gens.

Nous France est un mouvement ouvert à tous, projet dont j'espère qu'il trouvera un écho dans la société et tout particulièrement chez les jeunes. Car c'est pour les générations futures, et celle de mes cinq enfants, que je continue à me battre au quotidien.

Via des collectifs, Nous France s'articule autour de tous et de tous les sujets : les femmes, l'écologie, l'habitat, les aidants, les agriculteurs, les sportifs, les retraités, les soignants, les enseignants, les entrepreneurs… J'ai une confiance absolue dans les personnes qui travaillent à mes côtés. Ce mouvement a tout pour réussir. Autour de Bernard Deflesselles, de Jean-François Rapin, de Dominique Estrosi-Sassone[1], de Julien Dive, mais aussi de l'ensemble des secrétaires généraux adjoints et des délégués régionaux, nous

1. Sénatrice des Alpes-Maritimes et présidente de la commission des Affaires économiques.

travaillons d'arrache-pied pour changer les choses. Le soutien de dizaines de parlementaires amis, de plus d'un millier d'élus locaux, donne une nouvelle force à notre mouvement. Leur élan me porte, leur confiance me touche.

7

« Le gaullisme, une alchimie française »

J'ai rencontré Xavier Bertrand pour la première fois le 6 mai 2024 à Paris. Le rendez-vous a été organisé à ma demande par Éric Besson, qui a eu la délicatesse de faire les présentations. Autour d'un café et de quelques macarons Ladurée, nous avons ensemble évoqué pêle-mêle les prochaines élections européennes, le RN, LFI et le gouvernement Attal, puisque le jeune Premier ministre était aux manettes.

Un mois plus tard, le 9 juin 2024, le Rassemblement national sort victorieux des élections européennes. Le soir des résultats, dans un élan qui sidère l'ensemble de la classe politique et la grande majorité des Français, Emmanuel Macron dissout l'Assemblée nationale. Tremblement de terre. Le film s'accélère. Face à la menace du RN qui n'a jamais été aussi proche du pouvoir, Éric Ciotti, président de LR, saisit la balle au rebond et noue en secret un accord avec l'extrême droite pour ne pas perdre sa circonscription des Alpes-Maritimes. Le Niçois a franchi le Rubicon. Que restera-t-il de la droite après cette volte-face ?

Les élections législatives anticipées de juin 2024 s'organisent à l'arraché dans tous les partis. Pour Xavier Bertrand, c'est clair : ça ne sera ni RN ni LFI. Le 30 juin 2024, au premier tour, le camp de Marine Le Pen surperforme et se classe en tête du scrutin. La France, comme divisée en deux, retient son souffle. Le 7 juillet, à l'issue du second tour, l'Assemblée nationale se dessine en quatre blocs : le Nouveau Front populaire[1] *arrive en tête de l'élection, suivi du parti présidentiel Ensemble, du Rassemblement national et des Républicains. Aucune majorité à l'horizon. Tout le monde perd, personne ne gagne, c'est le blocage.*

La France se cherche un Premier ministre, mais Emmanuel Macron ne semble pas pressé d'en nommer un. Essorés par la crise politique, les Français ont grand besoin de retrouver de l'unité, de l'emballement collectif et des couleurs. Alors place aux JO ! Néanmoins, le nom de Xavier Bertrand se met à circuler et revient comme un boomerang dans l'actualité estivale. Et si c'était lui, le prochain locataire de Matignon ? Dans ce dernier chapitre, le président des Hauts-de-France – empêché par le RN pour devenir Premier ministre – revient sur la série d'entretiens « d'embauche » qu'il a eus avec Emmanuel Macron à l'Élysée.

En septembre 2024, Les Républicains se refont une santé avec la formation du gouvernement de Michel Barnier (septembre à décembre 2024), et l'entrée de François-Noël Buffet (Outre-mer), Annie Genevard (Agriculture) et Bruno Retailleau (Intérieur). L'ancien sénateur prend alors la lumière et se transforme en nouvelle tête d'affiche d'une droite ferme et conservatrice. Si bien qu'en mai 2025, il élimine Laurent Wauquiez et devient le président du parti.

1. Nouvelle coalition de la gauche française composée des groupes LFI, PS, PC, et des écologistes.

Xavier Bertrand l'a soutenu dans son ambition. Pourtant, les différences sont grandes entre les deux hommes. Il s'en explique, ne change rien à ses plans, et travaille à sa candidature pour l'élection présidentielle de 2027. « XB » peaufine sa doctrine, développe sa stratégie avec Nous France, son mouvement, et promet de présenter un projet aux Français quand le moment sera venu. Le gaulliste solitaire ne passera plus par la case d'une primaire.

9 juin 2024, jour des élections européennes. Peu avant 20 heures, je commence à recevoir quelques coups de fil. On murmure à mes oreilles l'hypothèse d'une dissolution. Comme c'est impensable, que le moment serait absurde, je n'y crois pas. Emmanuel Macron ne peut décider de convoquer des élections législatives anticipées alors que les scores du RN s'annoncent stratosphériques. Et pourtant... À 21 heures, dans une allocution télévisée que je ne suis pas près d'oublier, le président de la République annonce qu'il dissout l'Assemblée nationale. C'est le choc. Il a osé. Je navigue intérieurement entre colère et sidération. Comment Emmanuel Macron peut-il courir le risque de laisser le parti de Marine Le Pen prendre le pouvoir dans moins d'un mois ? Quels sont les zozos qui, autour du chef de l'État, ont eu cette idée-là ? Ça me remue. Je suis estomaqué.

Sitôt, je m'interroge : dois-je me lancer pour redevenir député ? J'appelle Xavier Taquet, mon directeur de cabinet, et lui demande d'étudier différentes circonscriptions dans la région où le sortant serait un élu RN. Je n'envisage pas un retour dans la deuxième circonscription de l'Aisne. Julien Dive, député depuis 2016, y fait du bon travail. Il serait injuste et trop facile de lui demander de me céder sa place, en faisant comme Laurent

Wauquiez. Alors si l'hypothèse devenait une réalité, il fallait trouver une option différente. Et puis, la nuit portant conseil, j'ai pensé au jour d'après. À quoi servirais-je sur les bancs de l'Assemblée ? À jouer un rôle purement politique qui, compte tenu de la crise institutionnelle née de ce choix présidentiel aberrant, m'aurait difficilement permis de changer la vie des Français au quotidien. J'en tire donc mes conclusions et décide de rester à la tête des Hauts-de-France. Cette campagne législative contrainte, je vais donc concrètement la mener aux côtés de l'ensemble des députés LR qui repartent, dans toute la France, pour un nouveau tour de piste.

Lundi 10 juin 2024, aux aurores, Gérald Darmanin m'appelle, soucieux d'avoir mon avis sur le pari le plus insensé de la Ve République. « Vous êtes devenus fous ! commencé-je par lui dire. C'est totalement irresponsable, le RN va l'emporter. » Gérald, qui pense tout le contraire, m'explique leur stratégie. « Le dépôt des candidatures aura lieu à la fin de la semaine, ce qui laisse amplement le temps à la gauche de se déchirer ; la majorité présidentielle va ainsi se refaire, et pourra l'emporter face au Rassemblement national. » L'argument est limite, le timing incertain, la prise de risque immense. S'il y a bien un truc que Jacques Braconnier m'a appris en politique, c'est que, à gauche, les élus ont beau s'engueuler toute la journée, le soir, quand vient l'heure de se coucher, ils ne font jamais chambre à part. La preuve, il aura suffi de quatre jours pour voir naître un Nouveau Front populaire !

La situation est grave. Ici dans les Hauts-de-France, le parti d'extrême droite a fait 42,5 % des voix aux européennes. Un score qui reflète avant tout le rejet de la politique nationale d'Emmanuel Macron. Si l'évocation de son nom suscite déjà la colère des citoyens, avec cette dissolution incompréhensible et incomprise, celle des députés, des sénateurs et des ministres de son propre camp émerge au grand jour.

Alors, je dois aussi penser à ce que serait une victoire du RN. J'imagine la création d'un fonds de financement public/privé pour protéger la culture dans ma région. En prenant les commandes de Matignon, Jordan Bardella saperait les budgets, la censure réapparaîtrait. Le 11 juin 2024, au cœur du bassin minier, je fais également une déclaration devant des chefs d'entreprise visant à alerter sur le fait qu'il faudrait, peut-être, se passer des aides et des subventions de l'État.

Parallèlement, je m'investis au maximum dans les médias, je m'improvise porte-parole inlassable d'un parti sans ténor, à la limite de l'extinction de voix. À droite, la boîte de Pandore s'ouvre. Le 10 juin 2024, Jordan Bardella se vante d'avoir eu des discussions avec des LR pour s'assurer d'obtenir la majorité absolue à l'Assemblée. Le soir même, au JT de 20 heures sur TF1, Marine Le Pen surenchérit et appelle à une coalition de la droite. Leurs déclarations me mettent la puce à l'oreille. Une rumeur circule de plus en plus fort : Éric Ciotti, actuel président des Républicains, serait sur le point de nouer un accord avec eux. J'ai longtemps pensé qu'il était compatible avec l'extrême droite, ce n'est pas une surprise, mais lorsqu'on l'interroge, il entretient le doute sur son éventuel départ, et c'est ce qui me confirme qu'il y a anguille sous roche.

Le 11 juin, sur France Info, je l'interpelle et lui ordonne de clarifier sa situation une bonne fois pour toutes. Quelques heures plus tard, au 13 heures de TF1, il sort de sa tanière et déclare sa flamme à Marine le Pen. Nouvelle déflagration chez LR ! Le Niçois nous plante un coup de poignard dans le dos. À la veille d'un scrutin majeur, le président du parti passe à l'ennemi. Bientôt, je reçois un SMS de Laurent Wauquiez, ce qui ne m'était pas arrivé depuis des années. Il me soumet l'idée de signer un communiqué disant que la position de Ciotti n'est pas celle des dirigeants de LR. En clair, il propose de m'associer à un filet d'eau tiède ! Je ne réponds même pas à son message, et je fais savoir à d'autres signataires que le communiqué ne va pas assez loin. Le soir même, invité du JT de 20 heures présenté par Gilles Bouleau sur TF1, je livre tout ce que j'ai sur le cœur. « C'est une trahison. En passant cet accord avec le Rassemblement national, il a fait le choix de la collaboration avec l'extrême droite. Il nous a trahis pour une circonscription, la sienne, il nous a trahis pour un poste de ministre, c'est misérable. C'est profondément indigne, c'est le cynisme le plus complet en politique. Les Républicains sont une famille qui est l'héritière de Jacques Chirac, de Nicolas Sarkozy, et l'histoire, l'avenir de la droite républicaine nous impose d'être fidèle à nos valeurs. Même si les temps sont difficiles, je le sais, il faut y croire. Cette droite républicaine, c'est aussi une droite de résistance, une droite sociale qui a des réponses à apporter, et les choses ne peuvent pas rester en l'état ce soir. Éric Ciotti doit démissionner de ses fonctions de président tout de suite, mais il doit aussi être exclu des Républicains. »

Le lendemain matin, au micro d'Apolline de Malherbe sur BFMTV, je maintiens la pression et martèle : « Éric Ciotti, dehors ! Il ne doit pas seulement quitter ses fonctions, il ne doit plus être adhérent de LR […]. Maintenant il y a aussi les candidats qui seront investis ou soutenus par le Rassemblement national. Eux aussi, dehors[1] ! »

En début d'après-midi, un bureau politique s'organise, qui décide à l'unanimité l'exclusion de Ciotti et place la gouvernance du mouvement entre les mains de François-Xavier Bellamy et Annie Genevard. Ciotti jouera la tragi-comédie d'un « fort Chabrol » de pacotille dans les locaux du parti, place du Palais-Bourbon, mais son bureau a déjà été vidé de tous ses dossiers, et il n'a même plus accès à son ordinateur. Pathétique ! Summum de la traîtrise, il placera aux législatives certains de ses soldats contre « ses » anciens députés LR. Entre perdre son âme ou une élection, Ciotti a fait son choix.

⋆

Ni RN ni LFI. Mais face à l'extrême droite, il est vrai que j'ai appelé au second tour à voter pour Sébastien Jumel[2], député communiste et ancien maire de Dieppe que je connais depuis près de quinze ans et avec qui j'ai travaillé sur le dossier de la pêche et de l'industrie. Un communiste comme celui-là n'a pas les mains rouges, salies par la folie du stalinisme. Et pour être tout à fait

1. Dans l'émission « Face-à-face ».
2. Député de la Seine-Maritime depuis 2017.

honnête, si Fabien Roussel n'avait pas été battu le 30 juin 2024 dès le premier tour, il aurait bénéficié de mon appui face au Rassemblement national. Je ne peux pas dire la même chose au sujet de François Ruffin. Si le député sortant de la Somme a sollicité mon aide *via* l'intermédiaire de Bruno Bonnell[1], j'ai refusé de jouer un rôle dans son élection, parce qu'à cette époque, il n'avait pas encore clairement rompu avec la tutelle de Jean-Luc Mélenchon. Ni RN ni LFI, je ne changerai pas d'avis.

⋆

Fin juin 2024, à quelques jours du premier tour des législatives anticipées, la colère des Français est grande, et la dynamique, en faveur du RN. Il est évident que je ne loupe jamais une occasion de m'en prendre à Marine Le Pen, surtout pour appuyer là où ça fait mal. Quand elle explique que le titre de chef des armées n'est qu'un titre honorifique pour le président parce que c'est le Premier ministre qui tient la bourse[2], je lui réponds dans l'émission « L'Événement », le 27 juin 2024 sur France 2, qu'elle ne respecte pas la Constitution, ni la fonction du chef de l'État, et qu'elle envoie un message très clair à Vladimir Poutine en lui disant que la France ne se battra pas aux côtés de l'Ukraine. Au cours de cette émission, j'annonce pour la première fois que LR a désormais vocation à participer au pouvoir en mettant en avant ses idées. « Une cohabitation, c'est quand vous retirez

1. Député LREM du Rhône (2017-2022).
2. Déclaration de Marine Le Pen du 26 juin 2024, *Le Télégramme*.

le volant des mains du président de la République et que ce sont des opposants, nous-mêmes, qui imposons une autre politique. Nous sommes les seuls qui, avec la majorité au Sénat, serons capables tout de suite de pouvoir changer la politique française. »

À la suite de cette intervention, de nombreux membres de Renaissance m'appellent pour savoir si c'est du lard ou du cochon. À mes yeux, la partition est très claire : désormais, LR ne peut plus rester à l'extérieur du gouvernement. Compte tenu de la crise politique et institutionnelle traversée, tous ceux qui, dans notre formation, intégreront le futur gouvernement ne seront pas macronistes ou teintés de macronisme. La droite sera au rendez-vous mais avec ses idées et ses convictions.

⋆

Trois semaines après la dissolution voulue par le chef de l'État, le RN se hisse largement en tête du premier tour, suivi par le NFP et Ensemble[1]. Dans les Hauts-de-France, dix-huit candidats de l'extrême droite ont été élus, vingt-trois autres sont susceptibles de l'emporter la semaine suivante. Mais bientôt, le vent cesse de gonfler les voiles du Rassemblement national. Leur impréparation est flagrante, leur non-professionnalisme fait froid dans le dos. On le constate notamment dans le choix de certains candidats dont les profils douteux sont épinglés pour racisme, condamnations, antisémitisme. Le RN montre aussi des signes de grande faiblesse dans le choix

1. Groupe formé notamment par Renaissance, MoDem et Horizons.

des thématiques de campagne. Et puis, il y a les dérapages qui interrogent… Lorsque Sébastien Chenu, qui a toujours détesté Jordan Bardella, déboule avec l'idée d'une suppression de la double nationalité, pour finalement rétropédaler, on ne sait s'il savonne sciemment ou pas la planche au chef de file de son parti.

Dans l'entre-deux-tours, un front républicain s'organise. La France retient son souffle. Le 7 juillet 2024, l'Assemblée nationale se scinde en quatre blocs : le Nouveau Front populaire (182 sièges), Ensemble (163 sièges), RN et ses alliés (143 sièges) et Les Républicains (68 postes). Dans la région, le score est dur pour LR (6,58 % des votes). Cependant, des élus comme Julien Dive (Aisne), Sébastien Huyghe (Nord) et Jean-Pierre Bataille (Nord) parviennent à l'emporter. Les deux derniers vainqueurs des sortants RN ont tout donné.

Quand j'ai appris la victoire de Laurent Wauquiez en Haute-Loire, j'ai failli lui envoyer un SMS. Non pas pour lui signifier qu'il avait passé son temps à se tenir à l'écart des médias, ni même pour lui dire que choisir son ancienne circonscription en prenant la place de son ex-suppléante manquait cruellement de panache, mais pour lui demander ce qu'il ressentait, ce soir, en étant élu grâce aux voix de la gauche. Lui, qui m'avait tant critiqué pour ça en 2015, n'admet toujours pas qu'il doit une fière chandelle aux électeurs du camp opposé.

*

Bientôt, mon nom circule parmi d'autres comme potentiel locataire de Matignon. Compte tenu de mes relations conflictuelles avec le président de la République, je n'y crois pas. Pourtant, fin juillet, Gérald Darmanin m'appelle et me demande si je suis prêt à discuter avec le chef de l'État. J'en accepte le principe si cette rencontre se fait seul à seul.

Le premier rendez-vous se déroule dans la foulée, un dimanche soir, dans le bureau d'Emmanuel Macron au palais de l'Élysée. Je m'y rends en voiture, passant par la grille du Coq, porte discrète qui permet aux chefs de l'État de recevoir au gré de leurs envies et à l'abri des regards. Je coupe mon téléphone pour ne pas être localisé par mes enfants, à qui j'ai dit que j'avais un dîner au Club Marigny[1]. Ce qui n'empêchera pas Malo, mon fils, d'interroger Vanessa pour savoir où celui-ci se tenait, car il avait remarqué que je me trouvais à proximité de l'Élysée quelque temps plus tôt.

Emmanuel Macron me tutoie (je le vouvoierai tout au long de nos échanges), il est souriant et me donne l'impression d'être concentré. L'entretien, cordial, dure environ une heure et demie.

En l'absence de majorité, la situation politique est improbable. Cependant, je lui parle librement, convaincu qu'il est possible d'avancer et de mettre en œuvre des changements importants. J'explique ce que je veux annoncer et incarner le premier mois, ce qui pourra bouger dans les trois mois, et changer en six. Je sais qu'il sera très difficile de faire passer des lois, néanmoins, je compte recourir au maximum à des décrets, à des circulaires et à des arrêtés. Sur de nombreux sujets,

1. Restaurant situé sur l'avenue des Champs-Élysées.

je suis certain qu'il sera possible de réunir une majorité d'élus de bonne volonté. Je propose à Emmanuel Macron de conduire un mouvement d'ampleur, de décentralisation, en m'appuyant sur les élus locaux, en revenant à l'idée de ma République des territoires. Enfin, je pense qu'un nouveau dialogue avec les partenaires sociaux nous permettra de contourner l'enlisement parlementaire. J'ai pris de nombreux contacts, et j'y crois dur comme fer. J'ignore si je me montre suffisamment convaincant. Toujours est-il que je suis animé par cette conviction que l'on peut changer les choses même lorsque la voie de passage est très étroite. Le président ne prend, bien sûr, aucun engagement. Je n'en attendais pas moins.

Vanessa et un ami sont les seuls au courant de ce rendez-vous secret. Est-ce que les choses sont possibles ? Oui. Est-ce qu'elles sont susceptibles d'aboutir ? Je n'en sais rien. J'ai conscience de la très grande fragilité dans laquelle se trouve la France, je ne tire donc aucun plan sur la comète. Le lendemain, Gérald Darmanin, qui fait office d'intermédiaire discret entre le chef de l'État et moi, me fait savoir qu'Emmanuel Macron a été agréablement surpris par la tonalité de notre entretien. Et qu'il aurait ajouté que j'étais « le plus préparé, le plus motivé, le plus politique ».

Le président consulte énormément de monde. Et je comprends qu'il n'est pas pressé de choisir un Premier ministre pour succéder à Gabriel Attal. Pour l'heure, il semble prioriser la séquence des JO de Paris, puisque, d'ici peu, la planète entière aura les yeux rivés sur la France. Cependant, quelques jours après notre premier tête-à-tête élyséen, il m'envoie plusieurs SMS et me demande de réfléchir à des idées d'actions, voire à des noms.

Mon téléphone est en surchauffe. Chez LR comme au PS, certains se rappellent à mon bon souvenir, persuadés que je deviendrai le futur chef du gouvernement. Je ne suis pourtant pas le seul en lice. L'hypothèse de Bernard Cazeneuve, dernier Premier ministre de François Hollande, est, elle aussi, très solide. Le chassé-croisé entre juillettistes et aoûtiens démarre, la cérémonie d'ouverture des Jeux olympiques s'ouvre à Paris sous des rideaux de pluie. Le 30 juillet 2024, nous apprenons douloureusement le décès de Jacqueline, la grand-mère de Vanessa, qui l'a pratiquement élevée lorsqu'elle était enfant. J'adorais Jacqueline. C'était une femme incroyablement courageuse qui était devenue, pour moi aussi, une autre grand-mère si attachante. Émotionnellement, l'été s'annonce difficile, le moment est particulièrement éprouvant pour mon épouse.

⋆

Au lieu de tergiverser pour savoir si Emmanuel Macron me nommera Premier ministre ou pas, je préfère me mettre à travailler sans relâche. Je vais donc noircir des pages et élaborer dans les moindres détails des stratégies pour chaque ministère. Par souci d'efficacité, je priorise les dossiers qui devront être poussés par les futurs ministres : le rétablissement de l'autorité, les finances publiques et la préparation du budget, la santé, le logement, l'école, et je veux aussi mettre un terme très vite à la crise agricole. Tous les ministères, sans exception, auront une feuille de route ultra-précise. La trame de mon prochain gouvernement sera, bien entendu, à discuter avec l'ensemble des chefs des partis et le président, mais j'ai en tête le nom de quelques jeunes talents, comme celui d'Aurélien Pradié. Je souhaite aussi convaincre David Lisnard[1]. Même si je connais ses ambitions présidentielles, je lui explique que c'est la fonction de ministre qui permet de nouer, ou pas, une relation directe avec les Français. J'entends également confier un portefeuille à Jean-François Copé. Pourquoi choisir celui qui a, si longtemps, été ma bête noire ? Pour deux raisons évidentes. Non seulement parce que nous avons réussi à faire table rase du passé, mais parce qu'en plus je le considère comme l'un des politiques les plus doués de sa génération. Les différents mouvements politiques, ainsi que des membres de la société civile seront, bien sûr, représentés, et certains créeront la surprise. J'y tiens. Tout prend forme.

Il va sans dire que cette feuille de route n'a rien d'une cohabitation lambda. Elle repose sur des idées originales. Je la veux inédite. Par téléphone et grâce au carnet d'adresses de Michel Bettan, j'échange avec plusieurs hauts fonctionnaires du ministère de l'Économie et des Finances qui m'expliquent comment faire face au mur budgétaire. Je les écoute poliment, je raccroche insatisfait et je rappelle aussitôt Michel. « Il faut en trouver d'autres ! C'est terriblement conventionnel. Ils proposent toujours les mêmes solutions de facilité avec

1. Maire de Cannes.

l'augmentation des impôts. Ça fait des années qu'on entend ce refrain. Or, je veux baisser les dépenses de l'État et pour ça, j'ai besoin de formules *out of the box*[1]. » Michel relève ce nouveau défi et trouve des spécialistes budgétaires capables d'échafauder une stratégie novatrice. Gilles Carrez[2], ancien président de la commission des Finances, m'est aussi d'un précieux concours dans cette recherche.

Face à la crise économique, d'autres solutions existent… Mais quelle ne fut pas ma surprise en découvrant, avec la nomination de Michel Barnier à Matignon, que les propositions budgétaires listées par le Premier ministre sont, dans l'ensemble, les mêmes que celles que Bercy m'avait initialement faites !

★

Je suis sans nouvelles du président de la République et je me dis qu'il est passé à autre chose ou à quelqu'un d'autre, quand Gérald me fait savoir que le chef de l'État souhaite me rencontrer une deuxième fois, fin août. Je revois Emmanuel Macron au Touquet. Je suis arrivé discrètement à son domicile, une casquette sur la tête, ce qui fait dire à l'officier de sécurité qui m'accueille que je suis méconnaissable. Le président me reçoit dans l'arrière-cuisine, autour d'une table. L'entretien a sensiblement la même tonalité que le premier. Bernard Cazeneuve et moi figurons en haut de la *shortlist*.

1. Inattendues, hors des sentiers battus.
2. Voir chapitre 3, « Se faire un nom sur la scène nationale ».

Jour après jour, nous apparaissons comme étant les candidats les plus sérieux pour le poste.

★

Les 1er et 2 septembre 2024, c'est la braderie de Saint-Quentin. Comme chaque année, depuis presque trente ans, le dimanche je tiens un stand sur lequel je vends des babioles, des vêtements ou des jouets. C'est assurément le stand le moins cher de toute la ville. Je brade tout, je ne repars avec quasiment rien. Et franchement, je ne vois pas pourquoi je me priverais de cette journée sous prétexte que j'étais ministre ou aujourd'hui président de région. J'adore cette braderie ! Sur les coups de midi, je reçois un nouvel appel de la secrétaire particulière d'Emmanuel Macron.

— Le président de la République souhaiterait vous voir aujourd'hui à 15 heures à l'Élysée.

— Je suis désolé, Madame, mais ça ne va pas être possible, je suis sur la braderie de Saint-Quentin. Je ne vois pas comment je pourrais être dans les temps pour assister au rendez-vous sachant que je dois me raser, me changer, et prendre la route pour venir jusqu'à Paris.

La secrétaire me rappelle quelques minutes plus tard.

— Navrée, c'est une erreur, le rendez-vous est prévu demain à 15 heures.

— Est-ce qu'il sera officiellement annoncé ?

— Je n'en sais rien. Je vous rappelle, monsieur Bertrand.

La secrétaire m'indique que j'ai le feu vert pour communiquer sur ce rendez-vous. Néanmoins, je décide de ne pas le faire et de ne rien confirmer aux journalistes qui appellent pour me poser la question. Jusqu'ici, je n'ai rien dévoilé de mes deux précédents entretiens et je pense que ma discrétion a été appréciée. C'est une dépêche AFP qui se chargera de révéler l'information à ma place : « Emmanuel Macron s'entretiendra lundi 2 septembre 2024, dès 9 heures, avec Bernard Cazeneuve, dans le cadre des consultations menées pour le choix du prochain locataire de Matignon. Il recevra ensuite les deux anciens chefs de l'État, François Hollande d'abord, puis Nicolas Sarkozy à l'heure du déjeuner. » Comme prévu, mon rendez-vous est annoncé à 15 heures[1].

À la fin de la braderie, j'assiste à la rencontre Lille-PSG. À la mi-temps, Bernard Cazeneuve me passe un coup de fil pour me parler de son rendez-vous du lendemain à l'Élysée. Je le sens remonté et prêt à dire ses quatre vérités au président. Le fera-t-il ou pas ? Je l'ignore. Dans les tribunes, je suis installé juste derrière Martine Aubry, qui passe son temps à regarder son téléphone. La personne assise à côté de moi me donne un coup de coude et me glisse qu'elle est en train de consulter la fiche Wikipédia de Thierry Beaudet[2]. Je fais aussitôt le lien avec la rumeur naissante le concernant, et son nom apparaîtra pour la première fois dans les médias le lendemain.

1. Ce 2 septembre, après l'entretien entre le chef de l'État et Xavier Bertrand, Emmanuel Macron recevra également Bernard Larcher, François Bayrou et Gabriel Attal, Premier ministre démissionnaire.

2. Président du Conseil économique, social et environnemental.

★

Lundi 2 septembre 2024, cette fois, ma voiture s'engouffre par le 55 de la rue du Faubourg-Saint-Honoré, l'entrée officielle de l'Élysée. L'entretien avec Emmanuel Macron dure environ une heure. Ce troisième rendez-vous paraît solide, concret et très satisfaisant. Si bien que le soir même, le chef de l'État m'appelle et me demande de joindre au plus vite Édouard Philippe (Horizons), François Bayrou (MoDem) et Gabriel Attal (Renaissance) pour leur présenter mes projets. Le lendemain, mardi 3 septembre 2024, des proches collaborateurs d'Emmanuel Macron font savoir en *off* à des journalistes que j'ai « marqué des points ». Le président semblerait convaincu.

Je ne change rien à mon agenda et, comme chaque année, je me rends à la foire de Châlons, dans la Marne. Les médias s'agitent autour de moi et me suivent dans les allées. À défaut de décrocher un scoop, ils tentent de décrypter mes faits et gestes pour savoir si je serai le prochain locataire de Matignon. « Ce n'est pas à moi d'en parler, je ne ferai aucun commentaire là-dessus. Je viens ici comme président de région tous les ans, il n'y a rien de changé », ai-je brièvement répondu. Quand je suis appelé, invariablement, je réponds que c'est mon épouse au téléphone. Ce qui est parfois vrai… parfois faux, aussi.

Un peu par superstition, et même si les choses commencent à s'organiser dans mon équipe, j'indique à mes collaborateurs qu'il est encore inutile de travailler à un discours. Je ne veux pas me projeter. Et c'est ce que je répète à mon épouse qui, elle aussi, aimerait en savoir plus sur mon futur agenda et sur l'organisation de notre vie familiale.

Dans la soirée, Nicolas Sarkozy me téléphone pour me féliciter. Il vient tout juste de raccrocher avec Emmanuel Macron, et d'après lui, je suis le prochain Premier ministre. « C'est sûr à 90 %, me lâche-t-il. — Écoute Nicolas, même si c'était sûr à 100 %, je crois que j'attendrais quand même le communiqué officiel. » On en rigole tous les deux, et on en profite pour évoquer la configuration du nouveau gouvernement.

Mercredi 4 septembre, on me confirme, toujours en *off*, qu'un communiqué officiel a déjà été rédigé et que Gabriel Attal est en train de préparer la passation de pouvoir à Matignon. Je déjeune en compagnie de mes plus proches collaborateurs de Nous France pour évoquer la suite. Quand, sur les coups de 13 h 30, la secrétaire particulière du président m'appelle et fixe une nouvelle rencontre. Je ne lui pose qu'une seule question : « Par où je rentre ? » Elle hésite, marque un temps, et m'indique la « grille du Coq ». Ce n'est donc pas une officialisation.

⋆

L'entretien a lieu à 15 heures. Il est de notoriété publique que le chef de l'État arrive systématiquement en retard à ses rendez-vous. Pourtant, lors des trois précédents, il a fait preuve de ponctualité. Mais aujourd'hui, j'attends. Puis, l'huissier vient me chercher et me guide à travers le palais de l'Élysée jusqu'au bureau présidentiel. Je comprends immédiatement qu'Emmanuel Macron n'est plus tout à fait le même. Il est beaucoup moins placide, beaucoup moins souriant aussi. Jusqu'ici, il a toujours eu des notes sous la main qu'il n'a jamais consultées, mais cette fois, il les lit pour me lancer :

— Tu sais exactement quels sont les enjeux, la stabilité du pays, et qu'il ne faut pas remettre en cause les réussites qu'on a pu avoir… Explique-moi, maintenant, comment tu n'es pas censuré ?

— Écoutez Monsieur le président, si vous voulez la liste des soixante parlementaires, et notamment ceux de gauche, qui n'ont pas l'intention de me censurer ou d'allier leurs voix à celles du Rassemblement national, si vous voulez cette liste nominative avec leur engagement par écrit, je ne l'ai pas. D'ailleurs, personne ne l'a en France, sinon, vous auriez nommé cette personne à Matignon depuis des semaines. Maintenant, je vais vous expliquer à nouveau comment je compte m'y prendre. La politique, c'est une dynamique, et si vous n'y aviez pas cru vous-même à cette dynamique, vous ne seriez pas là aujourd'hui dans ce bureau.

Point par point, je réexplique mon plan, mes idées, mes projets, je reviens sur la configuration du gouvernement, et je vois le visage d'Emmanuel Macron se détendre enfin. « Monsieur le président, vous comptez faire une annonce aujourd'hui ? En ce qui me concerne, sachez que tout peut attendre, ça peut avoir lieu dès demain si vous le souhaitez. Vous comme moi dormons très peu, mais toujours très bien. »

Je lui demande ensuite s'il voudra bien me faire connaître sa décision avant l'annonce officielle du choix du Premier ministre. Mais j'ai compris que, pour moi, c'est terminé. En quittant son bureau, avant de passer la porte et de lui serrer la main, je dis à Emmanuel Macron cette dernière phrase : « Personne ne peut se mettre à votre place et comprendre vos contraintes. Vous êtes seul face à 68 millions de Français. »

⋆

Le très influent Alexis Kohler est intervenu, dans la dernière ligne droite, pour dissuader Emmanuel Macron de me nommer Premier ministre. Le secrétaire général de l'Élysée a martelé que je serais trop vite censuré par Marine Le Pen, et que, par conséquent, le président ressortirait fragilisé par cette nouvelle séquence.

Il est évident que le RN aurait tout mis en œuvre pour me dégager. J'avais même l'espoir que Marine Le Pen et ses députés déposent très vite une motion de censure, car dans ce cas précis, le Parti socialiste n'aurait pas voulu joindre ses voix à l'extrême droite. Le risque réel aurait été une motion de censure déposée par le Nouveau Front populaire et à laquelle le RN se serait greffé comme passager clandestin.

Dans l'après-midi, je joins Gérard Larcher et Nicolas Sarkozy. Rien qu'à la tonalité de leurs voix, je devine qu'ils ont, eux aussi, compris que je ne serai pas nommé à Matignon. Le mercredi soir, Michel Barnier, qui est en contact avec Alexis Kohler depuis le début de l'été, rencontre Emmanuel Macron à l'Élysée. Puis, le 5 septembre 2024, dans la matinée, le président de la République, comme il me l'avait dit, me téléphone pour me faire part de sa décision.

— Je vous remercie sincèrement de votre appel. Vous savez, Monsieur le président, que Marine Le Pen tapera Michel Barnier au moment où elle l'aura décidé. Pour le reste, vous avez fait votre choix en toute connaissance de cause. Je vous souhaite bonne chance ainsi qu'au gouvernement.

— Je suis tout à fait lucide sur ce que fera Marine Le Pen. Cependant, j'aimerais que toi et Bernard Cazeneuve rentriez tous les deux dans ce gouvernement.

Ça n'était pas mon sujet, ce n'était plus mon moment. J'étais prêt à relever le défi en étant nommé Premier ministre, prêt à accepter cette mission impossible de diriger le gouvernement. Car en dépit d'une configuration économique et politique complexe, je pense que j'aurais su trouver des voies de passage pour agir. Aussi, je me suis protégé jusqu'à la dernière minute en me disant que rien n'était fait. Mais je crois, surtout, qu'il y a bien plus grave dans la vie qu'un poste qui vous passe sous le nez. Est-ce que j'ai ressenti de l'amertume, de la frustration, de la déception ? Rien de tout ça. Je pense, au contraire, que l'été de 2024 m'a renforcé.

⋆

Très vite, Michel Barnier m'appelle et me propose de venir le voir rue de Varenne. « Ça ne te fait pas drôle d'être là ? » me demande le nouveau Premier ministre. Quelle question incongrue ! « Pourquoi ça me ferait drôle, je suis passé à autre chose », dis-je. Il me demande ensuite comment je vois la situation… La sempiternelle question des politiques qui ne veulent pas dévoiler leur jeu ! Puis, il lance à brûle-pourpoint : « J'ai pas mal de pression en ce qui concerne ton entrée dans le gouvernement. — Bon courage avec les pressions, mais moi, je ne suis demandeur de rien. »

J'expose ensuite mon point de vue, des noms pour la formation du futur gouvernement, et je pointe les ministères dans lesquels il y a urgence absolue : Agriculture, Justice, Santé. Michel Barnier ne me fait aucune proposition. Il craint la réaction épidermique du Rassemblement national et n'a pas envie de s'embarrasser de poids lourds dans son équipe. Si moi-même je n'ai jamais voulu faire partie de cette formation, j'ai néanmoins poussé quelques noms, dont celui de Julien Dive, député de l'Aisne, qui ferait un très bon ministre de l'Agriculture. Il sera immédiatement rayé d'un trait de plume par Laurent Wauquiez.

⋆

C'est la chronique d'un échec annoncé. Le gouvernement de Michel Barnier tombe début décembre 2024 sous une motion de censure du Nouveau Front populaire, votée par la gauche et par l'extrême droite. Cette fois, je sais que le balancier reviendra davantage au centre ou vers la gauche. Dans les médias, Emmanuel Macron se remet à tester les noms de Bernard Cazeneuve, Catherine Vautrin, François Bayrou et, un court instant, le mien, mais à mon sens, c'est surtout pour brouiller les pistes.

Jeudi 5 décembre 2024, une semaine avant sa nomination, François Bayrou demande à me rencontrer au commissariat général au Plan, où, le matin même, il a déjà consulté Bernard Cazeneuve. Sa stratégie est simple, et il a d'ailleurs vendu l'idée à Emmanuel Macron : venir à Matignon avec Bernard Cazeneuve, Roland Lescure, et moi dans ses bagages !

— Tu veux faire quoi, Xavier ? C'est important que tu sois avec moi, on se connaît depuis longtemps et tu représentes une droite avec laquelle j'ai envie de travailler. Choisis le ministère que tu veux !

— Ça ne se passe jamais comme ça, François, tu le sais.

— J'insiste, ce que tu veux !

— Écoute, je ne vais pas te demander l'Intérieur étant donné que Bruno Retailleau est devenu incontournable. Si cette fois Sébastien Lecornu n'est pas nommé Premier ministre, je pense qu'il restera à la Défense…

— Ça, ce n'est pas sûr.

Je me dis alors que François Bayrou envisageait peut-être de se débarrasser de Sébastien Lecornu, et j'enchaîne en lui précisant qu'il y a beaucoup de choses à faire à l'Éducation, à l'Économie et à la Justice, ministère sur lequel j'ai énormément travaillé durant l'été et pour lequel j'ai beaucoup d'idées neuves et précises.

— Mais comment comptes-tu t'y prendre pour décrocher les socialistes de LFI, et ne plus être dans la main du RN ? demandé-je.

— J'ai un plan… Mais pour le moment, je préfère le garder secret.

Je reste dubitatif. La suite ? Plus de son et plus d'image ! Si François Bayrou ne me donnera pas de ses nouvelles dans les jours suivants, c'est parce que lui-même n'en a aucune de l'Élysée. Il est même ballotté dans tous les sens, jusqu'à ce fameux vendredi 13 où il finira par s'imposer de force dans le bureau d'Emmanuel Macron. Quelques heures après l'officialisation de son arrivée à Matignon, François me passe un coup de fil :

— Au moment où je te parle, ce ne sont encore que des pistes de travail, mais que dirais-tu d'un grand ministère de l'Environnement ?

— Ah bon, tu me proposes ça, à moi ? Même si c'est un beau ministère, tu n'es pas sans savoir que je suis farouchement opposé aux éoliennes. Donc autant te dire que tu risques d'avoir un problème avec ta loi de programmation énergétique.

— Et que penses-tu d'un grand ministère social ?

— Écoute, j'ai fait ça, il y a vingt ans. Je pense qu'il y a de nouvelles personnes qui aujourd'hui ont certainement très envie de rejoindre un ministère des Affaires sociales. Je t'ai déjà dit ce qui m'intéresse : l'Économie, l'Éducation, la Défense si ce n'est pas Sébastien Lecornu… mais avant tout la Justice.

★

Samedi 21 décembre, je déjeune en famille à Saint-Quentin, chez Buffalo Grill, lorsque François me rappelle. Ce jour-là, il me sort de sa besace un tout nouveau ministère de l'Agriculture, de l'Alimentation, de la Pêche et de la Forêt.

— Sur ce ministère, j'ai quelques questions à te poser. Est-ce que j'aurais la main sur le Mercosur ? Parce que je ne veux pas sa ratification ! Est-ce que je pourrais négocier avec les distributeurs ? Et aussi est-ce que j'aurais l'ascendant sur le ministère de l'Environnement ? Si oui, je pense qu'on peut rapidement mettre un terme à la crise agricole. Mais pourquoi tu me proposes ça ? L'Éducation, c'est mort, c'est ça ?

— Oui, le poste est déjà attribué.

— Et l'Économie et les Finances ? Sur le pouvoir d'achat, tu sais très bien que j'ai plein d'idées à proposer.

— Non, Bercy, c'est plutôt pour le camp du président.

— Et *quid* du ministère de la Justice ? C'est vraiment celui pour lequel j'ai le plus d'idées.

— Normalement, il sera attribué à François-Noël Buffet.

— Pardon, mais je viens d'avoir Gérard Larcher et Bruno Retailleau au téléphone, tous les deux me disent que François-Noël serait désireux de rester à l'Outre-mer.

— Ah non, sur l'Outre-mer, je ne peux pas. J'ai du lourd[1]. Du très lourd !

— Écoute François, tu me dis que politiquement tu veux que je vienne avec toi, et quand il s'agit de prendre une de mes propositions, tu refuses. Alors c'est quoi le problème ?

— Non, non, ne le prends pas comme ça ! Réfléchis pour l'Agriculture, et je te rappelle.

Deux heures plus tard, François Bayrou continue à tourner autour du pot sans jamais me faire la proposition d'un poste régalien. Voyant clair dans son

1. François Bayrou faisait ici allusion à Manuel Valls qui sera en effet nommé ministre des Outre-mer.

jeu, je lui indique que ce n'est pas grave, et que je n'ai jamais eu l'intention d'entrer dans un gouvernement qui aurait été validé par Marine Le Pen. Alors, je lui pose une dernière question, toute simple : « Tu tiens compte de mon avis pour la Justice ou pas ? »

Le soir, j'assiste à la rencontre de Feignies-Aulnoye contre l'Olympique lyonnais en Coupe de France de football. Peu avant le coup d'envoi, Bayrou tente cette fois de m'expliquer que le ministère de la Justice n'est pas le portefeuille idéal pour faire bouger les choses. Son argument est mauvais. Il connaît mes projets sur le recouvrement des amendes en passant directement par l'impôt à la source, et sait aussi que je souhaite la mise place des incarcérations de courte durée pour répondre aux problèmes liés à l'insécurité. En vérité, ce ministère offre une occasion unique de mettre fin à l'impunité des délinquants.

Dimanche, 22 décembre 2024, vers midi, l'Élysée me fait savoir que le président de la République ne verrait aucun inconvénient à me voir devenir garde des Sceaux. Il est vrai qu'en septembre dernier, j'avais clairement eu l'occasion d'expliquer à Emmanuel Macron ce que je comptais y faire, et qu'à l'époque, déjà, il semblait adhérer à mes idées. Quelques instants plus tard, nouvel appel de Bayrou, qui décide aujourd'hui d'accéder à ma demande pour le ministère de la Justice. Je sais qu'il prend un risque, ce qu'il ne manque d'ailleurs pas de souligner et de me répéter. Je lui en suis reconnaissant, et je pense vraiment qu'on pourra faire du bon travail.

— Passe me voir ! Tu es où là, à Paris ?

— Je suis à Saint-Quentin. Ma femme est au cinéma avec mon fils. Laisse-moi le temps de m'organiser pour faire garder ma fille, et je me mets en route.

Un peu plus de deux heures après, j'arrive à Matignon où règne une étrange ambiance. Les couloirs et les bureaux sont déserts, tout est très calme. Un huissier m'accompagne jusqu'au bureau du Premier ministre. Le lieu est mal éclairé, encombré par des papiers en vrac, son ordinateur est ouvert sur la table de travail. François Bayrou est seul, et, visiblement, il est aussi de mauvaise humeur. Il faut dire que le président de la République lui a déjà mis la pression et il se montre particulièrement exigeant pour la formation du prochain gouvernement. Durant notre entretien, nous sommes interrompus par son directeur de cabinet qui passe une tête, mais aussi par un coup de fil assez long de Bruno Retailleau. Ce dernier plaide pour le maintien au gouvernement de Jean-Louis Thiériot[1] et d'Othman Nasrou[2]. Quand il raccroche, le Premier ministre est encore plus remonté.

— Tu te rends compte ! J'ai un budget à faire dans les pires circonstances, je dois constituer un gouvernement, et on m'appelle pour me parler du sort de MM. Thiériot et Nasrou !

— Écoute, c'est quand même normal que Bruno plaide en faveur des ministres en qui il a confiance et avec lesquels il a travaillé.

---

1. Ministre délégué auprès du ministre des Armées et des Anciens combattants.

2. Secrétaire d'État chargé de la Citoyenneté et de la Lutte contre les discriminations.

— Certes, mais les circonstances sont beaucoup plus tragiques que ça !

Le Premier ministre ne fait aucune objection à ma feuille de route, et me précise qu'il ne sait toujours pas quand le gouvernement sera annoncé. En sortant de l'hôtel de Matignon, je file à Lens assister à la rencontre du soir face au PSG. Fait rare, Laurent Wauquiez cherche à me joindre pendant le match. Il m'explique qu'il voit d'un très bon œil ma future nomination au ministère de la Justice. Pourtant, je sais qu'il n'y est pour rien et que la nouvelle ne lui fait sans doute pas plaisir. Mais Wauquiez a toujours adoré prétendre être à l'origine de tout.

Une fois la rencontre terminée, je quitte le stade, je rentre chez moi, et je narre à mon épouse mon rendez-vous de la journée à Paris. Il est tard, Arte diffuse *Maestro Ennio Morricone*, un documentaire sur l'un des plus grands génies de musique de film. Impossible de résister. Puis, en allant me coucher à 1 h 15, je vois sur mon portable que Gérald Darmanin a tenté de me joindre à quatre reprises. Je le rappelle, il décroche aussi sec.

— Xavier, êtes-vous certain d'aller au ministère de la Justice ?

— Écoute, j'ai eu Bayrou au téléphone, je l'ai également vu dans l'après-midi dans son bureau à Matignon. Il est d'accord, et je sais que le président l'est aussi. Donc, je te confirme surtout que rien n'est fait. Pourquoi tu me demandes ça ?

— Je viens d'avoir un message du président de la République qui m'annonce que le Premier ministre va me faire une proposition demain. J'ai aussi reçu un SMS d'Alexis Kohler précisant que ça serait dans le carré régalien.

Je rentre alors dans le détail. Bruno Retailleau restant à l'Intérieur, et Sébastien Lecornu à la Défense, j'en déduis que Gérald pourrait hériter de Bercy, même s'il n'a encore aucune information en ce sens. Je me demande aussi s'il ne pourrait pas remplacer Jean-Noël Barrot[1]. Je sens alors Gérald particulièrement fébrile au moment où nous raccrochons. S'il a été écarté du gouvernement de Michel Barnier durant trois mois, je sais qu'il veut à tout prix faire son retour dans celui de François Bayrou. « Tu en dis quoi ? » me demande Vanessa. « Que rien n'est fait. Les dés vont continuer de rouler… »

C'est finalement Gérald Darmanin qui héritera du ministère de la Justice. Lundi 23 décembre 2024, à 9 heures pétantes, François Bayrou me téléphone et tente d'expliquer ce qui a motivé son choix :

— Xavier, je t'appelle pour te dire que, finalement, la Justice, ça ne va pas être possible.

— Ah bon. Et pourquoi François ?

— Écoute, ton programme est beaucoup trop dur, et en particulier ton idée de faire payer tous ceux qui ont des amendes.

— Tu es sérieux ou tu te fous de moi ? Je vais te dire la vraie raison : c'est que les lieutenants du Rassemblement national sont tous montés hier dans les médias pour dire : "Si Bertrand est à la Justice,

1. Ministre de l'Europe et des Affaires étrangères.

on censure." Je suis même persuadé que Marine Le Pen t'a fait passer le message en direct.

Agacé, le Premier ministre me lance :

— Tu vois comme tu es ! On ne peut rien te dire. Tu ne veux vraiment pas de l'Agriculture ?

— Ce n'est pas Marine Le Pen qui va choisir dans quel ministère j'ai le droit d'aller ou pas. Je te l'ai expliqué, je ne rentre pas dans un gouvernement qui est composé par le Rassemblement national. Donc maintenant, j'ai plusieurs choses à te dire. 1. J'expliquerai le moment venu pourquoi je ne fais pas partie du gouvernement. 2. Comme il s'agit du gouvernement de la France, je te souhaite bonne chance. Et maintenant, je te souhaite une bonne journée.

Vanessa me regarde un peu surprise et me lance : « Il se passe quoi, précisément ? » Paraphrasant Georges Marchais, je lui dis dans un grand éclat de rire : « Tu peux faire les valises, on part chez ma sœur pour Noël ! » Si jusqu'ici nous ne savions pas comment se dérouleraient les fêtes de fin d'année, au moins, à présent, le problème est réglé. Direction le Sud, près d'Avignon !

*

Sur la route, dans l'après-midi, des journalistes m'appellent et me demandent : « Est-il vrai que François Bayrou va vous proposer un grand ministère ? Bercy ? L'Éducation nationale ? » Je comprends tout de suite que Matignon est en train de me faire une « Wauquiez », en laissant entendre à la presse que rien n'était suffisamment beau pour moi.

Plus qu'agacé, j'envoie un SMS à François Bayrou pour lui annoncer que je communiquerai dès aujourd'hui avant 18 heures. Alors que je suis en train de conduire, je dicte un communiqué de presse à Vanessa qui se charge de le retranscrire[1].

« Le Premier ministre m'a informé ce matin, contrairement à ce qu'il m'avait proposé hier, qu'il n'était plus en mesure de me confier la responsabilité du ministère de la Justice en raison de l'opposition du Rassemblement national. En dépit de ses nouvelles propositions, je refuse de participer à un gouvernement de la France formé avec l'aval de Marine Le Pen. Accepter à ses conditions aurait été le reniement de mes valeurs, de mes engagements et de mes combats. Bien que cela soit une faute de composer avec l'extrémisme, je lui ai, néanmoins, souhaité bonne chance car, plus que tout, ce qui compte pour moi, c'est que notre pays se relève et que nos concitoyens retrouvent confiance et espoir. »

Le message se répand comme une traînée de poudre dans les médias. Ce qui grille illico l'annonce officielle du gouvernement de François Bayrou, qui était promise aux alentours de 19 heures. Fou de rage, le Premier ministre en profite pour sortir François Durovray, l'un de mes proches, qui avait été un excellent ministre délégué aux Transports dans le gouvernement de Michel Barnier. En début de soirée, sur BFMTV, le chef du gouvernement tente maladroitement d'expliquer pourquoi il a refusé de me nommer garde des Sceaux. « Xavier Bertrand s'inscrivait dans une démarche que j'ai trouvée

1. Également diffusé sur X.

violente sur le ministère de la Justice. Il proposait, par exemple, que les amendes soient directement facturées et payées par une retenue de salaire, comme pour les amendes de stationnement. Moi, je trouve qu'on ne peut pas s'attaquer comme ça à la question du civisme. Ça n'a rien à voir avec une défiance de Marine Le Pen, ça a à voir avec une défiance de ma part. Le ministère de la Justice, ça n'est pas un ministère de guerre, de fracture, d'agression envers les uns ou les autres. Le ministère de la Justice c'est un ministère de pacification et d'équité [...]. Entre les électeurs de La France insoumise et les électeurs du Rassemblement national, il y a 16 millions de Français, et je ne veux pas faire la guerre à ces 16 millions de Français. Je trouve que l'expression "Briser les mâchoires du Front national" est en effet une expression de guerre. »

Ce 23 décembre 2024, Bayrou n'a fait que reprendre les arguments martelés par le RN pendant les dernières vingt-quatre heures.

★

J'étais persuadé que durant toutes les années, et elles ont été longues, où François Bayrou rêvait d'être président de la République, il s'était préparé aux responsabilités, qu'au commissariat général au Plan il avait peaufiné un plan d'action et qu'il voudrait faire bouger les lignes. Et puis, surtout, qu'à la différence de Michel Barnier, il ne voulait pas se mettre dans la main du RN. Je me suis bien trompé ! Le 31 mars 2025, lorsque Marine Le Pen a été condamnée en première instance, dans l'affaire des assistants parlementaires européens du Rassemblement national, François Bayrou a été l'un des premiers hommes politiques à s'émouvoir de cette décision de justice. Pas moi. Sur RTL, j'ai déclaré : « Ils ont tort d'avoir peur du Rassemblement national, ils ont tort de placer le Rassemblement national au cœur de notre vie politique. Et ils ont tort de tomber dans le piège tendu par Mme Le Pen et le Rassemblement national. Le piège, c'est celui de la victimisation. Mme Le Pen n'est pas une victime, elle n'est pas victime d'une erreur judiciaire. Elle a été reconnue coupable par le tribunal correctionnel de faits extrêmement graves, dont des détournements de fonds publics, et pas n'importe quoi, pas une petite somme, plus de 4 millions d'euros. Détournements d'argent public, ça veut dire que c'est votre argent, notre argent, celui des auditeurs qui a été détourné pour financer le train de vie du Rassemblement national. Et elle n'a pas été condamnée à une petite peine, elle a été condamnée à quatre ans de prison ferme. Elle fait appel, elle est à nouveau, jusqu'à l'appel, présumée innocente. Mais elle a été reconnue coupable de faits extrêmement graves, et ça, on est en train de l'oublier aujourd'hui[1]. »

La stratégie de François Bayrou ? C'était l'inertie. Son seul enjeu jusqu'au vote de confiance du 8 septembre 2025 était de rester à Matignon le plus longtemps possible et de soigner sa sortie. Or je ne supporte pas l'immobilisme qu'il a installé dans notre pays. Nous avons eu à la tête du gouvernement un Premier ministre qui a lâché l'affaire et qui n'a pensé qu'à une chose :

1. « RTL Matin », le 2 avril 2025.

l'instauration de la proportionnelle aux législatives. Une idée fixe qu'il nourrit depuis des décennies. Et une proposition qui aurait permis le moment venu d'acheter la paix avec le RN, et d'amadouer le PS. Mais cette proportionnelle ne revivifiera en rien la démocratie.

⋆

C'est terminé. Marine Le Pen aimerait encore donner l'illusion de se battre, mais elle sait au plus profond d'elle-même, depuis la sentence que j'évoque plus haut, que ses chances d'être candidate à la présidentielle de 2027 sont réduites à néant. Condamnée en première instance à une peine de prison de quatre ans[1], assortie de cinq ans d'inéligibilité, la patronne du RN à l'Assemblée nationale devra céder sa place à Jordan Bardella. L'ironie, c'est qu'elle n'a pas envie qu'il gagne, car elle refuse de le voir occuper la fonction qu'elle a guignée depuis tant d'années. En outre, la benjamine de Jean-Marie Le Pen est suffisamment lucide et expérimentée pour savoir que son poulain ne tiendra pas la route. La crise au RN est là. Elle se voit, elle se sent. Mme Le Pen passera ainsi son tour, mais elle voudra revenir dans le jeu en 2032 avec un esprit de revanche décuplé.

De mon côté, je continuerai à combattre les extrêmes, et tous ceux qui, d'une façon ou d'une autre, voudront leur servir la soupe. Je ne transigerai jamais avec ça, car cela reviendrait à avoir des gens incompétents et dangereux à la tête du pays. Le RN est une formation

1. Dont deux avec sursis et deux sous bracelet électronique.

caméléon qui enfourche les colères pour en tirer un gain électoral. C'est simple, dès qu'un sujet complexe survient dans le débat, ses cadres se contentent de suivre les sondages pour emprunter la direction la plus populiste. En 2025, le Rassemblement national s'est érigé en défenseur des retraités, alors que l'année précédente le parti avait déposé un amendement au budget Barnier pour supprimer leur abattement fiscal de 10 %. Franchement, c'est le summum de la démagogie. Mais faire barrage au RN n'est pas un projet politique en soi, c'est la conséquence d'un projet politique qui est celui d'apaiser la société, de rapprocher les Français, de redresser et de relancer notre pays.

Pour Jean-Luc Mélenchon et les dirigeants de LFI, c'est une autre histoire. À l'exception de l'élection présidentielle de 2017, le tribun de l'extrême gauche n'a jamais cru qu'il pouvait l'emporter dans les urnes. Parce qu'en réalité Jean-Luc Mélenchon est l'agent électoral du Rassemblement national. Lui et ses troupes ne misent que sur la victoire de l'extrême droite pour récupérer le rôle de premiers opposants. Leur comportement, de plus en plus antidémocratique, dangereux et inquiétant, est calqué sur l'esprit trotskiste : c'est du chaos que naissent les opportunités. Voilà pourquoi je continuerai à combattre les extrêmes.

RN et LFI ont besoin de boucs émissaires pour exister. Ce réflexe témoigne de leur refus catégorique du pacte républicain, et cela prouve aussi que la fracturation de la société française est inscrite dans leur ADN. Dans La France insoumise de Jean-Luc Mélenchon, un grand nombre des dirigeants reprennent de plus en plus l'antienne antisémite. Quant au Rassemblement national, nombreux sont ceux qui en son sein continueront insidieusement à faire l'amalgame entre les musulmans et les islamistes. C'est intolérable ! Ni RN ni LFI.

*

Alors, ça veut dire quoi, être de droite en 2025 ? Ça veut dire quoi, aujourd'hui, être de gauche ? La véritable alchimie française, c'est le gaullisme. Certes, le gaullisme ne semble plus être une idée totalement moderne, pourtant, son esprit est inaltérable. C'est même le seul point d'équilibre qui puisse nous permettre d'avancer. Le débat droite-gauche a changé. Quand j'entends ceux qui érigent en exemple la politique de Giorgia Meloni en Italie, je pense qu'ils font fausse route. Si la droite gouvernementale d'hier monte sur le porte-bagages des extrêmes, c'est parce qu'elle ne parvient pas à imposer ses propres idées. Je fais le même constat pour le Parti socialiste, qui pour l'instant est tombé dans la main de LFI. Réussira-t-il à s'en extirper ?

*

Début 2025, j'ai vivement encouragé Bruno Retailleau à présenter sa candidature pour la présidence des Républicains. Le parti avait besoin de sang neuf, et sa soudaine notoriété rencontrée au ministère de l'Intérieur représentait un vrai plus. Mais soutenir sa candidature ne veut pas dire que je suis totalement en phase avec lui.

Durant sa campagne, Bruno a beaucoup insisté sur son action au ministère de l'Intérieur. Pourtant je l'ai incité à prendre davantage la parole sur la transformation indispensable du parti. Et j'aurais voulu, comme Jean-François Copé, qu'il offre l'ambition d'une vague bleue aux municipales de 2026. Ce qui me conduit à évoquer les sujets qui nous divisent.

« À titre personnel », Bruno Retailleau a voté en mars 2024 contre l'inscription du droit à l'IVG dans la Constitution. À titre personnel, j'ai préféré publier une tribune dans le magazine *Elle* intitulée : « Nous ne sécuriserons jamais assez le droit des femmes[1] ».

Le 26 mars 2025, dans un rassemblement organisé au Dôme de Paris contre l'islamisme, le ministre proclamait : « Vive le sport et à bas le voile ! » Je n'aime pas ce genre de phrase à l'emporte-pièce. Pour moi, le voile dans les compétitions sportives, c'est non. Et je me réfère à l'article 50.2 de la charte olympique, qui le refuse. Dans ma conception de la laïcité, une offensive républicaine s'impose. En revanche, je vois bien qu'une bonne partie de la classe politique d'aujourd'hui, sans l'avouer, ou même sans se l'avouer, est à la remorque du Rassemblement national. Et de fil en aiguille se posera un jour la question de l'interdiction du voile dans l'espace public. Mais disons les choses clairement, ça vaudrait pour tous les signes religieux, y compris les croix et les kippas. Pour moi, la priorité, c'est de contrer l'entrisme des Frères musulmans et des salafistes, d'éviter les tentatives communautaristes,

1. Tribune publiée dans *Elle* en février 2024.

mais certainement pas de s'inspirer du positionnement de Marine Le Pen.

★

On me pose souvent la question : « Comment départager les candidats putatifs pour 2027 ? Ils sont déjà si nombreux ! » Je ne crois absolument pas à la primaire. J'ai été vacciné une fois en 2021, on ne m'y reprendra plus. La victoire de François Hollande en 2012 a été l'exception qui confirme la règle : la primaire se résume à une formidable machine à perdre. L'hypothèse d'une consultation ouverte englobant tous les courants de la droite et du centre est de toute façon une chimère. Par ailleurs, si la primaire est organisée par un vote Internet, je ne vois absolument pas comment on pourra garantir la fiabilité des résultats si on parle de centaines de milliers voire de millions de votants. Alors comment faire ?

C'est simple, à partir du mois de septembre 2026, la sélection se fera par les sondages d'intentions de vote. Huit mois avant le premier tour de l'élection présidentielle, ceux qui ne dépasseront pas le seuil des 5 % d'intentions de vote ne pourront pas aller jusqu'au bout, faute de financement et de soutiens[1]. Oh, ils pourront continuer leur numéro de claquettes, mais ça sera uniquement pour exister et espérer se placer au mieux pour la suite. En revanche, les prétendants qui tourneront autour de 10 % dans les sondages seront vraiment

1. L'État ne prend pas en charge le remboursement forfaitaire des dépenses de campagne en dessous du seuil des 5 %.

scrutés par les Français qui regarderont ce qu'ils ont dans la tête et dans le ventre. Ils disséqueront leurs idées, leurs positions, la qualité de leur ambition. Et je suis convaincu qu'avant la fin de l'année, les électeurs feront prendre l'ascenseur à certains, et débouler l'escalier à d'autres. Seule la force républicaine doit animer les candidatures de chacun. Mais la vraie question que l'on doit se poser quand on aspire aux plus hautes fonctions est de savoir si on a des idées et des solutions à apporter aux problèmes des Français.

Je me prépare à cette échéance en pleine conscience, et je compte porter un projet rassembleur. C'est le chemin que je trace pour la société française. Ce qu'attendent concrètement les Français ? Vivre en sécurité, vivre de leur travail et, parce qu'on est en France, ils veulent des liens forts entre eux. Ce sont les services publics : la santé, l'éducation, mais aussi le logement, la culture, et le sport… La France n'est pas un pays comme les autres. Chacun d'entre nous ressent le besoin de vivre et de partager des choses ensemble. La vie ne se scinde pas en une multitude d'individualités, c'est une aventure commune. Voilà pourquoi la question économique et sociale est essentielle à mes yeux. Il faut libérer les entrepreneurs et les chefs d'entreprise de tant d'entraves bureaucratiques et administratives pour qu'ils puissent continuer à créer de l'emploi. Aussi et surtout, il faut que tous les travailleurs puissent vivre dignement de leur emploi, sans avoir à galérer à partir du 15 de chaque mois.

En temps et en heure, je viendrai, l'esprit clair, faire des propositions qui seront différentes du projet que j'avais en 2021. Et je présenterai des mesures fortes et emblématiques de mon action. La culture du résultat ne doit pas être un vain mot. Un chef d'entreprise qui aurait des résultats aussi mauvais que les politiques qui nous gouvernent aurait mis la clé sous la porte depuis bien longtemps.

⋆

Aucune élection présidentielle ne ressemble à la précédente. Rien n'est jamais écrit. Celle de 2027 ne fera pas exception. Pour la première fois, l'extrême droite de Marine Le Pen et de Jordan Bardella est en passe de conquérir le pouvoir, avec pour allié objectif, ou idiot utile, l'extrême gauche de M. Mélenchon. Leur victoire précipiterait notre pays dans le déclin et creuserait encore davantage les fractures entre les Français. Cette élection sera un moment de vérité : choisirons-nous la colère et le chaos ou le sursaut républicain ?

Je refuse la fatalité. Je sais que notre pays peut se relever, se réparer et retrouver confiance en lui-même. Cela exige un projet profondément républicain, un projet d'unité et de redressement. Et il doit être porté par un candidat véritablement populaire, au sens le plus noble du mot, non pas par celui qui flatte les colères, mais par celui qui incarne un nouvel espoir pour et avec le peuple français. C'est à cette tâche que je me prépare, avec la conviction que 2027 peut être l'année du sursaut.

Épilogue

Quelle curieuse expérience que de raconter son parcours, ses souvenirs, ses émotions, sa vie ! En ai-je trop dit, ou pas assez ? Ce livre aura-t-il répondu à vos attentes et à vos questions ? Je n'ai pas la réponse, mais j'espère, en tout cas, qu'il vous aura permis de mieux connaître l'homme que je suis et de comprendre le sens de mes combats.

J'ai été un enfant heureux. L'émancipation précoce de mes parents et leur refus catégorique des conventions racontent chez moi bien plus de choses que je ne l'imaginais. L'adolescent assez complexé que j'étais explique aussi, en bonne partie, pourquoi je me suis plongé tête baissée dans la politique dès l'âge de seize ans. Mais quarante-cinq ans plus tard, si j'évolue toujours dans cet univers, c'est parce que la politique a donné un sens à ma vie. J'ai toujours voulu agir, faire bouger les choses, améliorer les conditions de vie des autres. Jeune adulte, j'ai désiré de toutes mes forces devenir maire de Saint-Quentin, mais la politique, encore elle, m'a propulsé vers une trajectoire bien différente, en devenant député, ministre, puis président de région. À chaque étape, à chaque mandat, je me suis sincèrement demandé si j'étais capable de réussir. Parce que, vous l'aurez compris, j'ai toujours été plus attaché à l'exercice du pouvoir qu'à sa seule conquête. L'obligation de résultat est, chez moi, un contrat moral, un devoir. Ce qui n'est pas forcément une norme dans le monde politique.

J'ai à cœur d'aider ceux que je représente et d'être à la hauteur du service de mon pays, de ma ville ou de ma région. Alors j'ai entamé des réformes, pris des initiatives, opéré des changements, afin de réussir la modernisation et la transformation du ministère ou des collectivités dont j'avais la charge. Cette carrière s'est souvent construite au détriment de ma vie de famille et elle m'a coûté de grands sacrifices. Dans ces époques-là, pourtant, j'étais incapable d'agir ou de penser autrement. Mais ne pas voir grandir tous les jours mes trois aînés, ne pas vivre sous le même toit qu'eux, a été un déchirement total. J'ai donné le change, c'est vrai, pourtant cette blessure, profonde, est toujours là quelque part en moi. Aujourd'hui, je réussis à être davantage présent pour Lucas et Maïa, ce qui m'apaise. D'autant que j'ai cette chance immense que ma famille, que Caroline, Ambre et Malo semblent en partie m'avoir pardonné d'avoir été si peu à leurs côtés. Je ne sais comment les en remercier.

Alors, après tant d'années au service de mon pays, et bien que j'aime passionnément ma fonction de président de région dans les Hauts-de-France, pourquoi vouloir être candidat à la présidence de la République ? Vous l'avez compris, je ne cherche pas à assouvir une ambition lointaine ni à satisfaire une quelconque quête de reconnaissance : aucun orgueil déplacé ne m'anime, ni aucun esprit de revanche sociale. C'en est fini de cette folle décennie 2002-2012 dans laquelle j'ai perdu pied à titre personnel, tellement obsédé par l'idée que la spirale du succès pouvait s'arrêter, que je pouvais être chassé de la scène nationale, que je devais nécessairement adopter des codes qui ne me correspondaient en rien. J'ai voulu me faire accepter d'un monde qui n'était pas le mien. On ne m'y reprendra plus. Je suis comme je suis. Fidèle à mes valeurs. Seuls les événements de la vie peuvent me changer, certainement plus le microcosme. Car ce sont les habitants de ma région qui m'ont sauvé, ce sont eux qui m'ont ouvert les yeux. Je leur voue d'ailleurs une reconnaissance infinie.

Des années durant, mon expérience nationale m'a permis de mesurer toutes les difficultés et les devoirs qui vous incombent en étant au sommet de l'État. J'ai la chance de travailler avec des soutiens sincères, solides, qui me permettent de ne pas faire cavalier seul. Ils partagent ma vision de la France, ils veulent aussi redresser notre pays, rassembler les Français et les réconcilier autour d'un idéal et d'un espoir. Ils ont comme moi le bon sens et l'esprit de justice comme boussole. Ensemble, nous cherchons les meilleures solutions pour faire face aux défis gigantesques qui sont devant nous : la géopolitique, la démographie, le climat, le rapport au travail, l'intelligence artificielle…

Parce que je suis redevenu moi-même, je me sens prêt. J'ai la conviction que mon énergie, mes idées, ma volonté d'action peuvent être utiles à mon pays. J'ai envie de faire entendre ma voix, singulière, pour réconcilier nos concitoyens, qu'ils habitent le cœur des métropoles, les banlieues ou nos campagnes. Je veux parler aux Français qui vont bien, comme à ceux qui vont mal.

Je veux dire haut et fort que personne en France ne doit être inquiété en raison de son prénom, de sa religion ou de sa couleur de peau, mais que chacun doit respecter la loi quel que soit son prénom, sa religion ou sa couleur de peau. Je veux porter le flambeau des classes moyennes. Je veux, surtout, prouver que la France n'est pas condamnée au déclin. Elle n'est pas condamnée à tomber entre les mains du Rassemblement national ou de La France insoumise. Il n'y a pas de fatalité à cela. La France est capable du meilleur : cet idéal républicain qui, seul, peut faire reculer les inégalités et combattre les injustices. Cet idéal qui a permis aux miens de trouver leur place dans la société française, ce que je souhaite pour chaque famille.

Ce que je veux au fond de moi est assez simple : que mes enfants grandissent dans une France sûre, respectée, et dans laquelle ils trouveront, comme tous les enfants de France, leur place dans la société. Cet idéal républicain n'a rien d'une chimère. Il doit être à nouveau une réalité. Je suis convaincu que je dois me battre pour cela.

Remerciements

Merci à Catherine Ivanichtchenko, journaliste, et à Thierry Billard, éditeur, pour leur exigence et pour leur professionnalisme.

Merci à mes parents et à ma famille qui m'ont permis de me construire, à mes amis, à ceux avec qui j'ai eu la chance de travailler pendant toutes ces années, à mes soutiens fidèles, aux élus et aux militants à qui je dois tant.

Je tiens également à exprimer ma gratitude envers Xavier, Jean-Paul et Yannis, qui m'ont accompagné dans ce projet.

J'ai une pensée toute particulière pour mes enfants, Caroline, Ambre, Malo, Lucas et Maïa.

Et enfin, pour Vanessa, ma femme, qui, par sa sensibilité et sa force, m'apporte, chaque jour, conseils et sérénité.

Table des matières

pcacmb
édition pré-presse
livres numériques

44400 Rezé

Imprimé en France par
CPI Brodard & Taupin
en octobre 2025

#lisez! engagé
www.lisez.com
Pour plus d'information :
Imprimé sur du papier issu de forêts gérées durablement.

Imprimé en France sur du papier issu de forêts gérées durablement.

N° d'édition : 68940/01 – N° d'impression : 3062419